KB080275

물러서지 않는 프로불평러의
반항의 기술

entitled PROFESSIONAL TROUBLEMAKER: THE FEAR-FIGHTER MANUAL
Copyright © 2021 by Awe Luv LLC.
All rights reserved

Korean translation copyright ©2022 by BOOXEN
Korean translation rights arranged with ICM Partners
through EYA (Eric Yang Agency), Seoul.

이 책의 한국어판 저작권은 EYA (Eric Yang Agency)를 통한
ICM Partners사와의 독점 계약으로
주식회사 웅진북센이 소유합니다.
저작권법에 의하여 한국 내에서 보호를 받는 저작물이므로
무단전재 및 복제를 금합니다.

PROFESSIONAL
TROUBLE
MAKER

물러서지 않는 프로불편러의

반항의 기술

러비 아자이 존스 지음
김재경 옮김

온워드

영웅이자 성녀인 우리 할머니
올루푼밀라요 줄리아나 팔로인에게 이 책을 바칩니다.

프로불편러가 두려움에 맞서는 법

　나는 프로불편러다. 프로불편러가 어떤 사람이냐고? 어디든 등장했다 하면 분위기를 엉망진창으로 만드는 사람? 그건 그냥 관심병 환자다. 다른 사람 감정을 상하게 하려고 무슨 말이든 내뱉는 사람? 그건 그냥 혐오주의자다. 반대를 위한 반대에 목말라 툭하면 남 생각에 태클을 거는 사람? 그건 그냥 삐딱한 사람이다.

　프로불편러는 부당한 시스템을 비판한다. 더 나은 길을 가로막는 사람들을 비판한다. 나는 누군가가 구린 짓을 벌이는 모습을 보면 서슴없이 눈총을 보낸다. 누군가에게 이용당한다는 느낌이 들면 절대 입을 다물고만 있지 않는다. 사람들은 머릿속에 떠오르는 말이 있거나 가슴속에 차오르는 말이 있어도 밥줄이 끊길까 봐 혹은 괜한 오해를 살까 봐 말을 아끼겠지만 나는 할 말은 하고야 만다. 심지어 내가 처음으로 쓴 책의 제목은 『내가 널 까겠어I'm Judging You』(국내 미출간)였다.

　물론 프로불평러가 일부러 소란이나 문제를 일으키는 사람은 아니다. 프로불평러는 무작정 시류에 따르는 대신 스스로에게 솔직하고 진실하게 행동할 때 의도치 않게 혼란을 불러일으킬 수 있음을 이해한다. 대세에 순응하기를 강요하는 사회에서 솔직함은 반항아로 낙인찍히기 쉽게 만든다. 하지만 그런 상황에 직면하더라도 프로불평러는 자기 소신을 지킨다. 프로불평러는 비판적인 의견을 자주 제시하고 그만큼 오해도 많이 받지만 그 속에 악의는 없다. 중요한 것은 진실을 말하고 스스로를 솔직히 드러내는 것뿐이다.

　사람들은 종종 내게 어떻게 그렇게 자기 확신이 넘칠 수 있는지, 어떻게 그처럼 거리낌 없이 말하고 살 수 있는지 묻는다. 그럴 때마다 나는 원래부터 이런 애였다고 답한다. 어릴 때 내가 말썽에 휘말렸던 건 주로 내 입 때문이었다. 나이지리아 소녀였던 나는 연장자를 존중하는 문화에서 자랐다. 그런데 이상하게도 나한테는 그런 문화가 스며들지 않았다. 어린 러비는 나이가 많은 사람이라도 하는 말이나 행동이 마음에 들지 않으면 마음에 들지 않는다고 대놓고 말했다. 벌받는 게 일상이었다.

　그런데도 버릇을 고치지 못하고 지금의 내가 된 건 우리 집안 대대로 내려오는 프로불평러의 피 덕분이다. 나는 우리 할머니 올루푼밀라요 팔로인Olúfúnmiláyò Fáloyin을 보고 자랐다. 지금 생각해 보면 내가 지닌 용기는 할머니에게서 물려받은 것이 틀림없다.

할머니는 눈치 따위 안 보고 사는 사람의 정수를 보여주셨다. 일단 할머니는 연세가 지긋하셨기 때문에 아무도 함부로 대하지 못했다. 또 할머니는 어디서든 자기 자리를 찾을 줄 아셨고 무시를 당하는 상황에도 자기 존재감을 기어코 드러내셨다. 그러는 와중에도 늘 미소와 매력을 잃지 않으셨다. 사람들은 늘 할머니 곁으로 모여들었다. 할머니는 무례함을 쏙 뺀 채할 말을 똑바로 할 줄 아셨다. 미워하는 마음을 비운 채 마음의 소리를 낼 줄 아셨다. 인정이 많고 인심이 후하셨기에 호되게 나무라다가도 열정적으로 행운과 행복을 빌어주셨다. 누군가 속임수에 넘어가거나 푸대접을 받는 꼴을 보면 발 벗고 도와주셨다. 그처럼 솔직하면서도 마음 씀씀이가 크셨기 때문에 주변 사람들도 할머니를 깊이 사랑하지 않을 수 없었다.

프로불평러가 된다는 건 바로 그런 것이다.

프로불평러는 다리가 후들거릴 만큼 두려운 일도 해낼 줄 알아야 한다. 이 책을 쓴 것도 바로 그 때문이다. 세상은 온통 두려운 일 투성이다. 내가 2017년 11월 TED위민^{TEDWomen} 컨퍼런스의 기조연설로 '편하게 불편해하기^{Get Comfortable with Being Uncomfortable}'라는 강연을 한 것도 그 주제를 다루기 위해서였다. 강연은 온라인에 게시된 지 한 달 만에 조회수 100만 회를 넘겼고 지금도 계속 올라가고 있다. 요즘도 매일 세계 곳곳의 사람들이 내게 메시지를 보내 그 강연이 자기 삶에 얼마나 큰 영향을 미쳤는지 말해주고는 한다. 덕분에 나는 두려움을 헤쳐 나아가며 삶을 살아간다는 것이 사람들에게 얼마나 까다롭고도 중요한 문제인지 실감하고 있다. 우리는 세상에 자기 자신을 온전히 드러내기를 두려워하며, 바로 이런 두려움이 우리 삶의 면면에 영향을 미치고 있다.

이거 하나는 기억하자. 우리는 결국 '인간'이다. 인간의 마음속에는 두려움이 있기 때문에 낙하산 없이 절벽에서 뛰어내리는 멍청한 짓을 하지 않는다. 문제는 인간이 불에 손을 집어넣지 않도록 막아주는 바로 그 장치가 반드시 해야 할 일조차 하지 못하도록 막고 있다는 점이다. 예컨대 우리는 월급이 쥐꼬리만 해서 고지서가 쌓여만 가는데도 두려움 때문에 사장님께 월급을 합당한 수준으로 올려달라고 요청하지 못한다.

삶이라는 여정을 되돌아보면서 깨달은 점 한 가지는 내가 두려움에 맞서 싸우지 않았다면 결코 내 삶을 변화시킬 수 없었으리라는 사실이다. 두려움에 맞서 싸우지 않았다면 만나야만 하는 사람을 만나지도 못했을 것이고 다른 사람들이 삶을 변화시키도록 돕지도 못했을 것이다. 우리는 종종 "삶을 최대한 즐기며 살아가자"라고 말한다. 하지만 두려움이 유행 지난 어글리슈즈처럼 우리 발목을 꽉 붙잡고 놓아주지 않는다면 어떻게 그럴 수 있을까?

이 책에 '두려움을 사라지게 만드는 기술' 같은 건 없다. 난 우리가 두려움을 완전히 없애버릴 수 있다고도 생각하지 않는다. 다만 매순간 맞서 싸울 뿐이다. 우리는 손을 데이는 게 두렵다고 해서 뜨거운 걸 만질 때마다 이글거리는 용암에 손이라도 집어넣은 것처럼 호들갑 떨지는 않는다. 마찬가지다. 나는 언제나 두려움과 함께하겠지만, 그게 내 삶을 결정하도록 내버려두지는 않을 것이다.

우리는 머리를 딱 5센티 정도만 잘라서 단발머리로 만들어달라고 했더니 죄다 잘라서 못난 바가지머리로 만든 미용사랑 한바탕 싸울 때처럼 두려움에 맞서 싸워야 한다. 입에 담지도 못할 말로 엄마를 욕한 사람에게 악을 쓰며 달려들 듯 두려움에 맞서 싸워야 한다. 오렌지주스를 바닥까지 탈탈 털어 마시고는 거의 한 모금도 남지 않은 통을 냉장고에 그대로 넣어놓는 사람, 한마디로 징그러울 만큼 무례한 사람을 상대하듯 두려움에 맞서 싸워야 한다.

물론 나는 누구 앞에서도 당당히 진실을 말하겠지만 그게 전혀 겁이 나지 않는다는 뜻은 아니다. 나는 내 행동이 가져올 결과나 희생이 두렵지 않기 때문에 진실을 말하는 것이 아니다. 그렇게 하는 것이 옳기 때문에 진실을 말하는 것이다. 진실하게 행동하기를 두려워하는 마음보다 진실하게 행동해야만 한다는 의지가 더 큰 셈이다.

물론 어떤 지역이나 문화에서는 당당하게 "두려움 따위 엿이나 먹어라!"라고 말하는 게 훨씬 부담스러운 일로 느껴질 수 있다. 소외받는 집단에 속했다면 익숙한 한계를 벗어나거나 넘어서려고 마음먹는 일이 훨씬 복잡한 문제를 불러일으킬 수 있다. 어쩌면 프로불평러가 되기로 선택할 자유를 가지고 있다는 게 하나의 특권일지도 모른다. 그런 점에서 이 책의 저자가 가난했지만 가난한 줄도 몰랐던 이민자 흑인 여성이라는 사실이 당신에게 프로불평러가 되고자 하는 깡을 불어넣어주기를 바란다.

이 책에 담긴 이야기는 내가 열 살 무렵의 나를 만난다면 꼭 들려주고 싶은 이야기이기도 하다. 그 아이가 남들과 달라도 괜찮다는 자신감을 절대 잃지 않기를 바란다.

이런 순간들에도 이 책이 필요하지 않았을까? 사실 난 진심으로 의사가 되고 싶은 건 아니었다. 하지만 꼬마 때부터 의사가 꿈이라고 못 박아 놓는 바람에 다른 진로를 선택하기가 두려웠다.

9년 동안 매주 네 번씩은 글을 써왔는데도 스스로를 작가라고 부를 자신이 없었다. 내 말과 글이 사람들에게 상상도 못 할 만큼 큰 영향을 미치는 모습을 보고는 겁이 나기도 했다.

커리어를 뒤집을 만한 강연 기회를 제의받았지만 두 차례나 거절하고 나서야 받아들였다. 아직 준비가 되지 않았다고 생각했을 뿐만 아니라 강연을 망칠까 봐 무서웠기 때문이다.

나는 아직도 두려움 앞에 멈춰 설 때가 있다. 나 역시 때때로 용기가 부족하다고 느껴질 때면 이 책에서 힘을 얻을 것이다. 이 책에 담긴 이야기는 어제의 나에게 필요했고 오늘의 나에게 필요하며 추진력을 잃어서는 안 될 미래의 나에게도 필요할 것이다.

이 책의 1부 '당신이 되어라'에서는 두려운 일에 도전하기에 앞서 우리의 내면을 어떻게 바로잡아야 하는지 알아볼 것이다. 사실 우리가 뛰어들 싸움의 절반은 자기 자신과의 싸움, 자기 불안과의 싸움, 내면의 짐 덩어리와의 싸움이기 때문이다. 우리는 그런 마음의 짐을 트월킹이라도 하듯 털어버려야 한다.

2부 '진실을 말하라'에서는 자신의 유익과 행복을 위해 당당히 목소리를 낼 줄 알아야 한다고 강조할 것이다(나를 위한 것이 곧 남을 위한 것이라는 이야기다). 우리는 지나치게 겁을 먹은 나머지 꼭 해야 할 말을 하지 못할 때가 너무나 많다. 때때로 세상이 우리를 존중하지 않는 것 같아 열불이 터지는 것도 다 그 때문이다.

3부 '그대로 행하라'에서는 침묵을 깨고 나온 목소리가 힘을 발휘할 수 있도록 우리가 해야 할 일을 실천하자고 격려할 것이다. 랄프 왈도 에머슨Ralph Waldo Emerson은 내가 정말 좋아하는 이런 문구를 남겼다. "당신의 행동이 모든 걸 말해주기 때문에 당신의 말을 들을 새도 없다." 행동으로 말에 담긴 진실성을 증명해 보자.

책 곳곳에는 우리 할머니 이야기를 많이 넣었다. 내가 진정으로 두려움을 밟고 일어서는 법을 배울 수 있었던 것도 사실상 할머니의 삶을 지켜본 덕분이었으니까.

언젠가 너무나도 이루고 싶지만 숨이 턱 막히는 상황을 마주한다면 이 책에 담긴 메시지가 꼭 여러분의 귀에 닿기를 바란다. "이봐, 할 수 있어. 혹시 실패하더라도 괜찮을 거야."

자, 그럼 이제 본격적으로 시작해 보자.

2부 진실을 말하라

3부 그대로 행하라

1부

당신이
되어라

두려움에 맞서고 싶다면 우선 내면의 변화를 꾀해야 한다. 우리는 스스로가 나아갈 수 있다고 생각하는 만큼만 나아갈 수 있기 때문이다.

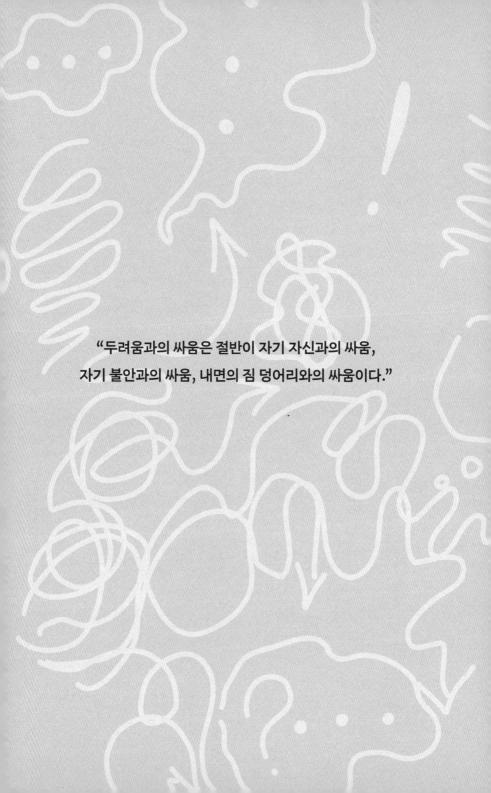

"두려움과의 싸움은 절반이 자기 자신과의 싸움,
자기 불안과의 싸움, 내면의 짐 덩어리와의 싸움이다."

1장

내가 존재하는 데
이유는 필요 없지

우리는 온전한
자신이 되기를 두려워한다

우리는 찬란하든 비루하든 우리 본모습을 두려워한다. '나'를 찾으려고 끊임없이 발버둥치지만 끊임없이 '나'를 잊어버리고 끊임없이 '나'를 억누른다. 그러는 동안 정작 '나'로서 굳건히 서지는 못한다.

온전히 나 자신이 되는 것은 너무나 중요하다. 두 발을 단단히 지탱할 발판을 놓는 것이나 마찬가지기 때문이다. 적어도 내 경우에는 그랬다. 언제든 난장판이 될 수 있는 세상 속에 우리가 두려워할 대상은 이미 차고 넘친다. 그러니 평생 자신의 본모습까지 두려워하며 살아갈 필요는 없다. 그럴 시간이 어디 있나?

온전한 '나'로 우뚝 서야 한다고 해서 꽉 막힌 신념을 가진 완고한 사람이 될 필요는 없다. 쓴소리라면 모조리 무시하거나 자기 잘못을 인정할 줄 모르는 사람이 될 필요도 없다. 그보다는, 자기 정체성을 또렷이 인식할 줄 알아야 한다. 모두가 그렇듯 자신 역시 이 세상에 속해 있음을 깨달아야 한다. 세상에 태어나는 순간 우리 각자에게 주어진 자기 자리를 차지해야 한다.

내가 정말 좋아하는 시 중에 맥스 어만Max Ehrmann의 '소망Desiderata'이라는 시가 있다. 제일 마음에 드는 대목을 꼽자면 이렇다. "당신은 우주의 자녀, 나무나 별들과 다르지 않지요. 당신에게는 이곳에 머무를 권리가 있어요." 진짜 맞는 말이다.

　이상한 얘기 같겠지만 자기 본모습을 알아차린다고 해서 고집불통이 되는 것은 아니다. 오히려 새로운 지식이나 관점을 습득할 때조차 변하지 않을 견고한 발판을 마련할 수 있다는 점에서 우리에게는 성장할 가능성이 열린다. 만약 프로불평러가 되고 싶다면 이 과정을 꼭 거쳐야 한다. 장담하는데, 결국 언젠가 말썽을 일으킬 것이기 때문이다. 이때 말썽도 나름의 가치가 있다는 사실을 이해하려면? 자신의 온전한 본모습을 파악하는 과정을 거쳤어야만 한다.

　프로불평러로서 두려움에 맞서 싸우다 보면 정신을 못 차리게 만드는 적수를 만나기 마련이다. 이들은 우리를 마구 몰아붙여 머릿속을 어지럽히고 현실 감각을 망가뜨린다. '나'를 아는 사람은 다른 누군가 혹은 다른 무언가가 자신을 규정하게 내버려 두지 않는다. 물론 내가 얼마나 훌륭한지 칭찬하는 말이야 받아들이기 쉬울 것이다. 하지만 혹시 누가 나를 가리켜 쓸모없다고 말한다면? 가치 없는 인간이라고 말한다면? 친절도 사랑도 받을 자격이 없다고 말한다면? 상처받아 마땅한 사람이라고 말한다면? 나 자신을 아는 사람은 칭찬이라고 해서 곧이곧대로 신뢰하지도 않고 비난이라고 해서 곧이곧대로 담아두지도 않는다. 나 자신을 아는 사람은 자신의 목표는 모래 위에 썼다 지웠다 하더라도 자신의 가치는 시멘트 위에 똑똑히 새긴다.

　나 자신을 아는 것은 곧 나 자신을 이루는 핵심을 아는 것과 같다. 그리고 내 생각에 자기 자신을 이루는 핵심을 아는 것은 곧 자신이 자기 외부에 있는 무언가에 뿌리를 내리고 있음을 인식하는 것과 같다.

내가 속한 곳은 어디인가

어딘가에 속한다는 것은 어느 개인에게 귀속되어 있다거나 신세를 지고 있다는 뜻이 아니다. 그보다는 특정 공동체의 일원으로서 책임감을 가진다는 뜻이다. 자기 자신보다 거대한 집단에 소속되어 있음을 이해한다는 뜻이다. 누군가와 깊이 연결되어 있음을 느낀다는 뜻이다. 어디를 가든 돌아갈 고향이 있음을 인식한다는 뜻이다. 자신이 속하는 곳을 아는 사람은 자신만의 충전소를 가지고 있는 셈이다.

나 역시 자라면서 내가 속하는 곳이 얼마나 중요한지 배워 알았다. 어린 시절, 내가 속한 요루바족은 개인도 소중히 여겼지만 때때로 부족민 전체를 우선시하기도 했다. 그런 집단주의 성향은 우리 부족의 전통적인 오리키 문화에 생생하게 드러난다.

오리키oriki는 요루바어 단어 둘을 합친 합성어다. 오리ori가 "머리"를 키ki가 "환영하다 혹은 칭송하다"를 뜻한다. 결국 오리키는 피로 맺어진 관계를 드높이고 운명에 활력을 불어넣음으로써 서로를 칭송하는 축사인 셈이다. 개인 맞춤형 소개문이라고 할 수 있는 오리키는 시로 읊을 수도 있고 노래로 부를 수도 있다.

우선 요루바 사람들은 부족민에게 자신이 어떤 존재인지 설명해 주려고 시도한다. 이런 시도가 쌓이고 쌓여 그 사람만의 오리키가 만들어진다. 오리키 덕분에 그 사람은 자신의 뿌리와 역사를 기억할 수 있다. 오리키에는 아버지나 할아버지가 나고 자란 도시 이름이 들어갈 수 있다. 여태까지 자기 가문 사람들이 겪은 중대사가 포함될 수도 있다. 가문 사람들이 얼마나 대단한지 자랑하는 내용도 들어갈 수 있다. 따라서 사람들은 오리키를 통해 그 사람의 과거, 현재, 미래에 관해 알 수 있다. 또한 오리키를 통해 이전 세대를 기억하고 이후 세대를 축복할 수 있다. 오리키에는 농담이 섞여 있는 경우도 있다.

요루바 사람들은 주로 생일이나 축일에 오리키를 노래로 부른다. 임종을 앞둔 부족민을 내세로 떠나보낼 때에도 오리키를 불러준다. 오리키는 부족 사람들을 그들의 조상들과 연결해 준다. 이런 경험은 어떤 냉혈한이라도 가슴이 북받쳐 올라 감동의 울음을 터뜨리게 만든다. 눈물샘이 고장이라도 난 것처럼 폭풍 눈물을 쏟게 만든다.

내 삶의 나침반이나 다름없는 우리 할머니의 이름은 올루푼밀라요 팔로인이다. 할머니께서는 당신 이름을 말씀하실 때면 늘 얼굴에 미소를 지으셨다. 그도 그럴 것이 할머니 이름이 문자 그대로 "신께서 내게 기쁨을 주셨다"를 의미하기 때문이다. 마치 할머니의 존재 자체가 할머니께 기쁨을 가져다주는 것 같았다. 할머니 장례식에서 사람들이 할머니의 오리키를 노래로

부를 때 나는 북받쳐 오르는 감정을 억누를 수 없었다. 오리키가 할머니께서 이 땅에 머무르셨다는 사실과 이제 떠나가신다는 사실을 시적인 방식으로 들려주었기 때문이다. 마치 할머니의 영혼을 향해 보내는 기립박수 같았다.

할머니의 오리키 중 일부를 소개하자면 다음과 같다.

왕족의 아이여.
사람과 땅을 다스리는 이제샤 풀라니^{Ìjèsà Fulani}의 아이여.
다른 아이들이 잿물을 가지고 빨래를 할 때 비누를 가지고 빨래를 하는 아이여.
재산을 몇 배로 불리는 아이여.
가슴을 두드리며 넘치는 자신감으로 말하는 아이여.
구세주이신 오그보니^{Ògbóni}여, 구세주이신 오도핀^{Òdòfin}이여.
뛰어난 능력을 가진 분께서 다가가 너를 구원하리라.

이 오리키는 할머니를 과거의 조상님들과 연결시켜줄 뿐만 아니라 할머니의 위신을 한껏 추켜올려준다.

아쉽게도 나는 내 오리키를 알지 못한다. 사실 나이지리아 사람 대부분이 자기 오리키를 잘 모른다. 전통이란 게 으레 그렇듯이 오리키도 세대가 지날수록 인기가 식고 있기 때문이다. 그래, 난 오리키도 없는 찐따다. 하지만 괜찮다.

지금 우리 시대만 보더라도 아무도 모르는 사이에 오리키의 자취가 문화와 행동 곳곳에 스며들어 있다. 오리키는 요루바만의 전통이 아니다. 인구 대이동을 겪으면서 오리키 전통 역시 세계 곳곳으로 퍼졌다. 사람들이 랩으로 자기 이야기를 풀어놓는 것을 봐도 알 수 있다. 사람들이 스스로가 너무나 자랑스러울 때 자기 이야기를 하는 방식도 오리키와 닮아 있다.

기독교인은 하느님을 찬양할 때 이렇게 말한다. "왕들의 왕, 주들의 주이시여. 알파이자 오메가, 시작이자 끝이시여. 스스로 있는 자이시여. 길을 만드시는 분이시여." 이만한 오리키가 또 있을까?

꾸며낸 이야기 속에서 인물을 어떻게 소개하는지도 생각해 보자. 예컨대 TV드라마 〈왕좌의 게임 Game of Thrones〉에는 이런 대목이 등장한다. "타르가르옌 가문의 대너리스 스톰본 1세. 불타지 않은 자. 안달족과 최초인의 여왕. 대초원 바다의 칼리시. 사슬을 끊는 자. 용들의 어머니." 정말 끝내주는 오리키가 아닌가! 드라마에서 이런 식으로 대너리스를 소개할 때마다 괜히 우리가 뽕이 차오르지 않던가?

자, 그럼 이제 당신도 〈왕좌의 게임〉 스타일 오리키로 스스로를 소개해 보는 건 어떨까? 도입부를 어떤 식으로 짜면 되는지 간단한 공식을 알려줄 테니 참고해 보자.

홍씨 가문의 길동 1세.

여기까진 쉬울 거다. 다음으로, 겸손함 따위는 개나 줘버리자. 오리키의 핵심은 모든 공을 자기 자신에게 돌리는 것이다.

내가 자랑스럽게 여기는 능력, 내 힘으로 성취한 일을 당당히 드러내자. 그게 꼭 특정 직업이나 전문적인 기술일 필요는 없다. 자신만이 가진 특별한 힘이나 매력이면 충분하다. 그리고 왕족이나 귀족 직위를 마음껏 붙여라. 그러면 안 될 이유라도 있나? 가능한 한 독창적인 방식으로 스스로를 표현하자. 개인적으로 나는 라임을 맞춰서 리듬감을 살리는 것도 좋아한다.

> 존스 가문의 러비 1세. 책을 척척 팔아치우는 자. 판매 부수를 부숴버리는 자. 바른 발음을 가진 자. 문화를 탁월하게 분석해내는 자. 나이지리아식 볶음밥 졸로프라이스를 졸도할 만큼 좋아하는 자. 킬힐을 쿨하게 소화하는 자. 러비 왕국의 여왕. 무대의 주인공. 나이지리아의 귀인이자 시카고의 크리에이터.

더 이어나갈 수 있지만 일단 여기서 멈추겠다. 당신도 당신만의 오리키가 필요하니까 시간이 있다면 지금 바로 써봐라. 시간 여유가 없으면 나중에 꼭 다시 이곳으로 돌아와서 오리키를 만들어봐라.

이 책을 읽는 사람 중 아무리 생각해도 자신이 어디에 속하는지, 아니 어디에 속하기는 하는지 모르겠는 사람이라면 오히려 당당히 조소를 날려라. 아예 한바탕 자지러지게 비웃어줘도 된다. 비빌 언덕이 하나도 없다고 해서 부끄러워할 이유는 없다. 오히려 자랑스러워해야 한다. 혼자만의 힘으로 온갖 장애물을 뿌리치면서 세상을 살아왔다는 뜻이기 때문이다. 당신은 넓디넓은 전장에 우뚝 선 한 명의 전사다. 그런 당신의 오리키는 '1인 군단'이라는 칭호로 시작해도 좋다. 당신은 홀로 인생에 맞서 싸워왔고 설령 그 과정에서 멍이 들고 어쩌면 쓰러질 위기까지 겪었을지라도 결국 살아남아 땅 위에 우뚝 서고야 말았다! 당신은 아직도 굳건히 이 세상을 살아가고 있다. 그런 자신에게 하이파이브를 쳐주자.

당신은 책을 읽으면서 이렇게 말할지도 모른다. "난 가정주부일 뿐인걸. 오리키에 넣을 만한 전문적인 기술 같은 것도 없어." 절대 그렇지 않다. 엄마로 일한다는 건 명예퇴직도 없는 평생직장이나 다름없다. 게다가 툭하면 무급으로 초과근무까지 해주지 않는가. 그 과정에서 당신이 어마어마하게 많은 일들을 이뤘다는 사실을 확신해라.

자신을 맘껏 뽐내면서 이 시간을 보내기를 바란다. 타이핑을 하든 글로 쓰든 오리키를 만들어 눈에 잘 띄는 곳에 두자. 아예 코팅을 해도 좋다. 자신의 바닥을 확인했을 때든 제대로 사고를 쳐 고꾸라졌을 때든 언젠가 분명 오리키를 보며 힘을 얻어야 할 때가 있을 것이다. 인생이 망한 것 같은 느낌이 들 때 반드시 오리키가 필요할 것이다.

그런 적 있지 않나? 누군가랑 대화를 하는데 상대가 당신을 무슨 쓸모없는 휴지 조각처럼 대하는 탓에 스스로에 대한 불신과 싸워야 했던 적 말이다. 그럴 때도 오리키가 필요하다. 당신은 오리키를 읽으면서 당신이 어떤 존재인지(어떤 사람처럼 느껴지는지가 아니라) 되새겨야 한다. 당신의 마음을 가라앉힐 수 있도록, 더 나아가 당신이 얼마나 쩌는 사람인지 기억할 수 있도록 꼭 손이 닿는 곳에 오리키를 보관하기를 바란다.

나를 만드는 것은 나라는 걸 기억하라

내가 어디에 속하는지를 아는 차원 너머에는 내가 누구인지 아는 차원이 존재한다. 다른 사람들과의 연결고리를 배제한 채 오롯이 자기 자신에게 중요한 것이 무엇인지 파악하는 것이다. 종종 사람들이 '나'를 이해하는 여정을 다녀왔다고들 하는데 그럴 때마다 내 단순한 머리로는 "응? 뭘 하러 다녀왔다고?" 싶다. 그런데 그건 그냥 내가 나같이 반응한 거고, 실제로는 나도 사람들이 얼마나 자주 자신의 충동, 욕구, 소망을 억지로 집어삼켜야 하는지 잘 알고 있다. 하고 싶은 걸 한다는 게 어떤 기분인지 기억조차 못 하는 사람들도 많을 것이다. 세상이 우리의 자아를 억누르고 짓밟고 벌주고 비웃고 욕하다 보니 우리는 나답게 살아간다는 게 어떤 느낌인지 잊어버린다.

이런 내면의 투쟁은 결코 우리 자신이 초래한 게 아니다. 세상의 규율 자체가 세상에 어울려 살아가려면 자신의 진짜 모습을 숨기고 살아가야만 하도록 설계되어 있다. 이따금 사람들이 나한테 어떻게 그렇게 자신감이 넘칠 수 있냐고 물어보면 흠칫 당황하고는 한다. 내가 자신감이 넘치는 건 타고난 게 아니라 끊임없는 노력의 산물이기 때문이다. 나는 내가 누구인지 잊어버리지 않도록, 그리하여 진짜 내 모습을 찾을 일이 없도록 계속 노력하고 있다.

자신의 본질을 확신하는 사람은 길을 잃었을 때 어디로 되돌아가면 되는지 잘 알고 있다. 직업이나 지위나 소유물이 '나'를 정의하지는 않는다는 사실을 이해한다면 그런 것들을 잃어버린다 해도 길을 잃지 않을 것이다.

난 내가 누구인지 잊어버릴 것 같은 느낌이 들 때면 스스로에게 몇 가지 질문을 던진 다음 답을 적어본다. 내 상상 속 대모나 다름없는 오프라 윈프리 역시 우리가 진실이라고 믿는 바가 중요하다고 여러 번 강조한 적 있다. 다음의 질문들에 답을 하다 보면 그게 무엇인지 명확히 파악하는 데 큰 도움이 된다.

내가 가장 소중히 여기는 게 무엇일까?

여기에는 당신에게 중요한 대상을 적으면 된다. 그게 가족일 수도 친구일 수도 있다. 어떤 사람은 잔머리를 너무나 아껴서 듬성듬성 애매하게 자랐어도 감히 다듬을 엄두를 못 낼 수도 있고, 어떤 사람은 겨울철에 쓰는 비니가 너무나 소중해서 이마가 한 마디 넓어질 위험이 있다 하더라도 비니를 절대 벗지 못할 수도 있다.

내가 추구하는 핵심가치는 무엇일까?

우리는 핵심가치를 지키기 위해 살아가고 핵심가치를 등불 삼아 앞으로 나아간다. 내가 중요하게 생각하는 가치에는 다음과 같은 것들이 있다.

정직함: 내게는 세 손가락 안에 꼽을 수 있는 중요한 가치다. 일단 내가 거짓말을 더럽게 못하고 표정 관리에 젬병인 것도 있지만 무엇보다도 나는 나를 아는 사람들의 신뢰를 받고 싶다. 나로 인해 내 주변 사람들이 의심해야 할 인물이 한 명이라도 줄어들었으면 좋겠다.

진실함: 어디를 가든 누구랑 함께하든 난 '나'이다. 스스로에게 솔직해야 하고 진짜 모습을 드러내야 한다는 점에서 진실함이라는 가치는 정직함과도 맞닿아 있다. 내가 어느 상황에서든 완벽히 똑같다는 말은 아니다. 하지만 어쨌든 내가 입을 다물고 있다면 그건 내가 그 순간 상황을 가만히 지켜보기를 원한다는 뜻이고 내가 한껏 흥을 내면서 파티 주인공처럼 굴고 있다면 그건 내가 실제로도 신이 나서 주체를 못 하고 있다는 뜻이다.

관대함: 난 선한 성품이 중요하다고 믿는다. 그리고 그 선한 성품 속에는 지식이든 시간이든 돈이든 에너지든 자신이 가진 것을 관대하게 베풀 줄 아는 마음이 포함된다. 우

리는 삶을 이기적으로 살아가는 대신 공동체의 유익에 기여하기 위해 끊임없이 노력해야 한다.

시어버터: 진심이다. 우리 모두 얼굴이랑 몸에 수분을 좀 양보할 필요가 있다. 질 좋은 보습제를 구해다 써보고 삶이 어떻게 달라지나 한번 지켜봐라. 아침에 일어날 때 튼 피부가 이불에 닿아 버석거리는 찜찜한 기분과 작별할 수 있을 것이다.

내게 기쁨을 가져다 주는 게 무엇일까?

무엇이 당신을 미소 짓게 만드는가? 나는 내가 가진 지식을 다른 사람에게 나누어 줄 때 기쁨을 느낀다. 누군가가 내 말이나 행동에 큰 영향을 받았다고 말해줄 때면 마음이 녹아내리는 것만 같다. 어느 정도는 구세주 콤플렉스 때문이기는 하지만 그건 상담 선생님이랑 잘 치료하고 있다.

질 게 뻔해 보여도 내가 꼭 싸워야만 하는 상황은 무엇일까?

당신의 주먹이 솜방망이 같고 잽 실력이 형편없다고 해보자. 그런 당신조차 권투 글러브를 껴야겠다고 생각할 때는 언제인가? '비폭력'이라는 신조를 내려놓게 만드는 상황은 무엇인가? 난 내 싸움 실력이 하찮다는 걸 잘 알기 때문에 물러서지 않아야 할 때가 언제인지 명확히 가려낼 줄 알아야 한다. 내게는 그런 때가 바로 부당한 대우를 받아서는 안 될 사람이 부당한 대우를 받고, 의견을 존중받아야 할 사람이 침묵을 강요받는 모습을 목격할 때다.

땅에 묻힐 때 사람들이 나를 보며 해줬으면 하는 말은 무엇일까?

나는 내가 세상을 떠날 때 사람들이 나를 보며 "러비가 있었기에 이 세상은 더 나은 곳이 될 수 있었습니다."라고 말해주기를 바란다. 그리고 그때 마치 세계 울음 대회 참가자라도 되는 것처럼 나를 붙들고 놓아주지 않는 사람이 있다면 여러분 모두가 그 사람에게 호들갑 좀 떨지 말아달라고 말해주기를 바란다. 나도 관 속에서 강렬한 눈총을 쏘아댈 테니까 말이다.

나는 스스로에게 이런 질문들을 끊임없이 묻고 또 묻는다. 질문에 답을 적어 내려가면서 복기하다 보면 내가 누구인지 또렷이 기억할 수 있기 때문이다. 내가 적은 대답들은 사실상 내 인생 강령이나 다름없는 문장들이다. 끔찍한 하루를 보내거나 끔찍한 사람을 만난 뒤 길을 잃은 나 자신을 발견할 때면 그런 문장들이 다시 길을 바로 잡아준다. 대체 나는 누구인가 싶을 때면 이 질문지를 보면서 나를 되찾는다.

나의 인생 강령

당신의 이름은 무엇인가요?

당신이 자랑스러워하는 핏줄은 누구인가요?

최악의 순간에도 당신을 빛나게 만드는 것은 무엇인가요?

누구를 혹은 무엇을 가장 소중히 여기시나요?

당신에게 핵심가치는 무엇인가요?

당신에게 기쁨을 가져다주는 것은 무엇인가요?

질 게 뻔해 보이더라도 꼭 싸워서 지키고 싶은 게 있나요?

내가 땅에 묻힐 때 사람들이 뭐라고 말해주기를 바라나요?

* 이 질문지를 비롯해 다양한 프로불렁러 학습 자료를
FearFighterKit.com에서 다운로드받을 수 있다.

내 인생 강령을 소개하자면 이렇다.

나는 이페오루와 러비 아자이 존스이다. 나는 푼밀라요 팔
로인의 손녀이자 예미시 아자이의 딸이다.* 또한 나는 카
넬 존스의 아내이다. 최악의 하루를 보낼 때도 나는 거울
을 보면서 내가 얼마나 멋진 여성이 되었는지 뿌듯해할 줄
안다. 나는 후회할 줄을 모른다. 피로 맺어졌든 혼인으로
맺어졌든 내게는 가족이 가장 소중한 사람들이다. 내가 가
장 소중하게 생각하는 것은 건강하면서도 행복하게 내 삶
을 온전히 살아내는 것이다. 내 핵심가치는 정직함, 진실

---

* 요루바어는 실제 발음을 나타내기 위해 알파벳에 악센트를 함께 표시하는 아름다운 성조
언어이다. 실제 일상에서는 요루바 단어, 특히 요루바 이름을 쓸 때 대개 악센트를 생략한
다. 나도 내 이름을 적을 때면 악센트를 굳이 넣지 않는데 이 책에서도 그런 내 선택을 존
중하고 싶다. 사실 책에 우리 가족 이름을 적을 때 악센트를 표시해야 하나 말아야 하나
고민을 많이 하다가 결국 엄마한테 의견을 물었다. 엄마는 이렇게 말했다. "꼭 그럴 필요
는 없을 것 같은데. 이름에 악센트를 넣든 말든 우리는 결국 우리 아니겠니." 내가 나 자신
을 존중하는 만큼이나 전통 역시 존중한다는 점을 이해해주길 바란다.

함, 관대함, 그리고 시어버터이다. 다시 말해 나는 진실을 말하고 나 자신은 물론 다른 사람들에게 솔직하며 내가 가진 것을 너그럽게 베풀고 늘 피부를 촉촉하게 유지함으로써 피부가 푸석푸석해지는 꼴을 용납하지 않는다.

나는 다른 사람들이 나로 인해 삶이 나아졌다고 느낄 때 기쁨을 얻는다. 솔직히 원수들이 속이 뒤집어지는 걸 구경할 때도 기쁘다. 난 속이 좁은 사람이기 때문이다. 나는 힘이 없거나 목소리를 내지 못하는 사람들을 위해 맞서 싸운다. 내가 이 세상을 떠나고 나면 사람들이 나를 추억하며 "러비가 있었기에 이 세상은 더 나은 곳이 될 수 있었지."라고 말해주기를 바란다.

인생 강령을 적은 다음에 다른 사람들에게 보여줘도 괜찮다. 하지만 꼭 읽어야 할 사람은 바로 당신이다. 결국 이 모든 것은 당신 자신을 위한 것이기 때문이다.

이 활동을 하고 나면 적어도 지면상으로는 자신이 어떤 사람인지 알 수 있을 뿐만 아니라 자신이 어떤 사람이 아닌지도 알 수 있다. 많은 경우 우리는 다른 사람들의 기대와 시선과 편견에 억눌린 채 살아간다. 사회라는 거대한 시스템 역시 끊임없이 우리를 규정하려 애쓴다. 따라서 우리는 자신이 누구인지 또렷이 인식함으로써 세상이 뭐라 말하든 '나'는 '나'임을 역설할 수 있다. 사람들이 우리에게 붙인 이름이나 명칭이 곧 '나'는 아니다. 우리가 최악의 순간을 보냈다 할지라도 그것이 우리 인생을 대표하지도 않는다. 그러니 세상 사람들이 우리에게 온갖 고통과 충격을 짊어지게 하려고 하거든 당당히 "아뇨. 그건 제 문제가 아닌걸요."라고 말하자.

당신은 당신이 어떤 사람인지 알고 있는가? 오늘의 '나'가 되기 위해 여태까지 어떤 싸움을 해왔는지 알고 있는가? 단지 이 세상에 태어나는 것만으로도 얼마나 많은 변수를 뚫고 지나왔는지는 알고 있는가? 그에 비하면 당신이 무서워하는 사람들, 당신이 두려워하는 상황들은 아무것도 아니다. 당신이 얼마나 대단한 사람인지 아는가?

다른 사람들이 왜곡된 시선을 가지고 바라본 당신의 모습이 진짜 당신 모습이라는 착각이 들 때면 꼭 당신의 인생 강령을 다시 읽어보자. 당신이 어떤 존재인지 다른 사람에게 일러주기 전에 본인이 자기 본모습을 다시 기억해내야 한다. 이러나 저러나 결국 세상은 우리를 알아보기는커녕 불량아 정도로 취급할 것이다. 그건 우리가 손쓸 수 있는 문제가 아니다. 하지만 우리가 우리 자신을 어떻게 바라보는가는 우리 손에 달렸다. 아무리 엉망진창이 되고 겁에 질려 있다 한들 우리는 그 자체로 사랑받아 마땅하고 보호받아 마땅하며 구원받아 마땅한 존재다.

우리가 프로불평러로 거듭날 수 있는가는 바로 거기에 달려 있다. 부디 당신 속에 자기애가 한껏 차오르기를 바란다. 이따금 스스로가 부족하다고 느껴질 때면 이곳으로 돌아와 자신감을 충전하기를 바란다. 이어지는 장들에서 내가 권하는 일들이 어렵고 부담스럽게 느껴질 수도 있다. 하지만 그때마다 당신이 당신 자체로서 충분하다는 사실을 기억하기를 바란다. 지금의 당신이 되기까지 수차례 넘어졌겠지만 그때마다 다시 일어나서 높이 날아오른 것 역시 당신 자신임을 잊지 마라.

2장

어쩌겠어,
내가 이런 사람인데

우리는 남과
다르기를 두려워한다

우리는 진정한 자기 모습을 드러내는 것 자체를 싫어하는 게 아니다. '나' 자신으로서 만개했을 때 다른 사람들에게 평가받는 게 무서운 것이다. 평범하고 무미건조한 삶을 인생 목표로 삼는 사람은 거의 없지만 겁에 질린 나머지 많은 사람들이 그렇게 살아간다.

모두가 잘 알다시피 사실 우리 자신조차 남을 판단하는 면에서 자유롭지 않다. 우리는 다른 사람이 어떻게 생겼는지, 누구를 사랑하는지, 어떤 신을 믿는지 등 우리가 재단해서는 안 될 것을 두고 함부로 판단한다. 그보다는 그가 얼마나 친절한지, 다른 사람들에게 어떤 존재인지, 세상의 크고 작은 문제를 해결하는 데 어떤 식으로 기여하고 있는지를 가지고 서로를 평가해야 하는데도 말이다.

사람들은 하루가 멀다 하고 서로가 어떤 사람인지 평가하고 판단하려 든다. 그러는 와중에 어떤 사람들은 자기 머릿속의 의사봉을 땅땅 두드리면서 우리가 과하고 벅찬 사람이라고 결론 내리기도 한다.

누군가를 과하다거나 벅차다고 말하는 것은 그가 주변 사람들이 보기에 불편할 만한 특성이나 행동을 보인다는 뜻이다. 간단히 말해, 튄다는 뜻이다.

지나치게 말이 많다, 지나치게 공격적이다, 지나치게 열정적이다, 지나치게 위협적이다, 지나치게 조용하다, 지나치게 예민하다, 지나치게 크다, 지나치게 작다, 지나치게 검다 등등 우리는 남들과 다르다는 이유로 온갖 핀잔을 받는다. 사람들이 우리를 과하다고 말하는 건 그냥 하는 말이 아니다. 우리가 바꾸어야 한다고, 개성을 죽여야 한다고 요구하는 것이다. 결국 우리는 괜히 눈치를 보고 창피함을 느끼며 다른 사람이 문제라고 지적한 점을 고치겠다고 스스로에게서 원인을 찾으려 애쓴다.

하지만 진짜 문제는 너무 과하다고 지적받은 우리의 특성이나 행동이 '나'라는 존재의 핵심이라는 점이다. 그건 우리가 바꿀 수 있는 사항이 아니다.

누군가가 '너무' 크다는 게 말이 되나? 그럼 다른 사람 눈높이에 맞춰주려고 등이라도 굽히고 다녀야 한다는 말인가? 누군가가 '너무' 검다는 게 말이 되나? 그럼 피부를 벗겨내서 멜라닌 수치라도 낮춰야 한다는 말인가? 난 다른 사람을 두고 그런 평가를 내릴 수 있는 뻔뻔함이 도저히 이해가 되지 않는다. 그럼에도 우리는 다른 사람들의 비판을 내면화하고 자신이 어떤 식으로든 다르다는 사실에 힘들어한다.

할 말은 하고 사는 고집 센 흑인 여성인 나는 사실상 '벅찬 사람들 모임'의 총무나 다름없다. 달마다 정기모임을 갖는다면 팝콘까지 챙겨갈 그런 사람이다. 나는 단지 솔직하고 직설적이라는 이유로 너무 공격적이라거나 드세다거나 시끄럽다는 얘기를 많이 들었다. 특히 나 같은 흑인 여성이라면 "너무 시끄럽다"거나 "너무 야단스럽다"거나 "너무 드세다"는 말을 싫어도 들을 수밖에 없을 때가 많을 것이다. 우리 존재 자체가 '벅참'과 동급으로 여겨지기 때문이다. 장담하는데 사람들이 그러는 건 그들이 우리 속에 담긴 신성을 보고서는 너무 눈이 부셔 어쩔 줄 모르기 때문이다.

개인적으로는 특히 "너무 드세다"는 말이 참 의아하다. 우리 가 길을 가다가 뜬금없이 행인 얼굴이라도 치고 다니는 줄 아 는 걸까? 우리가 아무 이유 없이 사람들을 벽에 밀치고 다닌다 고 생각하는 걸까? 직장동료한테 메일을 보낼 때 느낌표나 이 모티콘이라도 좀 더 보내줘야 하는 걸까? 아니면 우리가 원하 는 바를 솔직하게 있는 그대로 얘기한 게 불만인 걸까? 도대체 우리가 왜 드세다는 걸까? 무슨 짓을 했다고 그런 오명을 써야 하는 걸까? 차라리 드센 걸로 이득이라도 봤으면 억울하지라도 않지.

너무 과하다는 비난은 사실상 존재감을 줄이라는 요구나 다 름없다. 일정한 선 뒤로 물러나라는 뜻이다. 사람들은 그런 압 력에 어떻게 대응할까? 주로 자기한테서 모난 것처럼 보이는 부분을 잘라낸다. 하지만 그건 스스로를 배신하는 거나 마찬가 지 아닐까? 너무 과한 것을 뒤집으면 너무 부족한 것이 된다. 나라면 과하게 작은 사람이 되느니 과하게 큰 사람이 되겠다.

길을 가는데 누군가 뚜벅뚜벅 다가와서 대뜸 "개성 좀 줄여 주시죠?"라고 요구한다고 상상해봐라. 이게 무슨 경우인가 싶 지 않겠나? 사람들이 당신 특성이나 행동이 과하다고 말하는 건 그런 상황이랑 똑같다. 단지 당신이 한 귀로 듣고 흘리지 못하게 비난하고 조롱하는 뉘앙스를 뺐을 뿐이다. 결국 당신은 사람들의 요구를 곧이곧대로 흡수해 내면화하고는 스스로를 바꾸는 데 몰두하게 된다. 대체 무엇을 위해? 순식간에 익어버리는 아보카도만큼이나 변덕스러운 사람들 기분을 맞춰주기 위해서?

주변 사람들의 기분이나 걱정이나 시선이 내가 누구인지를 결정하도록 내버려 두지 말자. 어차피 누군가가 당신을 보고 너무 과하다고 말한다면 그 말은 당신보다는 말을 꺼낸 본인에 관해 이야기해 주는 바가 훨씬 많다.

당신이 너무 까맣다면 그건 그 재수 없는 하얀 친구 입장에서나 까만 것이다. 그들이 당신의 멜라닌 피부가 지닌 아름다움을 보지 못하는 거지.

당신이 키가 너무 크다면 그건 그 귀여운 땅딸보 입장에서나 큰 것이다. 당신을 올려다보려면 그 사람 목이 부러지기는 하겠지만.

당신이 너무 드세다면 그건 현실에나 안주하는 그 겁쟁이 입장에서나 드센 것이다. 당신이 뿜어내는 열정이 그 사람의 게으름을 건드린 거지.

당신이 너무 조용하다면 그건 가만히 있을 줄 모르는 주접꾼 입장에서나 조용한 것이다. 당신의 침착함에 당황해서 어쩔 줄 몰라 하는 거지.

당신이 존재감이 너무 크다면 그건 그 왜소한 뼈다귀 입장에서나 큰 것이다. 당신의 거대한 존재감이 그 사람의 하찮은 자존감을 압도해 버린 거지.

이 모든 상황에서 당신이 꼭 기억해야 할 일은 절대 상대방이 말하는 대로 스스로를 바라보지 않는 것이다. 주변 사람들이 본인의 불안이나 문제 때문에 당신을 옥죄려 하는데 그 기분을 맞춰주겠다고 끊임없이 자기 모습을 바꿔서는 안 된다. 카멜레온처럼 주변 요구에 맞춰 스스로를 바꾸면서 살아가다가는 결국 자신의 진짜 색이 무엇이었는지 잊어버리고 말 것이다.

당신의 존재감이 너무 크다는 것은 사실 당신이 속한 곳이 너무 비좁다는 반증일 뿐이다. 거기에 맞추겠다고 스스로를 줄여나갈 필요가 없다. 그저 당신을 품을 수 있는 넓은 장소를 찾아 마음껏 자리를 차지하고 끝없이 존재감을 키워나가면 된다. 당신에게 존재감을 좀 줄이라고 요구하는 곳에 머무르다가는 당신의 영혼이 숨을 헐떡이며 고통스러워할 것이다. 누구 좋으라고? 절대 당신한테 좋지는 않다. 사실, 아무한테도 좋지 않다. 주변 사람들 입장에서도 인공감미료로 단맛을 흉내만 내서 끝맛이 떨떠름한 짝퉁 버전의 당신을 마주할 수밖에 없기 때문이다. 물론 어떤 사람들은 그런 모습을 한 당신이 훌륭하다고 생각할지도 모른다. 당신이 잠재력의 절반만 드러내도 기대 이상일 만큼 어마어마하게 쩌는 존재이기 때문이다. 하지만 그들은 고삐가 완전히 풀린 당신의 최고점을 절대 확인할 수 없다. 당신이 그들 입맛에 맞춰 스스로를 무난하게 포장하느라 정신이 없기 때문이다. 그렇게 끊임없이 스스로를 깎아내리고 움츠러들다 보면 압도적인 존재감을 자랑하던 거인도 결국 철창 속에 갇히고 만다. 다만 다른 사람들이 철창에 들어가라고 해서 철창에 갇혀 있을 이유는 없다.

내 할머니는 영혼에 '벅참'이라는 글자가 새겨져 있었다고 해도 과언이 아니다. 할머니는 기가 과하게 드셌고 자신감이 과하게 넘쳤다. 고집이 과하게 셌고 성미가 과하게 불같았다. 의지가 과하게 강했고 감성이 과하게 풍부했다. 많은 사람들이 할머니를 '팔로인 대모님'이라고 불렀는데 할머니가 얼마나 화통하셨는지 보여주는 대목이다. 말과 행동 하나하나가 대범했고 스스로를 움츠린다는 건 생각조차 안 할 분이었다.

극적인 감수성도 빼놓을 수가 없다. 나이지리아에서는 나이 지긋한 여성이 매사에 호들갑을 떠는 게 으레 지켜야 할 관례처럼 여겨진다. 피할 수 없는 숙명과도 같다. 실제로 할머니는 어느 정도 나이를 먹고 나서 비련의 주인공 역을 맡은 배우 같은 삶을 살아야 했다. 어떤 말이나 행동도 드라마 속 대사나 지문처럼 보여야 했다. 그러다 보니 때로는 할머니가 잔뜩 화가 나도 옆에서 보고 있으면 그렇게 재밌을 수가 없었다.

할머니는 1년에 한 번은 미국에 와서 우리 식구랑 같이 한두 달 지내다 가시고는 했다. 뭐든 끝장을 보시는 스타일이다 보니 당연히 이따금 우리 엄마랑 부딪히시기도 했다. 하루는 두 분이 꽤나 심하게 다툰 탓에 할머니가 머리끝까지 열이 올라 폭발하신 적이 있었다.

할머니는 휙 방으로 들어가시더니 쓰레기봉투에다 물건을 몇 가지 쑤셔 담고는 대뜸 거실로 나오셨다. 그러고는 커다란 스카프를 두르고 양말이랑 샌들을 주섬주섬 신고 외투를 걸치고 지갑을 손에 쥐셨다. 옷이 제각각 따로 놀아서 우스꽝스럽기 그지없었지만 다 노린 거였다. 우리는 그러고 어디를 가시려는 거냐고 물어봤고 할머니는 이렇게 답하셨다. "밖에 나갈 거다. 저기 버스정류장 앞에 앉아가지고 가만 기다리고 있으면 노인네들 데리고 가는 사람들이 와 가지고 나도 데려가겠지." 나도 모르는 사이에 웃음소리가 입술을 비집고 나오기 시작했다. 입술에 꾹 힘을 주려고 했지만 이미 늦었다. 웃음이 터지고 말았다. 할머니는 완전 정색을 하고는 너무하다는 듯 나를 쳐다보셨다.

나: 할머니, 대체 누가 할머니를 데려가요?
할머니: 나도 모르지. 누군가는 '아이고, 가여운 할머니' 하면서 날 데리러오지 않겠니.

웃겨서 미칠 지경이었지만 할머니가 쏟아내는 분노의 표적이 될 생각은 없었기 때문에 꾹 참고는 어디 가시지 말라고 애써 달래는 척을 했다. 물론 할머니는 아무 데도 가지 않으셨다.

애초에 때깔이 끝내주는 가방을 들고 오신 분이 쓰레기봉투에 짐을 담아 집을 나가신다는 게 말이 안 됐다. 할머니는 그저 자신만의 1인극을 선보이셔야만 했던 것이다.

스케일도 과하셨다. 1991년 예순 번째 생일 때 할머니는 삶을 자축하는 의미로 7일 동안 축제를 열기로 결심하셨다. 행사는 할머니가 사시는 곳이자 내가 자란 곳인 나이지리아의 이바단에서 열렸다. 할머니는 집 앞에서 옆으로 세 블록까지 싹 비운 다음 대형 천막을 세 개 빌려다가 축제를 준비하셨다. 참석을 할지 말지 회신할 것도 없었다. 어차피 모두가 오기로 되어 있었으니까. 참석자가 몇 명인지 세지는 않았지만 매일 천 명은 넘었다. 손님들에게 맛있는 스튜를 대접하겠다고 매일 소를 한 마리씩 잡았다. 솥에 바닥이 없는지 졸로프라이스도 끝없이 나왔다. 초청가수로는 당시 나이지리아 톱 가수였던 이베네제르 오비Ebenezer Obey가 와서 저녁부터 동이 틀 때까지 노래를 했다. 그냥 하는 말이 아니다. 진짜 새벽 6시가 돼서야 무대에서 내려왔다. 7일 중에 메인 행사는 세 차례 있었고 그때마다 할머니네 교회 성가대가 공연을 펼쳤다. 후광이 비친다는 게 이런 거구나 싶었다. 우리 가족은 축제 내내 아쇼비Asoebí를 입고 있었다.* 당연히 우리의 팔로인 대모님께서는 끈이 주렁주렁 달린 가장 화려한 옷을 입으셨고 웬만한 래퍼들도 질투할 만한 금빛 장신구

---

* 아쇼비는 '친족 복장'을 의미하는 요루바어다. 특별한 행사 때 가족끼리 같은 옷감으로 통일한다. 사람들은 아쇼비를 입은 사람들이 행사 주인공의 가족이나 친구임을 알아볼 수 있다.

도 잊지 않으셨다. 할머니는 매일 성경 모양의 케이크를 두 개씩 잡수셨다.

설령 우리 할머니가 너무 과하다 생각했던 사람일지라도 할머니가 여는 파티에는 꼭 가보고 싶었을 것이다. 사람들은 할머니가 너무 야단스럽다고 생각했다가도 어디서 권력이 센 사람에게 부당한 대우를 받을 때면 결국 바로 할머니에게 찾아와서 대신 한바탕 소란을 일으켜 주기를 바랐다. 할머니는 자기 일에만 큰소리를 내는 분이 아니라 자기 목소리를 낼 기회가 부족해 보이는 사람들을 위해서도 큰소리를 낼 줄 아는 분이셨다. 누군가에게 부당한 방식으로 이용당하고는 할머니를 찾아와 도움을 달라고 하소연하던 사람이 어찌나 많았는지 내가 기억하는 것만도 손가락으로 셀 수가 없다. 그럴 때면 할머니가 전화 한 통을 거는 것만으로도 문제가 해결되고는 했다. 할머니의 호들갑은 당신 자신만을 위한 게 아니었으며 실제로 사람들은 자신에게 도움이 될 때면 할머니의 행동을 과한 호들갑이라고 생각하지 않았다. 그렇기 때문에 할머니가 진심으로 존경을 받았던 것이고.

나는 자랑스러운 나이지리아 여성이다. 하지만 내가 아홉 살이 되고 미국으로 건너와 새 학교를 다니기 시작했을 때 내 자신감은 난생처음 흔들리기 시작했다. 내가 남들 보기에 너무 과하니 스스로를 움츠려야겠다고 생각했던 때는 그 시기가 거의 유일했다. 난 남들이랑 달라도 너무 달랐다.

게다가 나는 이사를 가는 줄도 몰랐다. 난 여태까지 그랬던 것처럼 미국으로 휴가를 온 줄 알았다. 아마 어린 나한테까지 어른들 사정을 상의할 필요는 없었던 모양이다. 아예 이사를 왔다는 걸 눈치 챘던 건 엄마가 날 학교에 등록시켰을 때였다. 당연히 난 "잠깐, 우리 여기 사는 거예요? 여긴 너무 추운걸요." 하고 반응했다. 우리 가족은 감히 1년 내내 훈훈한 나이지리아 이바단에서 1년 중 여덟 달은 눈물을 쏙 뺄 만큼 추운 미국 시카고로 온 것이었다.

어쨌든, 입학 첫날 교실로 걸어 들어가자 선생님은 처음 보는 아이들 앞에 나를 세워놓고는 자기소개를 시켰다. 바로 그 순간 난 내가 여기 애들과 다르다는 사실을 깨달았고 난생처음 자의식이 날뛰기 시작했다. 교실 안에 있던 사람들 입장에서 나란 존재와 내가 떠나온 곳은 너무나 낯설었다. 나랑 다르게 생긴 사람들이 있는 공간에 걸어 들어간 건 그때가 처음이었다.

어떤 확신도 들지 않았다. 심지어 "이름이 어떻게 되니?"라는 질문조차 함정처럼 느껴졌다. 당연히 정답은 이페오루와 아자이였다. 하지만 바로 그 순간 그 자리에서 아홉 살의 나는 반 아이들이, 심지어 선생님까지도 그 이름을 제대로 발음하지 못할 것임을 알았다. 내 이름이 무거운 짐짝이라도 되는 것처럼 혀에 힘이 잔뜩 들어갈 게 뻔했다. 그들 입장에서 내 이름은 너무 과했던 것이다. 과하게 이국적이었고 과하게 나이지리아 말 같았고 과하게 낯설었다.

절대 창피하지는 않았다. 진심으로 내 이름이 자랑스러웠고 사랑스러웠다. 하지만 왠지 내 신성한 이름이 놀림 받지 않도록 보호해야 할 것만 같았다. 그래서 질문을 받은 뒤 3초 만에 내 이름을 '러벳'이라 소개하기로 마음먹었다. '이페오루와'가 신의 사랑을 의미하다 보니 숙모 중 한 분이 이따금 날 '러벳'이라 부르셨기 때문이다. 그 뒤로 선생님들이 출석부에서 내 본명을 보고는 얼굴을 찌푸리면서 "어휴, 이건 좀 어렵네."라고 말할 때마다 내 결심은 더 확고해졌다. 메시지는 분명했다. "너의 이런 부분 때문에 우리가 좀 불편해."라는 것이다.

결국 처음으로 누군가에게 "아프리카 노예 자식"이라는 소리를 듣고 나서는 스스로에게 "이놈의 악센트를 어떻게든 빨리 지워버려야 해."라고 되뇌었다. 나는 점차 말수를 줄여갔고 반 아이들이 어떤 식으로 말하는지 듣고 배우려고 애썼다. 그렇게 고등학교에 들어갈 즈음에는 내가 갓 이민 온 아이인 걸 드러내는 표식인 나이지리아 억양을 거의 다 잃어버리고 말았다.

그럼에도 음식만큼은 절대 포기할 수 없었다. 난 점심으로 계속 졸로프라이스를 학교에 챙겨갔다. 잠깐 샌드위치를 먹어보려고 한 시기도 있었는데 점심시간이 끝날 때쯤이면 내가 알던 맛이 계속 떠올라 참을 수가 없었다. 그래서 점심시간이면 "이게 뭔 냄새야?"라든가 "너 뭐 먹고 있는 거야?"라는 질문을 피하려고 일부러 반 아이들이랑 거리를 둔 채 구석에 앉아 식사를 하던 때도 있었다. 제발 밥은 좀 편하게 먹자고!

그러다 마침내 대학을 가게 됐다. 대학교는 교실 밖에서 훨씬 더 많은 것을 배울 수 있는 곳이다. 실제로 나는 일리노이대학에서 나이지리아 여성으로서의 정체성을 되찾을 수 있었다. 바로 그곳에서 나는 나랑 같은 경험을 한 사람들, 이름이 조롱받는 상황을 피하기 위해 새 이름을 가지고 살아온 사람들을 만났다. 나이지리아 문화의 영향을 받아 만들어진 내 사고방식이 나만의 초능력이라는 사실을 깨달았다. 블로그를 처음 시작했고 결국 지금의 삶을 살게 되었다. 방에 요루바 사람이 아무도 없더라도 내가 요루바어랑 영어를 섞어 쓰기를 좋아한다는 사실을 숨길 필요가 없었다.

이 세계에서 내가 어떤 존재인가 묻는다면 난 자랑스럽게 나이지리아에서 온 미국인, 시카고에서 자란 흑인 여성이라고 답하겠다. 이 수많은 정체성을 매끄럽게 엮어가며 살아오면서 깨달은 사실은 너무 과한 개성 덕분에 오히려 내가 성공할 수 있었다는 점이다. 내가 유머를 구사하는 방식이나 글을 쓰는 방식은 전부 내 개성에 뿌리를 박고 있다.

내 존재감을 억누를 필요가 있을까

사람들이 과하다고 생각하는 우리의 행동이나 모습은 오히려 다른 사람을 도울 때 요긴하게 쓰일 수 있다. 하지만 그런 행동이나 모습이 다른 사람의 삶에 도움이 되기는커녕 불편함만 초래한다면 그때는 스스로를 돌아볼 필요가 있다. 우리는 이를 기준 삼아 자신의 과한 존재감이 정말 유익한 것인지 판단할 수 있다. 만약 유익하다는 판단이 든다면 너무 과한 행동이나 모습은 사실 우리의 초능력이나 다름없으며 자부심을 느끼며 마음껏 사용해도 좋다.

너무 예민하다는 평가를 받는 사람이라면 굉장히 높은 감성지수를 가진 사람일 확률이 높다. 예민한 사람은 다른 사람들의 감정에 쉽게 공명하며 앞으로 벌어질 상황이 감정적으로 어떤 영향을 미칠지 쉽게 감지한다. 예민한 사람은 다른 사람들과 대화할 때 어떤 말을 해야 할지 신중히 고민하며 정신없는 상황 속에서도 침착함을 유지할 줄 안다. 여행을 가서 다들 서로의 신경을 긁는 와중에도 예민한 사람은 상황을 파악해 다툼을 중재할 줄 안다.

단체 여행을 계획하는 데에 있어서는 지나치게 완벽주의적인 사람만큼 적임자가 없을 것이다. 꼼꼼한 사람은 일행이 목적지에 도착했을 때 딱 맞춰 호텔로 가는 차편을 잡을 수 있도록 계획을 짤 것이다. 바로바로 출발할 수 있도록 여행 일정표도 꼼꼼히 준비해 놓을 것이다.

과하게 발랄한 사람은 같이 여행을 갔을 때 모험을 즐길 수 있게 해주는 사람이다. 발랄한 사람의 즉흥성 덕분에 우리는 절대 잊지 못할 흥미진진한 경험을 하게 된다. 해외에서 체포당할 일만 피한다면 그만한 재미가 없을 것이다.

이런 의문이 들지도 모른다. "혹시 사람들 말대로 내가 정말 과한 건 아닐까? 내가 합리적인 비판마저 무시하고 있는 건 아닌지 어떻게 알 수 있을까?" 좋은 질문이다.

내 행동이나 개성에 관한 비판 중 어떤 말을 소중히 새겨듣고 어떤 말을 퇴비로나 쓸지 고민이 될 때면 나는 다음의 세 가지 질문을 해본다. 전부 '아니오'라는 대답을 할 수 있다면 가볍게 어깨를 털어내고 고개를 치켜들고 당당히 하던 대로 하면 된다. 그렇지 않다면 질문을 더 깊이 파고들 필요가 있다.

내 과함이 내가 인간으로서 성장하는 걸 가로막는가?

사람들이 너무 과하다고 말하는 개성이 당신의 성장을 가로막는가? 만약 그 개성 때문에 자신의 핵심가치에 상반되는 방식으로 행동하게 되거나 인생 강령에 적은 자신의 본모습과 다르게 행동하게 된다면 자기 자신을 진지하게 되돌아볼 때다. 예컨대 관대함에 높은 가치를 부여한다고 말하면서 정작 돈과 시간을 베푸는 데에 자주 인색한 모습을 보여서는 안 된다. 노숙자 신세가 되어 적선을 부탁하는 사람을 만났는데 지갑에 100달러가 들어 있으면서도 지갑 바닥을 긁어 동전 3개만 꺼낸다면 그건 자신이 생각하는 자기 모습에 걸맞은 태도가 아니다. 그런 경우라면 아마도 스스로가 과하게 인색하다고 결론내릴 수 있을 것이다.

내가 지나치게 옹졸하고 엄격하고 고집스러운지는 어떻게 알 수 있을까? 혹시 내 방식만이 옳다고 믿기 때문에 자기 생각이나 의견을 발전시키기를 거부하는가? 그런 태도는 분명 더 나은 인간이 되는 데 방해가 된다. 게다가 사람들도 우리를 고집불통으로 생각할 것이기 때문에 결국 우리 주변에 합리적인 비판을 하는 사람 대신 그저 맞장구를 치는 사람만 남을 것이다. 사실 독재자가 바로 그런 식으로 만들어진다.

비슷하게, 다른 사람의 의견을 묵살해서 자신의 목소리만 가장 크게 키우려는 사람이라면 생각의 다양성을 존중하지 않는다는 점에서 과하게 시끄러운 사람이라고 볼 수 있다. 물론 그렇다고 해서 본인 생각을 접으라거나 하찮게 여기라는 말이 아니다. 한발 물러설 때가 있다는 뜻이다. 조금만 의식한다면 언제 자신의 개인적인 목소리를 앞세워야 하고 언제 집단적인 목소리를 앞세워야 하는지 판단할 수 있을 것이다.

내 과함이 다른 누군가에게 해를 끼치는가?

사람들이 비판하는 내 개성이 감정적으로나 정신적으로나 육체적으로나 다른 사람에게 위해를 끼치는가? 만약 그렇다면 잠깐 진정하고 물러나서 자아를 성찰할 때다. 예를 들어 지나치게 공격적이라는 말을 듣는 이유가 주변 사람들에게 폭력을 가하기 때문이라면 진지하게 자기 인생을 바로잡아야 한다.

혹시 갓난아기가 있는 집에 초대받았을 때도 시끄럽게 떠들다 아기를 깨우고야 마는 사람인가? 그렇다면 배려심이 없다고 욕먹어도 싸니 부디 입을 닫는 법을 배우길 바란다. 그 집 엄마나 아빠가 당신을 집 밖으로 쫓아내도 할 말이 없다. 그럴 땐 꼭 마음을 차분히 가라앉혀라. 영화관이나 도서관에 가서도 큰 목소리를 뽐낸다면 역시 과하게 시끄러운 사람이다. 그럴 땐 꼭 내면의 목소리를 사용하자.

혹시 당신이 예민하고 감수성이 풍부하다는 게 어려움이나 갈등이 있을 때마다 울음을 터뜨려서 상대를 통제하고 원하는 걸 얻어낸다는 뜻인가? 세상에는 책임을 회피하려고 눈물을 무기로 사용하는 사람들이 존재한다. 그런 태도는 감성적인 게 아니라 교활한 것이며 친구 관계에서든 연인 관계에서든 증오를 불러일으키고 말 것이다. 다른 사람 입장에서는 "내 감정은?"이라는 의문이 들기 때문이다. 다른 사람의 감정을 깔본다는 인상을 주기 때문에 관계에 해악을 끼칠 수밖에 없다.

만약 다른 사람들이 과하다고 지적하는 당신의 개성이 누군가의 권리를 침해하는 것도 아니고 상대적 약자의 목소리를 묵살하는 것도 아니라면 대체 그 사람들은 뭘 비난하고 싶은 걸까? 제발 묵비권을 써주면 좋을 것 같은 사람들이 소란을 일으키는 것 외에 달리 목적도 없으면서 끊임없이 주둥이를 놀리는 상황이 사실 얼마나 많은가? 그런데도 정작 당신이 너무 시끄럽다고 비난을 받는 이유가 그곳 분위기를 더 긍정적으로 바꾸려고 노력했기 때문이라면? 차마 자기 목소리를 내지 못하는 사람을 위해 대신 목소리를 내줬기 때문이라면? 그냥 당신이 판을 흔드는 게 사람들 맘에 들지 않기 때문이라면? 그런 경우라면 당신은 절대 지나치게 시끄러운 게 아니다. 그곳 사람들 입장에서 지나치게 거슬리는 존재일 뿐이다. 그저 그곳 사람들을 불편하게 만들었을 뿐이다.

비판을 하는 사람이 나를 사랑하고 존중하는 사람인가?

만약 "너무 과하다"는 말이 진심으로 당신의 유익을 바라는 것 같지 않은 사람이나 이전부터 당신을 가혹하게 비난한 사람에게서 나오는 것이라면 굳이 그런 비판을 내면화하지는 말자. 나는 내가 믿고 사랑하는 사람, 내 눈치를 보지 않고 해야 할 말은 해주는 사람만을 곁에 둔다. 내 인생의 이사진이나 다름없는 그들이 나를 소환해 이런저런 부분이 너무 과하다고 말해준다면 나는 시간을 내서 그 말을 곱씹어보고 어떻게 하면 더 나은 사람이 되어 나타날 수 있을지 고민해본다.

하지만 "너무 과하다"는 말이 흔한 어그로꾼이나 혐오주의자에게서 나오는 것이라면, 혹은 나름의 트라우마를 겪느라 컨디션이 망가진 사람에게서 나오는 것이라면 대충 걸러 듣는 게 맞다. 특히 우리가 수천수만의 사람들이 언제 어디서나 우리를 평가할 수 있는 소셜네트워크의 시대를 살아가고 있기 때문에 더욱더 그렇다. 한번 상상해 보자. 당신에 관한 트윗 하나가 인기를 끌면 평생 볼 일도 없고 아무 관심도 없는 사람들이 당신에게 덤벼들기 시작한다. 만약 그들이 당신에게 어떠한 면에서 너무 과하다고 지적한다면 당신은 그 말을 곧이곧대로 믿기보다는 정말 가까운 사람을 불러다 검증을 받는 게 좋을 것이다.

한 가지 기억해야 할 점이 있다. 때로는 진심으로 우리를 사랑하고 우리가 잘 되기를 바라는 사람이 우리에게 너무 과하다고 지적할 수 있다는 점이다. 부모나 친구나 배우자 등 우리랑 가장 친밀하고 우리를 머리부터 발끝까지 사랑해줄 사람조차도 의도는 좋겠지만 가끔씩 "너는 너무 과해."라고 말할 수 있다. 우리를 위험으로부터 보호하려고 경고해 주는 것일 수도 있지만 자신의 불안을 우리에게 투사하는 것일 수도 있다.

혹시 어머니가 말수가 적은 스타일이신가? 그렇다면 당신에게 좀 더 차분해지면 좋겠다거나 유난 좀 그만 떨라고 말씀하신 적이 있을지도 모른다. 어떤 집에서는 당신이 뭐든 좀 잘 먹기를 바라는 마음에 왜 이렇게 삐쩍 말랐냐고 말할 수도 있다. 좋은 의도겠지만 당신 입장에서는 몸매를 조롱하는 것처럼 들릴지도 모른다. 게다가 이모나 숙모는 왜 다들 우리를 볼 때마다 "어머, 살이 너무 올랐네."라며 반겨주는 건지. 역시 지옥으로 가는 길은 선의로 포장되어 있는 법이다.

우리를 사랑하는 수많은 이들이 너무 과하다는 말로 우리에게 열등감의 씨앗을 심고 말았다. 그리고 우리는 순진하게도 그처럼 무신경하고 쩨쩨한 발언을 한 귀로 듣고 흘리지 못한 채 진심으로 받아들였다. 역시 우리 마음에 가장 큰 상처를 줄 수 있는 사람은 결국 우리가 가장 사랑하는 사람인 법이다.

나를 싫어하는 사람에게는 그럴 만한 이유를 줘라

그래서 어떻게 하란 거냐고? 마음껏 벅찬 사람이 돼라. 절대 미안해하지 마라. 당신의 벅참이 인간적인 성장을 방해하거나 다른 사람에게 실제로 피해를 주지 않는 이상 계속 밀어붙여라.

물론 이건 순전히 인간적인 성장에 한한 얘기다. 직업적으로는 기대에서 크게 벗어나지 않는 데에 정말 많은 것이 달려 있다. 그래서 우리는 다른 사람들이 하는 대로 똑같이 면접 보는 법을 배우기 위해 수많은 학원이나 워크숍을 찾아다닌다. 최대한 평범해 보일 수 있도록 하얀 버튼다운 셔츠를 입고 증명사진을 찍는다. 호피 무늬 옷을 일상복처럼 입고 다니는 사람이라면 근무 환경에 어울리지 않으니 절대 그런 옷을 입고 사무실을 돌아다니지 말라는 말을 듣는다. 빨간 정장을 좋아한다고? 역시 지나치게 과감하다. 가능하면 회색이나 남색으로 맞춰야 한다. 마구 열정을 드러내면서 책임을 맡고 싶어 한다면? 흥분을 가라앉히고 팀워크를 늘리는 데 집중하라는 소리를 듣는다.

이렇듯 우리는 직장에서 지나치게 튀는 게 환영받지 못한다고 배운다. 따라서 직업 세계 속의 자기 모습을 보면서 자신의 가치를 판단하려 하다가는 몇 번이고 길을 잃고 말 것이다.

직장에서 우리는 갖가지 감정을 지닌 온갖 인간을 상대하게 된다. 따라서 많은 경우 우리는 우리가 실제로 맡은 일을 하는 동시에 다른 성인의 감정을 돌보는 일까지 해야만 한다. 감정노동을 하는 대가로 초과수당을 받지도 못한다. 이 과정에서 수많은 사람들이 자신의 개성이 너무 과하다고 믿게 된다. 총천연색을 두르고 직장에 들어서지만 정작 회사 사업 모델은 밋

밋한 무채색인 셈이다.

자기 자신이 너무 과한 것인지 직업적인 기준을 가지고 판단하다가는 평생 너무 과한 사람이 되고 말 것이다. 이 점을 잘 알기에 회사에서 일하면서도 성공적인 삶을 살아가고 있는 사람들에게 잠깐이라도 칭찬을 해주고 싶다.

일단 동료 직원에게 할 말이 있어도 지나치게 공격적이라는 인상을 주지 않기 위해 앞뒤로 칭찬을 섞어 가며 대화하려고 애쓰는 사람들, 바로 옆자리에 앉아 있는 왕재수한테 지옥행 급행열차나 타라고 한마디 하고 싶은데도 어금니를 꽉 깨물고 참는 법을 배운 사람들에게 찬사를 보낸다. 무능한 상사 때문에 개고생을 하면서도 죽어라 일해서 프로젝트를 완성하고야 마는 사람들도 마찬가지다. 그들은 자기 일도 끝내야 하고 상사가 싸지른 똥도 치워야 하는 데다가 사내 정치까지 해내야 한다. 그 노고를 잘 알고 있는 내가 여러분에게 찬사를 보낸다. 한껏 경의를 담아 여러분에게 고개를 숙인다.

너무 과하다는 말, 어떤 식으로든 지나치다는 말을 듣고는 스스로가 부족하다고 느끼게 된 사람들 역시 하나하나 기억하겠다. 내가 여러분들 마음 잘 안다. 여러분의 인생이 곧 내 인생이다. 그래서 내가 어떻게 하냐고? 난 어떻게든 '내'가 되려고 발버둥 친다. 100퍼센트, 더 나아가 120퍼센트 '내'가 되려고 애쓴다.

이따금 어디에 들어설 때면 나는 '나'라는 만찬 위에 '나다움'이라는 양념을 덧뿌리기도 한다. 사람들이 자신이 기대하는 모습대로는 아닐지라도 누군가가 당당히 걸어 들어오는 모습, 척척 맡은 일을 해내는 모습, 훨훨 날아다니는 모습을 보고도 아무렇지 않았으면 좋겠으니까.

종종 대기업에서 사내 강연이나 컨퍼런스 강연을 의뢰할 때가 있다. 그러면 나는 드레스코드가 어떤지 물어본다. 대개는 비즈니스캐주얼이 가장 무난하다고들 답한다. 나쁠 거 없다. 블레이저에 옥스퍼드 셔츠에 윙팁 구두는 내 최애 복장이니까. 일주일에 세 번은 요트를 굴리는 메인 주 백인 노신사처럼 입고 간다. 내 옷장만 열어보더라도 잘빠진 프레피 룩 옷이 한가득 걸려 있다. 하지만 때로는 드레스코드를 무시하고 일부러 너무 튀게 입고 갈 때도 있다. 왜냐고? 어떤 복장을 하고 나타나든, 어떤 모습을 하고 있든 당신이 혼자가 아니라는 사실을 보여주고 싶기 때문이다.

한번은 어느 테크 회사 컨퍼런스에 사회자로 초대를 받아 갔는데 강당이 죄다 옛날 무성영화에나 나올 법한 백인 중년 남성들로 가득 차 있었다. 흑인이라고는 나를 포함해 딱 두 명밖에 없었다. 바로 다음 날 나는 라이오넬 리치Lionel Richie 얼굴에 "저기, 그대가 찾는 게 혹시 전가요?"라는 문구가 새겨진 셔츠를 입고 갔다. 그곳 사람들이 기대한 사회자의 모습은 아니었겠지만 어쨌든 그러고 갔다. 받아들여야지 뭐 어떡해.

물론 사회적·직업적 통념에 반기를 들 특권이 모두에게 주어지지 않는다. 최선을 다했느니 마느니 훈수를 두면서 당신 기분을 잡칠 생각도 없다. 다만 당신을 물속에 잠기게 하려고 안달이 난 것만 같은 세상 속에서도 당신이 물 위로 고개를 빳빳이 들고 다니기를 바란다. 그저 때와 장소가 허락할 때 당신이 할 수 있는 만큼의 일을 해라. 스스로를 몰아세우지 마라. 본인마저 스스로에게 가시를 바짝 세울 필요는 없다.

이 기회를 통해 꼭 알려주고 싶은 것은 너무 과하다는 말을 듣는 게 결코 당신 혼자가 아니라는 사실이다. 그리고 당신한테는 아무런 문제가 없다. 다른 사람들을 편안하게 해주겠다고 스스로를 깎아내렸던 때를 떠올려 곰곰이 점검해봐라. 사람들에게 별종 취급을 당하고 기준 미달인 것처럼 여겨지고 존재 자체가 성가시다는 말을 들었던 때를 주의깊이 생각해봐라.

평생을 노력해도 누군가에게는 너무 과한 사람이 될 수밖에 없다. 개성을 줄이고 싶다고? 좋다. 한번 기를 써봐라. 그래도 여전히 자기 기대에 미치지 못한다고 생각하는 사람들이 있을 것이다. 존재감을 10에서 8로 줄여봐야 결국 그들이 원하는 건 4일 것이기 때문이다. 굳이 애쓸 필요가 있을까? 그냥 당신 자신을 10만큼 온전히 드러내라. 사람들 기준에 스스로를 맞추려고 한없이 구부리다가는 결국 부러지고 말 것이다. 장담하는데 심지어 그런 상황에도 만족하지 못하는 사람이 있을 것이다.

그러니 대놓고 벅찬 존재가 되자. 머리부터 발끝까지 '나'가 되자. 거기에다 나다움을 좀 더 끼얹자. 과하게 벅찬 존재가 되자. 당신이 무슨 짓을 하든, 얼마나 노력하든 어차피 어디에선가 누군가는 당신이 너무 벅차다고 생각할 것이기 때문이다.

그 사람이 진짜로 그렇게 생각해도 될 만한 이유를 줘버리자.
지금까지 존재한 어떤 '나'보다도 가장 '나'다운 '나'가 되자.

3장

어차피
세상은 아수라장

우리는 실망하기를
두려워한다

우리가 살아가는 세상은 매일같이 혼돈과 광기로 우리의 마음을 마구 어지럽힌다. 수많은 비극과 사건사고로 우리를 실망시키려고 안달이 나 있다. 게다가 우리는 그런 일들이 언제 벌어질지도 모른 채 끝없는 긴장감 속에 살아야 한다. 한번 열린 판도라의 상자는 영원히 닫히지 않는다.

그러다 보니 사람들이 꿈꾸기를 두려워하는 것도 이해가 간다. 일이 우리가 원하는 대로 풀릴 것이라는 희망을 품기란 쉬운 일이 아니다. 그럼에도 우리는 걱정과 염려를 정신에서 가능한 한 멀리 치워버려야 한다. 당신은 미친 짓이라고 하겠지만 나라면 꼭 필요한 짓이라고 하겠다.

희망을 품기 두려워하는 마음 아래에는 사실 실망을 마주하기 두려워하는 마음이 깔려 있다. 세상이 우리에게 호의를 베풀어 성공을 가져다줄 것이라고 기대하다 보면 마음이 불안해진다. 혹시 실패해서 길바닥에 나앉으면 어떡할 건데? 그래서 우리는 꿈을 작게 꾸거나 아예 꾸지 않는다. 기대를 접어버리면 큰 성공이 뒤따르지 않더라도 실망할 수가 없기 때문이다. 아주 괜찮은 방어기제라고 착각할지도 모르지만 실제로는 충격에 대비하려고 끊임없이 조심하느라 인생을 낭비하는 행위나 마찬가지다. 일이 굉장히 잘 풀릴 수 있다고 생각하는 것조차 두려워한다면 그런 두려움은 곧 자기 충족적인 예언이 되고 만다.

이런 사고방식은 현실에서 다양한 방식으로 나타난다. 예컨대 우리는 어차피 면접 단계에서 떨어질 것이라 속단하면서 가고 싶은 직장을 포기한다. 어차피 합격할 가능성이 없다고 지레짐작하면서 가고 싶은 학교에 지원조차 하지 않는다. 사실상 우리는 우리가 진정으로 원하는 삶을 흑백 버전으로 살고 있다. 개똥 같이 살고 있다는 뜻이다.

물론 꿈을 꾸고 시도하고 노력하는 사람들의 삶도 얼마든지 똥통 같을 수 있다. 하지만 그들은 적어도 자신이 시도는 했다는 사실을 기억하면서 잠에 들고 눈을 뜰 수 있다. 자신이 할 수 있는 일을 다했다는 사실에서 조그마한 위로라도 얻을 수 있다. 인생의 장난질에 정신을 못 차릴 정도로 놀아날 수는 있겠지만 최소한 자신이 아니라 인생을 탓할 수 있다.

꿈을 품을 수 있을 만큼 대담해지려면 자신의 인생이 상상 그 이상으로 위대해질 수 있음을 확신할 줄 아는 용기가 필요하다. 하지만 사람들은 대부분 그런 경지에 이르지 못한다. 미래가 기대한 대로 펼쳐지지 않았을 때 일어날 일들이 두렵기 때문이다. 실망하고 상처받을 자신의 모습에 겁을 낸다.

그렇기 때문에 더더욱 우리는 우리가 원하는 일이 실제로 이루어질 수 있다고 생각하면서 위험을 무릅써야 한다. 꿈을 가지는 것은 그 자체로 용기가 있다는 증거다. 자신이 전성기를 누리는 모습을 머릿속에 그리는 행위는 그런 미래가 어떤 식으로든 실현될 수 있다는 대담한 믿음 없이 불가능하기 때문이다.

생각지도 않게 작가와 강사의 길을 걷게 되면서 나 역시 괜히 실망하게 될까 봐 두려워할 때가 많았다. 하지만 내가 여러 차례 경험한 바로는 어떤 일이 실제로 일어났다면 그것은 내가 그런 일이 이루어지리라는 기대를 최소한 스스로에게라도 되뇌었기 때문이었다. 10여 년 전에 미래일기를 쓴 뒤로 내 인생이 어떤 변화를 겪었는지 생각해 보면 그저 놀랍다. 사실 내 꿈은 그보다 훨씬 전부터 시작됐었다.

어린 시절 나는 내가 무엇이 되고 싶은지 정확히 알고 있었다. 바로 의사였다. 공부를 좋아했고 사람들을 돕고 싶었기 때문이다. 1세대 이민자 아이의 흔한 소망이었다. 나이지리아에서 미국으로 이주하면서 챙겨온 것이 손에 꼽지만 그중 하나가 바로 그 꿈이었다.

학업 성적 면에서 A를 받는 건 나한테 그렇게 어려운 일이 아니었다. 마감 전날 밤이나 당일 아침에 과제를 휘갈겨 쓰고도 A를 받고는 했다. 하지만 '기초화학개론'이라는 벽이 내 앞을 가로막았다.

나는 하루도 안 빠지고 출석을 했고 교수님 옆에 조교로 붙어서 진찰 시간까지 졸졸 따라다녔는데도 수업 내내 애를 먹었다. 그렇게 종강을 하고 성적이 나왔다. 깔끔한 D였다. 네 길이 아니라는 통보 같았다. D를 받아본 건 난생처음이었고 누가 내 밥솥이라도 태워먹은 것처럼 펑펑 울었다.

앞으로의 인생에 대해 "야, 어차피 병원 좋아하지도 않잖아.

계속 이쪽 길로 가봐야 돌팔이밖에 더 되겠니!"라는 식으로 나 자신과 진솔한 대화를 나눈 다음에 나는 진로상담사를 찾아가 예과 과정을 그만두기로 결정했다. 심리학 공부나 부지런히 하다가 산업 및 조직 심리학 석사 과정을 밟는 게 훨씬 나을 것이라 판단했다. 여전히 다른 사람들도 도울 수 있을 테고. 야호!

잠깐 재밌는 사실을 하나 알려주자면 당시에 엄마한테는 의예과 과정을 포기했다는 사실을 말씀드리지 않았다. 그래서 3년 반 뒤 졸업식에서 엄마는 "그래서 예과 졸업증은 어디 있니?" 하고 물었다. 나는 이렇게 답했다. "그게, 무슨 일이 있었냐면… 화학 성적을 D를 받았지 뭐예요. 그래서 의사 꿈은 바로 접었어요. 그래도 4년 만에 대학을 졸업한 게 어디에요. 나 잘했죠?" 아주 제멋대로였다. 그래도 그때 엄마는 어쨌든 내가 대학을 나오고 어디서 애가 사고를 쳤다는 연락이 오지 않는 이상 그 외의 문제는 어차피 내 인생이라고 생각하셨던 것 같다. 엄마는 날 믿어주셨고 그건 대단한 축복이었다. 그렇지 않았다면 한바탕 난리가 날 수도 있었을 테니까.

어쨌든 의사가 되겠다는 꿈이 막을 내리면서 나는 다른 꿈을 꾸기 시작했다. 친구들이 블로그를 시작해 보라고 압력을 넣은 것이 발단이었다. 친구들이라고는 했지만 사실 누가 한 번만 말했어도 날 움직이기에는 충분했을 것이다. 그렇게 2003년 초에 첫 블로그를 열었다. '한 번도 쓴 적 없는 편지를 이곳에 남긴다' 같은 중2 감수성의 제목을 달아놨다. 나는 이 블로그에 공부도 안 하고 시험을 본 이야기, 결국 D를 받은 이야기, 룸메이트랑 안 맞는다는 이야기 등 대학 생활을 통째로 기록했다. 폰트로는 굴림체를 사용했으니 블로그 꼴이 얼마나 엉망이었을지는 예상이 될 것이다. 어쨌든 나는 새로 생긴 취미가 너무나 마음에 들었고 심리학 수업도 재밌게 들었다. 그 뒤로 마케팅 관련 인턴 업무도 몇 개 지원했는데 막상 해보니 내가 마케팅에도 재능이 있다는 사실을 확인할 수 있었다.

새로운 삶에는 새로운 블로그가 필요한 법. 2006년에 대학을 졸업한 뒤에는 학부 시절 쓰던 블로그를 닫고 새로 블로그를 열었다. 지금 내 블로그 AwesomelyLuvvie.com의 전신이었다. 마케팅 회사에서 오전 9시부터 오후 5시까지 근무를 하고 집으로 돌아오면 늘 블로그를 켰다. 그렇게 내 눈으로 바라본 세상 이야기를 쓰고 또 쓰다 보니 블로그가 입소문을 타기 시작했다. 마침내 2009년에는 (지금은 사라진) 블랙 웹로그 시상식 Black Weblog Awards에서 '최고의 유머 블로그 상'을 받았다. 취미를 즐겼을 뿐인데 세상의 인정을 받다니 너무나 신났다. 그래, 취미 말이다.

난 스스로를 작가라 부르기가 겁이 났다. 작가요? 어딜 봐서요? 작가라는 직함도 부담됐고 작가로서 꿀 수 있는 온갖 꿈도 무서웠다. 어차피 이룰 수 없을 테니까. 난 그저 그때그때 떠오르는 주제로 블로그나 끄적거리는 여자아이에 불과했다. 그런 내가 작가라고? 난 스스로에게 되뇌었다. "얘야, 헛소리 마. 네가 어떻게 작가 급이 되겠니."

나는 어느 비영리회사의 마케팅 책임자로서 다른 기업들이

디지털 매체를 활용해 서사를 구축하도록 돕는 일을 하고 있었다. 썩 만족스러운 일이었다. 월급도 많지는 않았지만 충분히 먹고살 만큼은 됐다. 나쁘지 않았다. 아니, 사실은 나빴다. 일이 슬슬 따분하게 느껴졌고 불안감이 들었다. 그렇다고 일을 그만둘 건 아니었다. 아니, 그만두면 안 되지. 절대 안 돼. 불안감은 마음 깊숙이 꾹꾹 눌러 담고 매일 출근 도장을 찍어야지.

그때 내가 기억해야 했던 것은 '정직함'이라는 내 핵심가치였다. 스스로에게 솔직해야만 하는 내가 아무리 거짓 합리화를 해봐야 결과가 좋을 리 없었다. 성실한 업무 태도가 내가 자랑하는 강점이었는데 이때부터 난 점차 형편없는 직원이 되어가고 있었다. 물론 회사에 나가서 일을 하기는 했지만 내 열정을 전부 쏟아 붓지는 않았다. 사무실 책상에 앉아 블로그 글을 올릴 때도 있었다. 결국 하루는 직원회의 때 졸고 말았다. 아홉 명이나 있는 자리에서. 나는 눈을 완전히 감은 채 꾸벅꾸벅 졸았다. 어휴. 직원으로서 난 점점 바닥을 향해 추락하고 있었다.

2010년 4월에는 예고도 없던 정리해고를 당했다. 회사 측에서는 예산 삭감이 이유라고 했다. 뻔뻔하게도 소식을 듣고는 깜짝 놀랐다. 기습 통보라도 당한 것처럼 굴었다. 얘야, 네가 몇 달을 있으나 마나 한 직원처럼 살았는데! 사실 회사 측에서 그냥 잘라버려도 할 말이 없는데 오히려 정리해고 처리를 해준 것에 감사해야 하지 않을까?

그때에도 난 상황을 제대로 바라보지 못했다. 오히려 나는 구인구직 사이트에 들어가 여기저기 이력서를 돌렸다. 당장 월급이랑 보험이 필요했으니까. 게다가 이놈의 신발 사랑도 꺼질 줄을 몰랐다.

블로그에 들이는 시간을 줄여야 하나 고민했던 것도 바로 이 시기였다. 하지만 도저히 관둘 수 없었다. 무언가가 날 붙들고 놓아주지 않았다. 수많은 증거들이 모두 한 지점을 가리키고 있었다. 내 삶의 목적은 글을 써서 사람들을 웃게 만들고 고민하게 만듦으로써 결과적으로 세상을 더 나은 곳으로 변모시키는 것이었다. 그럼에도 여전히 나는 글쓰기를 짬이 날 때 하는 취미 정도로나 여겼다.

1년이 넘는 구직 활동 끝에 나는 어느 글로벌 식품 브랜드에 소셜미디어 관리자로 정식 채용되었다. 채용 소식을 확인한 그날 바로 사무실로 출근했다. 슬랙스에 버튼다운 셔츠. "나 완전 진지함"을 써 붙인 비즈니스캐주얼 차림이었다. 내게 처음 주어진 업무는 어느 캠페인 PPT를 만드는 것이었고 그런 일쯤이야 뚝딱 해치웠다. 그렇게 오후 1시가 됐다. 갑자기 사무실 벽이 사방에서 날 조여오기 시작했다. 끝내주는 인체공학 의자도 내가 흐물흐물 미끄러져 내려가는 걸 붙잡아주지 못할 것만 같았다. 그냥 사무실 바닥에 퍼질러 눕고 싶었다. 내 영혼이 이곳 어디에서도 자리를 찾지 못한 채 방황하고 있었다. 그날 밤 상사에게 메일을 보냈다. 기회를 주셔서 감사했지만 오늘이 처음이자 마지막 출근 날이 될 것 같다고 말씀드렸다. 진심으로 회사가 잘 되기를 바랐지만 나에게는 맞지 않는 곳이었다.

그러는 동안 다른 일감 제의가 계속 쏟아져 들어왔다. 전부

글쓰기 관련 업무였다. 그제야 내가 왜 그토록 작가가 되기를 두려워했는지 의문이 들기 시작했다.

몇 달 뒤인 2012년 2월, 아카데미시상식 레드카펫과 무대 뒤에서 언론보도를 할 기회를 얻었다. 내 블로그를 보고 반한 프로듀서가 날 꼭 시상식에 보내고 싶어 했기 때문이다. 그렇게 아카데미시상식 무대 뒤편에 바로 내가 서 있었다. BBC, CNN, 엔터테인먼트투나잇에서 나온 기자들과 어깨를 나란히 한 채 유명 셰프가 내놓은 새우와 초콜릿을 먹으면서 말이다. 이게 나였다. 온전한 나였다!

이때 경험이 내 세계를 완전히 뒤집어놓았다. 내가 그 영광스런 자리에 있었던 것은 내가 가진 재능, 나의 말과 글 덕분이었다. 이런데도 내가 작가가 아니라고 생각했다고? 물론 내가 거장은 아닐지라도 어쨌든 난 러비였다.

"무섭다고? 그래도 일단 해"

대학을 졸업한 나는 미래일기라든가 버킷리스트에 두 가지 원대한 꿈을 적어보고는 했다. 하나는 책을 내서 《뉴욕타임스》 베스트셀러 작가가 되는 것이었고 다른 하나는 언젠가 우리 엄마가 은퇴할 수 있도록 돕는 것이었다. 홀로 날 기른 우리 엄마 예미 아자이^{Yemi Ajayi}는 내가 이 세상 높은 곳을 향해 솟아올라야겠다고 마음먹은 주된 이유 중 하나였다. 애초에 내가 감히 꿈을 꿀 수 있던 것도 모든 걸 뒤로한 채 미국으로 건너와 한 푼도 허투루 쓰지 않으며 가족을 먹여 살린 엄마의 희생 덕분이었다. 그 와중에도 엄마가 어찌나 차분하게 품위를 지키셨는지 나는 엄마 월급이 한 번만 밀려도 우리가 길거리에 나앉을 상황인 줄은 꿈에도 몰랐다. 난 엄마가 자랑스러워할 만한 삶을 살기를 바랐다. 그리고 엄마가 지구상에서 보내는 말년이 걱정 없는 나날들이기를 바랐다.

서른이 되던 2015년에 나는 올해만큼은 "무섭다고? 그래도 일단 해."라는 마인드로 살아가겠다고 결심했다. 마치 숀다 라임스Shonda Rhimes의 『1년만 나를 사랑하기로 결심했다Year of Yes』처럼 내가 두려워하는 일이나 평소 같으면 하지 않을 일을 하겠다고 다짐했다. 실제로 그해에 나는 스카이다이빙을 했고 혼자다섯 나라를 여행했으며 무엇보다도 처음으로 내 책을 썼다. 드디어 내 앞에 놓인 산을 오르고 올라 7만 5,000단어를 토해내 『내가 널 까겠어』를 집필한 것이다. 내가 책을 쓸 수 있었던 이유는 스스로를 작가라 부르기 두려워하는 마음을 극복했기 때문이다. 특별한 수업을 듣거나 특별한 학위를 따서 그런 용기를 낼 수 있던 게 아니었다. 말 그대로 관점을 바꿨기에 가능한 일이었다. 두려움이라는 거대한 괴물이 사라지거나 줄어든게 아니었다. 그저 이번에는 맞서 싸우기로 결심했을 뿐이다.

책은 2016년 9월 13일에 출간됐다. 그리고 같은 해 9월 21일, 책이 《뉴욕타임스》 베스트셀러 5위를 차지했다는 연락을 받았다. 온갖 특권이 뒤따르는 베스트셀러 작가 명단에 공식적으로 이름을 올린 것이다. 인생이 달라졌다. 수임료가 두 배로 뛰었고 존재하는 줄도 몰랐던 새로운 기회가 활짝 열렸다. 이 덕분에 다른 꿈 역시 이룰 수 있었다.

한 달 뒤 나는 엄마한테 전화해 일을 관둬도 된다고 말했다. 이제 내 힘으로 우리 둘 다를 먹여 살릴 수 있었기 때문이다. 엄마가 여태까지 들인 노력과 희생이 헛되지 않았다는 사실을 보여드릴 수 있다니 인생에 이만한 기쁨이 또 없었다. 내 책이 《뉴욕타임스》 베스트셀러에 오른 덕분에 나는 엄마에게 은퇴하셔도 좋다고 당당히 말씀드릴 수 있었다. 더 나아가 나는 엄마의 엄마이자 나의 할머니 푼밀라요를 위해 이 두 번째 책을 쓸 기회 역시 얻었다.

의사가 되고 싶었지만 실제로는 작가였던 한 소녀의 블로그에서 이 모든 일이 비롯됐다. 결국 내 완고한 머릿속에서 변명거리가 바닥나고 감히 작가라는 직함을 명판에 새기는 수밖에 없다는 결심이 섰을 때 비로소 모든 것이 신의 섭리라도 따르는 듯 제자리를 찾아가기 시작했다.

난 늘 희망을 품는다. 물론 우리가 원하는 바를 소리 내서 외친다 할지라도 그 소망이 정확히 우리 기대대로 이루어지지는 않을지도 모른다. 하지만 실망하는 와중에도 꿈을 잃지 않는 것이 중요하다. 꿈을 품어야 우리의 정신과 시야가 넓어지기 때문이다.

많은 사람들은 꿈을 품는 것이 공상 속에 빠져 사는 것과 다를 바 없다고 생각한다. 그 속에서는 어떤 일도 가능하지만 그렇기에 어떤 일도 불가능하다는 것이다. 그들에게 꿈이란 애들 장난이자 무의미한 활동이다. 이런 생각에 고무되는 사람이 있는가 하면 겁을 먹는 사람도 있다. 하지만 꿈속에서 아무런 한계가 없고 모든 일이 가능하다는 건 실제로도 우리의 이해를 벗어나는 일이 일어날 수 있다는 뜻이기도 하다.

대담하고 뻔뻔하게 꿈꿔라

우리의 삶 속 곳곳에서는 누군가의 꿈이 이루어진 흔적이 가득하다. 우리가 매일 사용하는 물건들은 누군가 그런 물건을 만들어 써먹겠다고 과감하게 뛰어든 덕분에 생겨났다. 예컨대 비행기를 타고 여행을 다닐 때면 나는 종종 내가 하늘을 떠다니는 깡통 속에 들어 있다는 사실에 경외감을 느낀다. 창밖으로 구름이 나랑 눈높이를 맞추고 있는 걸 보고는 "도대체 누구의 조상님의 조상님의 조상님이 이런 게 가능할 거라고 생각했을까?"라는 의문에 그저 소름이 돋는다. 과학이란, 마법 같은 일이 가능하리라는 과감하고 뻔뻔한 상상의 결과물에 지나지 않는다. 그렇다면 우리도 마음껏 꿈을 꾸며 살면 되지 않을까?

우리가 꿈을 꿀 때 우리를 지켜보는 사람들도 꿈을 꿀 용기를 얻는다.

우리가 큰 꿈을 꿀 때 우리를 지켜보는 사람들도 꿈이 작을 필요가 없음을 깨닫는다.

우리가 꿈을 이룰 때 우리를 지켜보는 사람들도 더 넓은 시야로 세상을 바라본다.

그러니 꿈을 꾸자. 대담하고 뻔뻔하게 꿈을 꾸자.

때로는 다른 사람들이 불편해할 정도로 꿈을 크게 품어야 할 때가 있다. 다른 사람들이 우리의 꿈이 무엇인지 듣고는 헉 소리를 낸다면 그건 오히려 우리가 잘하고 있다는 증거다. 그래, 내 원대한 꿈에 숨이 턱턱 막히시겠지!

물론 이런 생각이 들지도 모른다. "잠깐, 사람들한테 내 꿈이 무엇인지 말해줘야 한다고? 괜히 호들갑을 떨어서 일을 그르치면 어쩌려고?" 물론 모두에게 꿈을 하나하나 일러줄 필요는 없다. 하지만 그렇다고 꿈을 자기 마음속에 꽁꽁 감춰두는 게 옳은 길은 아니다. 내가 다른 사람에게 꿈을 밝혔을 때 "잠깐만, 도움이 될 만한 사람을 알고 있는데."라는 대답을 들었던 적이 얼마나 많은지 모른다. 꿈이 무엇인지 과감하게 입 밖으로 꺼냈을 때 마침 그 자리에 있던 누군가가 내 꿈에 힘을 실어준 적도 있었다.

때는 2018년 7월이었다. 한창 이곳저곳을 돌아다닌 데에다가 일도 부지런히 한 탓에 몸과 마음이 지쳐서 한 달 간 푹 쉬기로 마음먹었다. 그런 선택을 내릴 여건과 능력이 된다는 게 얼마나 큰 특권이었는지 잘 알고 있다. 나는 그 다짐을 속으로 외친 것은 물론 인스타그램에도 글로 남겼다. "비욘세나 오프라가 불러주는 게 아닌 이상 아무데도 안 갈 거야."

그래서 무슨 일이 있었냐고? 비욘세의 오랜 홍보담당자인 이베트 노엘슈어Yvette Noel-Schure에게서 연락이 왔다. '온 더 런 II On the Run II' 북미 투어 첫 공연에 나를 초대하는 연락이었다. 올 수 있냐고요? 그걸 말이라고요! 전화를 끊고 나니 웃음이 터지는 걸 막을 수 없었다. 말도 안 되는 꿈을 계속 지껄이는데 그게 계속 현실이 되다니 삶이 너무나 기묘하게 느껴졌기 때문이다.

용기를 내서 나 자신에게라도 내 꿈이 무엇인지 큰소리로 밝힌 덕분에 나는 여기까지 올 수 있었다. "그래, 나도 이런 꿈을 품을 수 있지."라고 확신하며 당당히 입 밖으로 꺼낸 말들이 실제 현실로 이루어진 적이 얼마나 많은지 그저 놀라울 뿐이다. 나는 특권의식이 아니라 희망을 가지고 꿈을 외쳤으며 그러자 내 인생에 마법 같은 일들이 벌어졌다.

대담하게 꿈꾸고 당당하게 바라자. 때로는 온 세상이 그 바람을 두 배, 세 배로 부풀려줄 것이며 세상에 그만 한 깜짝 선물이 없다. 최악의 순간조차 우리에게는 더 나은 미래가 오리라는 희망만이 남아 있을 것이다.

4장

내가 잘난 게
미안할 일은
아니잖아

우리는 오만해 보이기를 두려워한다

우리는 살아가는 내내 스스로를 낮추고 겸손해지려고 애쓴다. 그러지 않으면 우월감에 빠져 사는 사람이라는 말을 들어왔기 때문이다. 우리는 혹시라도 누군가 우리를 오만하다고 비난할까 봐 전전긍긍하면서 시간을 허비한다. 이렇듯 마음 한편에서는 "그래, 항상 균형을 유지하고 콧대를 낮춰야지."라는 생각이 들지만 사실 다른 한편에서는 "겸손 따위 개나 줘! 얼간이들이 뭐라 하든 말든 내가 알 바야?"라는 생각이 든다.

때로는 존재감을 마구 뽐내며 나타나서 모두에게 우리의 등장을 알릴 필요가 있다. 그래야 그들이 당신 자리를 내줄 테니까 말이다.

우리 할머니는 '온 김에 장미꽃 향기는 맘껏 즐기다 가자'라는 마인드가 무엇인지 그대로 보여주는 최적의 인물이셨다. 그게 무슨 뜻이냐고? 자신에게 주어지는 온갖 관심과 애정을 부끄럼 없이 끌어안는 분이셨다는 말이다. 나는 할머니랑 함께 지내면서 본인이 얼마나 멋진 사람인지 스스럼없이 받아들이는 게 어떤 모습인지 두 눈으로 확인했다. 할머니가 오만했다거나 동네방네 돌아다니면서 자기 자랑을 했다는 게 아니다. 아니, 그러실 필요도 없었다. 누가 시키지 않아도 사람들은 할머니가 얼마나 멋진 인간인지 자기 입으로 인정했다. 그럴 때마다 할머니는 감사하다고 답했을 뿐만 아니라 칭찬을 한껏 들이마셔서 가슴속을 꽉꽉 채웠다. 겸손해 보여야 한다는 이유로 칭찬을 회피하거나 사양하시지도 않았고 스스로를 일부러 깎아내리시지도 않았다.

할머니는 아프리카에서 넘어온 흑인 할머니들이 으레 그렇듯 독실한 크리스천이셨다. 그러니 일요일에 우리 할머니를 찾으려면? 당연히 교회로 가면 됐다. 할머니는 '케루빔과 세라핌C&S'이라는 분파에 속해 계셨다. 잠깐, 정정하자면 독실한 신자 정도가 아니라 선지자셨다. 이 정도 표현으로도 충분하지 않다. 할머니가 교회에서 부여받은 공식 직함은 '이스라엘의 어머니, 최고위 예언자 팔로인'이었다. 다시 한번 읽어보기를 바란다. 교회가 공식적으로 우리 할머니를 최고위 예언자로 인정한 것이다. 과장이 너무 심하면 웃음이 나올 수밖에 없겠지만 할머니는 진짜로 최고였다. 저 직함이 실제로 어떤 의미를 담고 있는지는 잘 모르겠지만 딱 한 가지 나이지리아 사람들이 정말 좋아하는 게 있다면 그건 바로 웅장한 칭호다. 칭호는 길면 길수록, 거창하면 거창할수록 더 좋다.

C&S 교회 신자들은 흰색 가운을 입었고, 기도와 찬양을 중시했기 때문에 교회에 가면 기본적으로 5시간은 예배를 드렸다. 그런데 할머니 덕분에 예배 시간은 최소 30분씩은 더 길어졌다. 그 이유를 알려주겠다.

예배는 오전 10시에 시작했다. 그때부터 약 30분 간 기도와 찬양이 이어졌다. 주인공은 마지막에 등장하는 법. 10시 30분쯤 되면 할머니께서 등장하셨다. 할머니가 밖에서 들어올 채비를 하고 계시면 목사랑 성가대는 하던 일을 전부 멈췄다. 내가 직접 목격한 실화다. 설교도 멈췄고 찬송가도 멈췄다. 그다음에는 문이 열리면서 할머니가 오셨다는 발표가 나오고 환영 위원회가 문 양옆에 서서 할머니를 맞아들였다.

그러고 나면 음악이 울려 퍼지고 할머니는 마치 성스러운 신부처럼 통로를 따라 춤을 추며 입장하셨다. 그 정도로도 충분하지 않으셨는지 할머니는 앞으로 다섯 발자국을 내딛었다가 두 발자국 물러서면서 춤에 감질맛을 더하셨다. 아, 할머니가 자신만의 달콤한 시간을 즐기는 광경이란!

교회는 이런 관행을 정기적으로 이어나가기를 바랐고 할머니 역시 사양하지 않으셨다. 오히려 한껏 즐기셨다. 스스로를 드높여서는 안 된다고 요구받는 세상에서 이런 태도는 그 자체로 혁명이었다.

물론 매주 노래와 춤으로 자신의 존재 자체를 예찬할 기회가 모두에게 주어지는 것은 아니다. 하지만 스스로를 뽐낼 기회가 왔을 때 어떻게 대처할 것인지에 대해서는 분명 생각해볼 만하다. 사람들은 대부분 칭찬을 어떻게 받아들여야 할지조차 모른다. 누군가 우리 신발을 보고 예쁘다고 칭찬하면 우리는 서둘러 "이게요? 설마요. 그냥 장롱 구석에 처박혀 있던 거 꺼내서 신은 건데요."라고 답한다. 그저 "고마워요." 한 마디면 충분한데도 말이다. "오늘 정말 멋진데요."라는 칭찬에 "에이, 당신이 더 멋지죠."라고 답할 때도 있다. 물론 칭찬을 주고받는 건 좋은 일이지만 혹시 칭찬을 받는 게 어색해서 그렇게 얼버무린 건 아닐까? 당신은 훌륭한 일을 해내고 나서 얼마나 자주 스스로를 칭찬하는가? 누군가 우리를 보고 우리가 해낸 일을 인정하면서 칭찬을 보낼 때 얼마나 자주 그 분위기를 즐기는가?

물론 우리에게는 특히 겸손이 필수적인 자질로 요구되고는 했다. 그리고 어째서인가 그 겸손은 만성적인 자기비하로 변질되었다. 자신의 후광을 가리면 가릴수록 세상이 더 나아질 거라고 믿게 된 것이다.

이런 믿음은 우리의 일거수일투족에 스며들어 있다. 자신의 후광을 뽐내는 데 익숙하지 않다는 것은 사실상 자신이 얼마나 멋진 존재인지 숨기려고 애쓰고 있다는 것이나 마찬가지다. 응당 그래야 할 만큼 스스로를 추켜세우지 않는데 어떻게 우리의 존재감이 드러날 수 있겠는가? 결국 우리는 스스로가 과소평가 받도록 내버려 두고 말 것이다.

자신감은 사랑받는 것과 상관이 없다

어떤 사람들은 지나치게 으스대는 것처럼 보일까 봐 친구나 가족에게 자신이 이룬 일을 내보이기 어려워한다. 하지만 당신이 그 일을 해냈다는 것은 객관적인 사실이다. 그 사실을 숨긴다고 해서 있던 일이 없던 일이 되지는 않는다. 그리고 생각해

봐라. 그런 소식을 전하는 게 으스대는 것처럼 보인다고 문제
될 게 있나?

당신이 잘한 일을 적어서 누군가에게 문자로 보내거나 소
셜미디어에 올렸다고 가정해 보자. 그걸 본 사람이 단지 당신
이 어떤 일을 잘 해냈다는 이유로 눈을 희번덕인다. 팔로우를
끊는다. 당신 번호를 지운다. 그런 사람을 당신 인생에 들이고
싶은가? 그런 사람을 매일같이 곁에 두고 싶은가? 그런 사람을
당신 집에 초대하고 싶은가? 아니겠지? 그들이 당신을 어떻게
생각한다고 해서 달라지는 것도 없잖아? 심지어 상대가 당신
이 잘 알지도 못하고 만난 적도 없는 사람이라면? 그런 사람이
당신이 잘나가는 걸 보고는 혼자 화가 나서 당신을 오만하다고
말한다면? 그게 무슨 의미가 있을까? 그런 사람 때문에 성공을
조용히 마음속에나 간직하고 있어야 할까? 스스로를 칭찬하고
기념하기를 멈춰야 할까? 절대로 아니지.

절대 다른 사람 때문에 성공을 거둔 것을, 나답게 살아가는
것을, 끝내주게 멋진 것을 미안해하지 말자. 당신이 어떤 일을
해냈다고 알렸는데 누군가 속이 뒤집힌 것 같다면 그 사람은
그냥 당신 편이 아닌 것이다. 당신의 후광을 바라볼 자격이 없
는 것이다. 그런 사람은 당신 인생에서 어떤 중요한 자리도 차
지하고 있지 않다. 내가 잘나간다고 해서 화를 내는 사람이라
면 내가 발전하는 데 걸림돌이 될 뿐이며 난 그런 사람을 곁에
둘 생각이 없다.

현실을 직시하자. 우리가 얼마나 훌륭하고 가치 있는 사람

인지 스스럼없이 드러낸다면 분명 누군가는 당신을 싫어할 것이다. 자신의 결점이 드러나기 때문이다. 그들은 우리를 거울삼아 자신이 모자란 점을 확인한다. 그래도 아무 상관없다. 다행히도 나는 다른 사람의 미움에 마음이 움직이는 사람이 아니며 설령 신경을 쓴다 할지라도 그들의 눈물을 각각 병에 담아 트로피 진열대에 전시해놓을 사람이다.

후광을 뿜내는 것은 다른 사람들에게 사랑받는 것과는 아무 관련이 없다. 오히려 자기 자신에게 사랑받는 것이 핵심이다. 내가 가장 좋아하는 격언 중에 이런 말이 있다. "우리 안에 적이 존재하지 않는 이상 바깥의 적은 우리를 털끝만큼도 해칠 수 없다." 우리의 내면이 튼튼하다면 다른 사람들의 행동은 우리에게 아무런 영향을 줄 수 없다.

정말 형편없는데도 본인이 뛰어나다고 생각하는 사람들이 있다. 게다가 영업도 얼마나 잘하는지 다른 사람들도 다 넘어가서 그 사람이 뛰어나다고 굳게 믿는다. 그처럼 평균 이하에 진부함 그 자체인 인간조차 본인이 세상의 모든 부와 영광을 독식해야 한다고 착각하는데 당신처럼 급이 다른 사람이 매 순간 스스로를 의심하고 있는 걸 보면 허공에 주먹질이라도 하고 싶다. 당신보다 능력이 훨씬 떨어지는데도 매일같이 자신을 기념하는 파티가 열려야 된다고 굳게 믿는 사람들이 존재한다는 사실을 절대 잊지 마라. 당신이랑은 비교하기도 민망한 사람들이 왕관을 쓰고 세상을 활보하고 있다. 자신감이 가진 힘을 절대 과소평가하지 마라. 두 발 달린 짐승 중에 내가 제일 쩌는 존재라는 믿음을 가진다면, 더 나아가 그 믿음을 아예 객관적인 사실로서 받아들인다면 당신은 다른 사람들에게도 확신을 줄 수 있을 것이다.

이제 우리가 얼마나 위대한 존재인지 받아들일 때다. "역사상 가장 위대한 존재"라고 적힌 티셔츠를 입고 다니라는 뜻이 아니다. 오만방자하게 굴라는 말도 아니다. 지나치게 겸손해지려다 스스로를 깎아내리지 않도록 조심하라는 말이다. 절대 몸을 움츠리지 마라.

때때로 우리는 자신의 존재감을 축소시킬 뿐만 아니라 아예 존재 자체에 미안함을 느끼기도 한다. 실제로 우리는 우리 존재가 다른 사람들에게 어떤 식으로 피해라도 주는 것처럼 사과를 표한다. 예컨대 길을 가다가 누가 우리를 앞질러 가면 우리는 죄송하다고 말한다. 마치 그 사람이나 나나 그곳에 동시에 있으면 안 되는 것처럼 말이다. 심지어 얼굴 때문에 사과하기도 한다. 소셜미디어를 보면 종종 사진을 올리고는 "얼굴이 이 꼴이라 죄송해요."라고 설명을 다는 사람이 있다. 저기요. 지금 당신의 외모를 용서해달라고 말씀하시는 건가요?

물론 이해는 간다. 그런 태도는 대개 과거의 트라우마나 주변의 비난에 낮아진 자존감 등 마음의 짐으로부터 비롯된다. 세상이 끊임없이 우리에게 비수를 꽂다 보니 마음에 구멍이 남아버린 것이다. 내가 해주고 싶은 말은 그저 자신의 존재나 외모 때문에 사과하지 말라는 것이다. 설령 그래야만 할 것 같은 기분이 들지라도 여기 내가 이렇게 당당히 권한다. 절대 그러지 마라.

당신 자신을 위해 그럴 마음이 들지 않는다면 숨을 쉬고 있다는 이유만으로 사과하는 모습을 지켜봐야 할 다음 세대를 위해 그렇게 해라. 당신이 당신의 존재 때문에 사과하는 습관을 버려야 어린 아이들 역시 자신이 자신의 존재 때문에 사과할 필요가 없음을 배울 수 있을 것이다. 자신의 존재에는 사과가 아니라 축하가 어울린다는 사실을 받아들일 수 있을 것이다. 자신이 이 세상에 존재하기 때문에 세상이 더 나은 곳이 되었다는 사실을 깨달을 수 있을 것이다.

자신에게
후광을 비춰라

내 후광을 알아보지 못했다가 어마어마한 축복과 영예를 놓칠 뻔한 적이 있다. 이제 그 이야기를 들려주겠다.

때는 2016년 초, 나는 『내가 널 까겠어』의 해를 맞이할 준비를 하고 있었다. 내 첫 책이 9월에 출간될 예정이었기 때문에 연초부터 출간 일정에만 집중했다.

그러다 3월에 OWN(오프라 윈프리 네트워크) 팀에서 메일이 한 통 왔다. 내가 오프라 윈프리의 슈퍼소울 100인에 선정됐다고 축하하는 내용이었다. 오프라가 꼽은 "인류 사회의 질을 높인" 사람들 100명 리스트였다. 처음 메일을 읽고는 실소를 터뜨렸다. 당연히 스팸일 거라고 생각했다. 언젠가 웬 나이지리아 왕자라는 놈이 3억 4,200만 달러를 유산으로 물려주겠다는 메일을 보냈는데 같은 녀석이겠거니 싶었다.

그런데 얼마 뒤 OWN 팀의 에이전시 측에서 문자 하나가 왔다. 중요한 메일을 보냈으니 확인해 달라는 내용이었다. "잠깐, 그 메일이 진짜라고?" 난 스팸메일함에 들어가 얼른 메일을 회수했다. 아니나 다를까 진짜였다. 오프라가 세상에 이바지하고 있다고 생각하는 인물 100명을 뽑았는데 그 안에 내가 들어가다니!

간신히 입을 다물고 전화로 사랑하는 사람들 몇몇에게 새된 소리로 소식을 전한 다음 메일을 다시 확인했다. 잘 읽어보니 OWN 사옥에서 슈퍼소울 100인을 위한 브런치 파티가 열릴 예정이니 참석하기를 바란다는 내용도 있었다. 오직 윈프리 여사가 직접 선택한 100인만 초대된 자리였다.

브런치 당일 나는 소피아 부시^{Sophia Bush}랑 같은 테이블에 앉았다. 건너편 테이블로 눈을 돌리니 에바 두버네이^{Ava DuVernay}와 아리아나 허핑턴^{Arianna Huffington}이 앉아 있었다. 아예 방 저편으로 눈을 돌리니 재닛 목^{Janet Mock}과 젠데이아 콜먼^{Zendaya Coleman}이 보였다. 진심으로 당황했다. 머릿속에서는 계속 이런 절규가 맴돌았다. "이런 거성들 사이에 내가 왜 끼어 있는 거지? 대체 어떻게? 착오라도 생긴 거 아니야?"

착오 따위는 없었다. 나도 그들만큼 대단한 사람이었다. 나도 그 자리에 어울리는 사람이었다. 그 사실을 인정해야 했다.

가면 증후군 따위는 고이 집어넣고 당당히 나아가야 했다. 나는 스타들과 어깨를 나란히 한 채 축하받아 마땅한 사람이었다. 나도 그 안에 속했다.

마침내 오프라와 얼굴을 맞댄 채 대화를 나눌 수 있었다. 지난 몇 년 간 오프라랑 같은 자리에 참석한 적은 많았지만 감히 다가가서 인사할 용기가 나지 않았다. 총 세 번 기회가 있었는데 그때마다 나는 언젠가 오프라랑 대화를 나누게 된다면 그때는 오프라가 이미 내 이름을 들어서 알고 있을 것이라고 말하고는 했다. 그런데 이번에 정말로 오프라가 나를 직접 선택해 브런치에 초대한 것이다. 충격이 너무나 커서 헤어 나올 수가 없었다.

결국 우리의 믿음과 현실은 다 연결되어 있다. 자신의 후광을 알아보지 못한 채 자신이 성공을 거둘 자격이 있는지 의심하지 마라. 우리가 자신의 위대함을 믿지 못한 탓에 스스로 축복을 밀어내버리는 경우가 얼마나 많을까?

우리 할머니는 늘 스스로를 드높였다. 요새 무슨 새로운 일을 벌이고 있는지 자랑하실 때마다 할머니 얼굴에 가득 차오르던 미소는 지금도 생생하게 떠오른다. 할머니의 자부심에는 진심이 담겨 있었다. 자부심을 드러내는 과정에서 본인이나 타인을 깎아내리는 일도 없었다. 또 할머니는 자기가 할 말을 남이 대신하는 꼴을 못 보셨다. 언젠가 할머니가 나를 데리고 병원 진료를 받으러 가신 적이 있었다. 의사는 나이지리아 노부인이 영어를 알아들을 리가 없다고 넘겨짚고는 나를 보면서 말했다. "할머니 생년월일이 어떻게 되시니?" 할머니는 조금의 망설임도 없이 씨익 웃으면서 말씀하셨다. "나한테 물어보시오. 1931년 7월 31일 생이라오." 난 그저 "들으셨죠?" 하는 표정으로 가만히 앉아 있었다.

나도 할머니처럼 되고 싶다. 만약 내 최악의 단점이 오만함이라면 그게 내가 잘 살고 있다는 증거일 것이다. 만약 스스로를 높이 평가하고 스스로를 긍정하는 게 허물이라면 차라리 난 허물 중에서도 거대한 이무기가 벗어놓은 허물이 되겠다.

자기 자신과 자신의 업적에 관해 얘기할 때 물음표가 아니라 느낌표로 문장을 끝내라. 누군가 당신이 어떤 사람이고 뭐 하는 사람인지 물어본다면 확실하게 답해라. "어, 가끔 글을 쓴다고 해야 할까요?"가 아니라 "글 쓰는 사람이에요."라고 말해라. 당신이 모르면 누가 알겠나? 세상이 원치 않더라도 우리는 우리 자신을 예찬해야 한다. 거기에는 누구의 허락도 필요하지 않다.

5장

변명할 여지를
남겨서 뭐해

우리는 성공을
두려워한다

어느 날 내가 최상의 '나'로 거듭난다면 어떤 일이 벌어질까? 더 이상 꿈을 미룰 변명거리가 남아 있을까? 내 삶은 어떻게 달라질까? 주변 사람들 중에 태도가 바뀌는 사람이 있을까? 날마다 어떤 점이 달라질까?

우리는 실패의 두려움에 대해서는 자주 얘기한다. 하지만 성공의 두려움도 분명 실재한다. 많은 경우 우리가 원하는 바를 얻거나 꿈꾸는 바를 이루는 데 필요한 것들은 이미 우리 손에 쥐어져 있다. 그럼에도 우리는 우리의 삶이 한계를 뚫고 뻗어나가는 모습을 그리며 겁에 질린다. 어쩌면 우리가 스스로 해낸 업적에 부응하는 존재가 되지 못할까 봐 두려운 것일 수도 있고 한 번 맛을 본 성공을 끝까지 유지하지 못할까 봐 두려운 것일 수도 있다. 아니면 성공에 뒤따르는 결과를 감당하지 못할까 봐 겁이 나는 걸지도 모른다.

내 경우에는 성공의 두려움을 확실히 느낀다. 관문을 하나 지날 때마다 다음 관문에서 또 새로운 악마가 길을 막아설 것임을 잘 알고 있다. 사실 실패하는 것보다 성공하는 게 진심으로 두려울 때가 더 많다.

이런 걱정은 대개 가면 증후군impostor syndrome에서 비롯된다. 가면 증후군이란 어떤 기회가 주어졌을 때 자신이 이런 기회를 얻을 자격이 있는지 의심하는 심리 상태를 말한다. 이런 심리에 빠지면 아직 경주를 시작하지도 않았는데 우승할 자격이 없다고 스스로를 몰아세우게 된다. 일어나지도 않은 가능성을 두려워하느라 스스로에게 날아오를 기회조차 주지 않는 이유가 대체 무엇일까?

수백만 건의 조회수를 기록해 내 인생을 바꿔놓았다는 TED 강연 이야기가 기억나는가? 사실 그 강연 원고는 어느 이른 아침 출장 때문에 택시를 타고 공항에 가던 길에 대충 휘갈겨 쓴 결과물이었다. TED 측에서 원고를 보고는 강연을 취소해서 강연할 필요가 없기를 바랐기 때문이다. 당시에는 그만큼 겁이 났었다. 강연 이후에 무슨 일이 벌어질지 너무나 무서웠다. 실패할까 봐 두려웠던 게 아니라 너무 잘 해낼까 봐 두려웠다.

2017년으로 돌아가 보자. 7월 어느 날 전설적인 기자이자 특파원 팻 미첼Pat Mitchell이 TED위민의 큐레이터 신분으로 나에게 연락해 강연을 해달라고 초청했다. TED 공식 강연을 해보는 게 오랜 꿈이었기에 당장 "네!"라고 답하고 싶었다. 하지만 같은 기간 다른 도시에서 열리는 컨퍼런스에 참여할 예정이었기 때문에 땅을 치며 거절할 수밖에 없었다.

그렇게 시간이 흐르고, 11월 1일 개최 예정인 TED위민 컨퍼런스까지 2주를 앞둔 시점이었다. 이미 참여하기로 한 컨퍼런스 일정표를 받았는데 첫날에는 참석을 하나 마나 한 VIP 파티밖에 없었다. 그러자 문득 이런 생각이 떠올랐다. "잠깐, 하루 정도는 TED위민 컨퍼런스가 열리는 뉴올리언스에 다녀올 수 있겠는데?" 친구들은 바로 이렇게 물었다. "그냥 가서 강연하면 되지 않아?" 그 말을 듣고는 머릿속이 번쩍했다. "응? 뭐라고!?" 팻 미첼도 여전히 내가 무대에 오르기를 바랐다.

우선 알아둬야 할 점이 있다. TED는 연사를 고르고 준비시키는 데 있어서 굉장히 철저하다. 코치를 붙여주고 강연을 검수하는 등 연사를 무대에 올리기 전까지 어마어마한 준비 과정을 거친다. 그런데도 지금 나는 불과 2주 전에 무대에 오르라고 요청을 받은 것이다. 내 머릿속은 난리도 아니었다. "난 코치 없어? 아직 원고도 준비 안 했는데? 2주면 그냥 순식간이잖아요!"

감히 그 무대에 올라서 자폭하고 싶진 않았다. 그렇게나 중요한 무대에 올라서 강연을 망치면 나 자신은 물론이고 우리 가족 이름에도 먹칠할 게 뻔했다. 내가 뭐라고 막다른 순간에 그런 큰 무대에 오를 생각을 한단 말인가? 말도 안 되지. 그래서 난 이번에도 강연 제의를 거절한 다음 관중석에서 열심히 응원하겠다는 메일을 보내야겠다고 마음먹었다. 어떻게든 강연을 준비해 보고 싶었지만 그럴 수 없어서 유감이라는 내용을 세 단락이나 썼다. 실제로 나는 가을 내내 도시 여기저기로 '투게더 리브Together Live' 투어를 다니느라 지친 상태였고 100퍼센트에 미치지 못하는 결과물을 무대 위로 올리고 싶지는 않았다. 이도저도 아닌 모습으로 실패할까 봐 두려웠다. 그렇게 '보내기' 버튼을 누르려는 찰나 내 단짝 유니크 존스 깁슨Eunique Jones Gibson에게 먼저 연락을 해봐야겠다는 생각이 들었다.

나: 자기야. 내가 TED 강연 제의를 받았는데 그게 거의 일

주일 반밖에 안 남았거든. 준비가 안 된 것 같아서 그냥 거절하려고. 다들 몇 달은 연습하고 코칭을 받는다는데 막판에 쑥 들어가기는 그렇잖아.

유니크: 음, 근데 네가 다른 사람이랑 같니?

나: 어라, 잠깐.

유니크: 지난 여섯 달 동안 매주 두 번은 무대에 올랐잖니. 강연을 업으로 삼은 지는 거의 10년이 다 됐고. 여태까지 해온 게 있는데 코치가 따로 필요하겠니? 이번 기회를 위해 준비해온 거나 다름없다고. 준비 끝났어.

나: 오우.

유니크: 게다가 네가 강연을 할 실력이 안 된다고 생각했으면 그쪽에서 제안도 안 했겠지. 그러니까 너 이 기회 꼭 잡아야 돼.

나: 이런, 완전히 날 찢어놓으셨네요.

유니크: 좋아. 그럼 이제 전화 끊고 강연 준비나 하러 가. 아주 끝장을 내주라고.

휴, 유니크 덕에 제대로 정신을 차렸다. 나는 곧장 메일함을 열어서 팻에게 보내려고 했던 메일을 지워버렸다. 물론 아직도 마음 한쪽이 흔들리고 있었지만.

도미노를 쓰러뜨리는
작은 움직임

바로 다음 날. 나는 강연 원고를 쓰기 시작했다. 택시를 타고 공항으로 가는 길에 말이다. 공항까지 가는 한 시간 동안 원고를 다 짰다. 택시가 오헤어 공항 앞에 차를 세울 무렵 '보내기' 버튼을 눌렀다.

난 TED 측에서 "작가님, 대체 이게 뭐예요? 어휴, 됐어요. 저희 잘못이죠."라는 식으로 답을 할 줄 알았다. 그럼 나는 어깨를 으쓱하면서 "제 말이 그 말이에요. 휴."라고 말하면 됐겠지. 줄행랑을 칠 이유만 찾고 있었기 때문에 그래도 상관없었다. 그런데 하필 원고가 너무 마음에 든다고 했다. 아니, 대체 왜!?

다른 연사들처럼 나도 미리 연습해볼 수 있도록 컨퍼런스 이틀 전에 뉴올리언스에 가 있어야 했다. 하지만 컨퍼런스 바로 전날에 시카고에서 시상식 일정이 있었기 때문에 그건 어려웠다. 나는 생각했다. "이번에는 진짜로 날 포기하겠지. 그럼 좋지 뭐." 하지만 돌아온 답변은 이랬다. "아, 그러시군요. 그럼 영상 리허설로 대체하죠."

아, 근데 컨퍼런스가 시작하는 시간이 11월 1일 오후 6시였다. 다음 컨퍼런스에 시간을 맞춰 가려면 그날 마지막 비행기를 꼭 타야 했는데 출발 시간이 오후 8시였다. 이 사실을 전하면서 생각했다. "그래, 이게 마지막 희망이다." 하지만 팻은 아무 문제가 없다고 답했다. 오히려 비행기 시간을 맞출 수 있도록 TED위민 컨퍼런스 개막 연사를 맡겨주겠다고 말했다.

"이거 안 되겠네요. 고맙지만 여기서 끝내죠."라는 반응을 기대할 때마다 TED 측에서는 기어코 내 그럴듯한 변명을 피해 갈 방법을 찾아냈다. 이쯤 되자 내 안의 반항아가 그냥 땅바닥에 퍼질러져서 떼를 쓰고 싶어 했다. 이제 망할 놈의 변명거리도 다 떨어졌고 진짜로 강연을 해야만 했다. 심지어 개회사 바로 뒤의 첫 강연을 해야만 했다. 아니, 이건 신임 투표를 받은 거나 마찬가지잖아!

다음 날 아침 뉴올리언스행 비행기에 올라탔다. 강연도 뜯어고쳐야 했고 늘 그렇듯 짐도 막바지가 되어서야 쌌다 보니 잠을 거의 못 자서 기진맥진해 있었다. 눈 밑에 큼지막한 다크서클을 드리운 몰골 그 자체였다. 그럼에도 나는 잠을 청하는 대신 창문에 머리를 기대고는 연설을 되뇌고 또 되뇌었다. 원고를 완전히 외워서 강연을 하려고 했는데 아직 제대로 숙지를 못했기 때문이었다.

나는 강연 직전에 긴장하는 법이 거의 없었다. 하지만 이번에는? 오지게 긴장했다. 게다가 첫 순서로 무대에 올라야 한다니! 이렇게 된 이상 최소한 차림새라도 좋기를 바랐다. 까만 블라우스 위에 노란 블레이저, 새까만 진에 구슬 장식을 한 이태리 샌들까지. 내게는 애착 담요나 다름없는 복장이었다. 설령 강연을 절어도 관객들이 "연설은 구려도 때깔 하나는 끝장나는구먼."이라고 말해주길 바랐다. 거기에다가 내 시그니처인 빨간 립스틱을 바르고 다이아몬드 귀걸이로 마무리를 했다. 그럼 한번 해보자고!

팻이 나를 호명했다. 나는 무대 위로 걸어가 빨간 원 위에 섰다. 그리고 청중을 바라봤다. 막 입을 떼려는데 바지 뒤에 붙어 있던 마이크 팩이 똑 떨어졌다.

아이고, 시작부터 좋기도 하다. 음향 담당자가 무대로 와서 마이크 팩을 다시 달아주는 동안 수많은 청중 앞에 멀뚱멀뚱 서 있어야 했다. 그런데 이상하게도 이런 상황이 크게 위안이 됐다. 개똥같은 일이 일어났으니 받아들여야지 별 수 있나. 나는 오히려 이 기회에 "여러분 반가워요! 오늘 하루는 어때요?" 하고 여유를 부렸다. 긴장이 좀 풀렸다. 여러 나쁜 가능성 중 하나가 실제로 일어났는데 난 멀쩡히 살아 있었기 때문이다. 겪어 보니 아무것도 아니었다.

그러고 나서 강연을 시작했다. 10분 동안 1,700단어 이상을 쏟아냈다. 인류가 앞으로 나아가려면 우리 모두가 진실을 말하기 어려운 상황에도 진실을 말할 줄 아는 사람이 되어야 한다고 열변을 토했다. 나는 두려움에 휘둘리지 않기로 결심했을 때 인생이 어떻게 바뀌었는지 내 사례를 들어 이야기했다. 그리고 다른 사람들이 뒤따를 수 있도록 한 사람이 첫발을 내딛는 게 얼마나 중요한지 도미노 비유를 사용해 설명했다.

한 번도 멈추지 않았다. 내 강연은 지금 여러분도 직접 확인할 수 있다. 동영상에 편집의 마술 따위는 쓰이지 않았다. 원고를 떠올리느라 멈춘 적이 한 번도 없었으니까. 흐름을 놓쳐서 무대 뒤로 달려가 원고를 확인해야 하는 불상사도 없었다. 목소리도 떨리지 않았다. 마치 똑같은 강연을 몇 년은 반복한 것처럼 말이 술술 나왔다.

연설의 끝은 이랬다. "권력을 쥔 사람들 앞에서 진실을 말하는 것. 이것은 우리가 해야 할 일이자 의무이고 책임입니다. 우리가 바로 그 첫 도미노 블록이 되어야 합니다. 어려울 때만이 아니라 어려울 때 특히 더 그래야 합니다. 감사합니다."

비행기를 놓칠까 봐 나는 무대 밖으로 후다닥 걸어 나갔다. 하지만 무대 매니저가 떠나려는 나를 돌려세우고는 말했다. "당장 무대로 돌아가세요. 청중 분들이 기립박수를 치는 모습을 놓치시면 안 되죠." 그래서 난 다시 무대 위로 걸어가 사람들이 두 발로 서서 환호를 보내는 광경을 보았다. 압도당하는 기분이었다. 물론 좋은 쪽으로 말이다. 거의 울 뻔도 했는데 시간이 없었다. 그래서 인사를 하고 다시 무대 뒤로 달려 나갔다.

쏜살같이 차에 올라타고 공항을 가로질러 달려가 비행기를 탈 준비를 마쳤다. 그 내내 몸은 지쳐 있었지만 웃음이 떠나지 않았다. 그래, 희열이 느껴졌다. 내가 강연을 끝내주게 해냈다는 사실을 알고 있었다. 충분히 자랑스러워해도 됐다.

한 달 뒤 TED 홈페이지 첫 화면 정중앙에는 '편하게 불편해하기' 영상이 떡하니 자리를 잡고 있었다. 영상은 한 달도 안 돼서 100만 조회수를 기록했다. 현재 조회수는 7백만을 넘겼고 지금도 계속 오르고 있다. 전 세계 수많은 사람들이 내 강연 덕분에 평소 같으면 엄두도 내지 못했을 행동을 할 수 있었다고 메시지를 보내주었다. 그들의 메시지는 아직도 내 마음속에 남아 있다.

내가 직접 해낸 바로 이 강연에서 나는 두려움에 판단을 내 맡기지 않도록 조심하라고 조언했다. 하지만 그런 나에게도 때 때로 동일한 조언이 필요한 법이다. 나는 아직 준비되지 않았 다는 두려움 때문에 기회를 놓칠 뻔했다. 준비가 안 됐다고 생 각했던 나는 강연을 하겠다고 결정함으로써 비로소 도미노를 쓰러뜨릴 수 있었다. 내가 강연을 하러 무대에 오르기까지의 과정 자체가 강연 주제를 증명한 셈이다. 나는 두렵지 않았던 것이 아니다. 두려웠지만 그럼에도 도전했던 것이다. 우리에게 주어진 재능을 영예롭게 사용하고 싶다면 우리는 그에 맞는 자 리에 서 있어야 한다.

내게 자격이 있음을 믿어라

가면 증후군은 두려움의 사촌 격이라 할 수 있다. 둘 다 경 우도 없는 개자식들이다. 가면 증후군이란 불편한 자리에서 가 면을 쓰고 연기를 하는 것만 같은 감정을 가리킨다. 가면 증후 군은 자신이 순전히 요행 덕분에 지금의 자리까지 올 수 있었 다는 생각, 자신이 거인들 사이에 섞인 난쟁이라는 생각이 들 때 나타난다. 많은 사람들, 특히 창의적인 분야에 종사하는 사 람들이 이런 경험을 한다. 왜 이런 문제가 발생할까? 우리의 가장 큰 적수가 우리 자신이기 때문에, 우리가 우리 자신을 충분히 신뢰하지 않기 때문에 발생한다.

오프라 윈프리가 나를 슈퍼소울로 뽑았다는 사실을 의심했을 때처럼 나는 내가 TED 무대에 어울리지 않는다는 생각을 불어넣도록 내버려 두고 말았다. 다시 한번 말한다. 훌륭한 자리와 기회가 주어졌음에도 내가 그 급에 맞지 않는다는 가면 증후군의 속삭임에 귀를 기울인 것은 바로 나였다. 하지만 그 속삭임은 거짓이었다.

가면 증후군이라는 녀석이 당연히 "네."라고 답해야 할 질문에 "아니요."라고 답해야 한다고 우리를 설득할 때 녀석을 가만히 내버려뒀던 적이 얼마나 많았던가? 기회의 문이 눈앞에 놓여 있는데 아직 준비가 되지 않았다는 생각 때문에 일부러 열쇠를 떨어뜨린 적은 또 얼마나 많았나? 혹시 인생을 뒤바꿀 자리가 될 수 있는데도 두려움의 꾐에 넘어가 자리를 박차고 나온 적은 없었나?

우리에게 충분한 자격과 능력이 있음에도 가면 증후군이 그 책을 쓰지 말라고, 그 오디션을 보지 말라고, 그 직장에 지원하지 말라고 나무란 적이 얼마나 많았던가? 가면 증후군 때문에 우리가 해야만 하는 일을 포기한 적은 또 얼마나 많았는가?

우리는 우리 머릿속 목소리가 우리가 부족하다는 이야기를 지어내도록 내버려 두고는 그 이야기를 그대로 믿는다. 그때마다 우리는 거울을 보면서 혹시 다른 사람들이 우리가 잘하는 척 흉내만 내고 있다는 사실을 알아차리지 않을까 걱정한다.

그처럼 자기혐오를 부추기는 머릿속 목소리는 우리의 자신감이 맘껏 춤을 춰야 할 무대를 장악하고는 우리가 급에 맞지도 않는 역할을 간신히 연기해내고 있다고 착각하도록 만든다. 스스로가 충분하지 않다고 믿게 되는 것이다.

가면 증후군은 우리가 완벽해야만 한다고, 그렇지 못하면 실패할 수밖에 없다고 주장한다. 하지만 우리는 완벽이 발전을 가로막는 장애물이며 애초에 존재할 수도 없다는 사실을 깨달아야 한다. 끊임없이 완벽을 갈구하다가는 어떻게 해도 부족할 거란 생각에 사로잡혀 아무 일도 해내지 못한다. 멋진 무언가를 세상에 내놓을 기회 자체를 없애버리는 것이다. 완벽한 결과물을 내놓겠다고 궁리하느라 골방에만 틀어박혀 있으면 결과물 자체가 나올 수 없고 당연히 세상 사람들이 당신의 재능과 노력의 가치를 알아볼 수도 없다. 그러니 제발 부담을 떨쳐버려라.

가면 증후군은 남들과는 다른 우리만의 특징이 우리의 가치를 떨어뜨린다고 믿게 만든다. 실상은 정반대다. 2장에서 지적한 것처럼 내가 남들과 다른 점이 있다면 그건 나만의 초능력일 가능성이 높다. 전문 강연자로 전 세계 무대를 누비다 보면 무대 위에 올라가는 흑인 여성이 나밖에 없을 때가 많다. 그럴 때면 내 강연의 주목도가 가장 높아질 수밖에 없다. 내 개성이 나를 배척하는 이유가 되는 게 아니라 내 목소리를 꼭 들어야만 하는 이유가 되는 것이다.

맞지 않는 자리에 있는 것 같은 기분이 드는 이유가 무엇일까? 내가 그곳 사람들과는 너무 달라서? 물론 다르다. 하지만 그렇다고 내가 그들보다 모자란 것도 아니다. 그들은 어떻게 이 자리에 왔을까? 반드시 나보다 똑똑하거나 아는 게 많거나 영리해서 그럴 수 있었던 건 아니다.

가면 증후군은 어떤 사람도 우리보다는 낫다고 믿도록 만든다. 다들 우리보다 앞서 있거나 잘 살고 있는 것처럼 보이기 때문이다. 가면 증후군은 우리가 얼마든지 대체 가능한 존재이므로 가치 있는 것을 누릴 자격이 없다고 믿도록 만든다. 심지어 다른 사람들이 우리가 가진 장점을 말해줘도 의심하도록 만든다. 여기에 속아 넘어가면 사람들이 우리를 보고 머리가 좋고 재능이 넘치고 꼭 필요한 일을 하고 있다고 말해줘도 귓등으로 흘려버린다. 반대로 한 사람이라도 우리를 욕하는 순간 그 말은 사실로 받아들인다. 다섯 사람이 긍정적인 말을 해줘도 한 사람이 부정적인 말을 하면 부정적인 말에만 무게를 싣는다.

부정적인 평가를 내면화하는 대신 긍정적인 평가를 있는 그대로 받아들인다면 어떤 일이 일어날까? 어쩌면 가면 증후군이 발휘하는 영향력이 약해질지도 모른다. 사업을 시작할지 말지, 승진을 요청할지 말지 고민할 때처럼 큰 선택의 기로에 놓였을 때 설령 아직 기회를 잡을 준비가 되지 않았다는 생각이 들지라도 훨씬 더 많은 사람들이 긍정적인 평가를 해줬다는 산술적인 논리를 발판 삼아 용기를 낼 수 있을지도 모른다.

가면 증후군은 순 거짓말쟁이다. 하지만 너무나 많은 사람들이 그 거짓말을 진실로 받아들인다. 우리는 어떻게 가면 증후군에 맞서 싸울 수 있을까? 어떻게 하면 녀석을 우리 머릿속에서 쫓아낼 수 있을까? 적어도 목소리라도 작게 만들 수는 없을까?

나는 스스로에게 이런 조언들을 해준다.

난 최고가 아니야. 최고가 될 필요도 없어. 난 나로 충분하니까. '최고'라는 개념은 일시적이다. 누군가 경주에서 우승하더라도 한 번 우승했을 뿐이다. 다음 경주에서는 최고가 아닐지도 모른다. 그래도 3등 안에 들었다면 혹은 개인 기록을 갈아치웠다면 그걸로 충분하지 않을까? 최고가 되려고 노력할 수는 있겠지만 우승을 못했다고 스스로를 패배자라 생각한다면 금방이라도 정신이 나가버릴 것이다.

나 정말 뼈 빠지게 노력했어. 최소한 그 고된 노력 덕분에 이 자리에 올 수 있는 입장권은 얻었다. 이곳에서 내가 최고는 아닐 수 있다. 하지만 내가 최선을 다했다는 사실을 아는 것만으로도 내가 이곳에 있을 자격은 충분하다. 뼈를 깎는 노력 덕분에 난 이 자리에 발을 들일 수 있었다. 적어도 그 사실 하나는 인정해 주자.

설령 내가 이 자리에 온 게 우연이나 요행 덕분일지라도 어쨌든 중요한 건 내가 이곳에 들어와 있다는 사실이다. 일단 들어온 이상 난 이미 그럴 가치가 있는 사람이다. 어떻게 하면 내가 선 자리에 의미와 목적을 부여할 수 있을까? 이곳 공기를 들이쉬면서 내가 해야 할 일은 무엇일까?

나는 이 자리를 통해 최고들로부터 배울 기회를 찾아야 한다. 이 자리를 떠날 때 내 마음속에는 최상의 '나'가 되겠다는 결심이 가득 차올라야 한다. 그렇게 할 때 다음번에는 이곳이 내 집처럼 느껴질 것이다.

그날 까만 블라우스에 노란 블레이저를 입고 빨간 립스틱을 바른 채 TED 무대에 섰던 나는 100퍼센트 '나'였다. 나는 그곳에서 내 인생 여정이 정확히 예정된 대로 펼쳐지고 있음을 느꼈다.

생각해 보면 난 그 기회를 거의 거절할 뻔했다. 그 기회를 수락했기에 내 삶이 최상의 방향으로 변화했는데도 말이다. 그때 나에게 꼭 필요했던 것은 이곳이 내 자리라는 믿음, 이곳에 당당히 설 준비가 됐다는 믿음이었다.

2부

진실을
말하라

무언가를 말하고 싶은데 목소리가 떨린다면 스스로를 더 밀어붙여야 한다. 우리의 목소리가 가장 필요한 시점이기 때문이다.

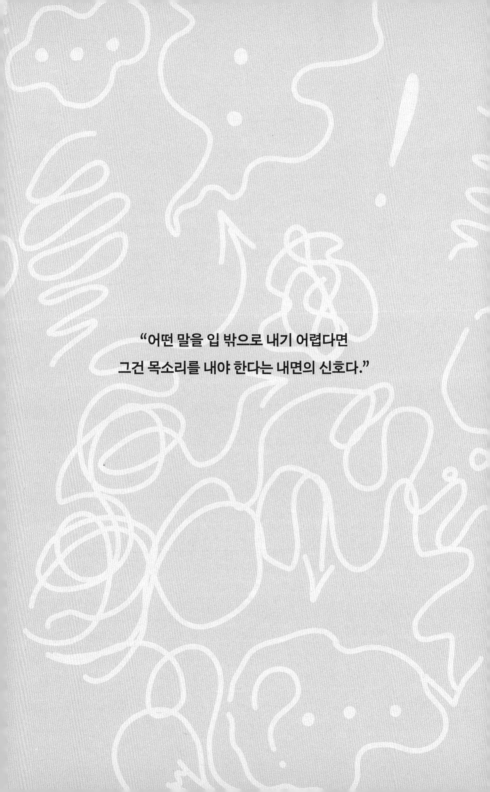

"어떤 말을 입 밖으로 내기 어렵다면
그건 목소리를 내야 한다는 내면의 신호다."

6장

솔직하게
말하는 게 어때서

우리는 진실을
말하기를 두려워한다

우리는 진실을 듣고 싶어 하지도, 나누고 싶어 하지도, 보고 싶어 하지도 않는다. 진실은 마치 부기맨 같은 막연한 공포의 대상이다. 흥미로운 점은 사회가 제대로 기능하려면 진실이 꼭 필요하다는 점이다. 그런 진실이 중요하게 여겨지기는커녕 환영받지도 못하는 세상에서 대체 우리는 어떻게 살아가고 있는 걸까? 단단히 문제가 있는 게 분명하다.

우리가 진실을 두려워하는 이유는 우리가 너무도 외면하고 싶어 하는 날것 그대로의 현실과 우리의 결점을 까발리기 때문이다. 까발려진 현실의 추한 모습을 확인하고 나면 확인하기 전으로 돌아갈 방법은 존재하지 않는다. 심지어 내가 나서서 뭔가를 해야만 하는 상황일지도 모른다. 진실은 우리에게 변화하고 성장할 것을 요구하며 그런 요구는 하나같이 무리하게 느껴진다.

진실을 말할 때 일어나는 파장 역시 우리를 두려움에 떨게 한다. 우리는 조화와 균형을 깨기 싫어하기 때문에 편안한 것, 예측 범위 내에 있는 것에 괜한 의문을 제기하려 하지 않는다. 그렇기에 나는 100퍼센트 솔직하고 투명해지는 것만큼 큰 용기가 필요한 일이 없다고 믿는다.

출처는 불분명한데 내가 가장 좋아하는 글귀 중 이런 말이 있다. "진실이 신발을 신는 동안 거짓은 지구 반대편까지 달아

난다." 실제로 매사추세츠대학에서 진행한 한 연구에 따르면 대부분의 사람들이 10분짜리 대화를 하는 동안 최소 한 번 이상의 거짓을 말한다고 한다.* 이렇듯 인간은 거짓말을 하며 편안함과 조화로움을 다른 무엇보다 중요시한다. 그러니까 단순히 좋아서 거짓말을 하는 게 아니라 스스로를 보호하고 주변의 사랑을 받기 위해 거짓말을 한다. 하지만 거짓은 많은 경우 골칫거리다. 우리가 끊임없는 혼란 속에 살아가는 것도 어느 정도는 거짓 때문이다.

나도 거짓말을 하냐고? 물론이지. 누구나 거짓말을 한다. 여기다 대고 내가 거짓말을 안 한다고 주장할 생각은 없다. 그것조차 거짓말일 테니까 말이다. 가능하면 거짓을 내뱉지 않으려고 부단히 애를 쓸 뿐이다. 사실 어릴 때부터 그랬다. 표정 관리에는 젬병이라 오래전부터 거짓말을 못하기로 유명했다. 내 얼굴은 눈에 보이는 목소리나 다름없었고 그 위에는 늘 내 생각이 대문짝하게 적혀 있었다. 혹시 내가 거짓말을 한다면 당신도 금방 알아차릴 수 있을 것이다.

어린 시절 나는 나무를 오르거나 불에 손을 넣으면서 말썽을 일으키는 아이는 아니었다. 굉장히 자신만만한 아이였던 나는 주로 입으로 말썽을 일으켰다. 나는 늘 나 자신이나 다른 사람을 변호하고 있었다. "그건 불공평해요."라는 말을 입에 달고 살았다. 일차적으로는 무례하다고 느껴질 만큼 직설적으로 말

---

* 다음의 링크를 참조하라. https://www.eurekalert.org/news-releases/534347.

을 내뱉었다가 문제에 휘말렸고 이차적으로는 내가 한 말을 정당화하려고 입을 더 놀렸다가 문제를 키웠다. 그러다 벌을 받을 때면 대체 왜 진실을 말한 게 문제가 되는지 이해할 수 없었다.

전형적인 나이지리아 사람인 우리 엄마는 이따금 내 주둥이를 잡아서 비틀어버리고 싶었을 것이다. 실제로 그랬던 적도 있었을 것이다. 내가 한 말 때문에 엄마한테 벌을 받을 때면 나는 기분이 불쾌하다며 사과를 요구했다. 때로는 엄마한테 편지를 써서 나한테 실망하시다니 내가 더 실망했다며 엄마의 판단이 불공평하다고 전했다. 진짜로 그랬다. 조그맣지만 당돌한 녀석이었지.

온갖 벌을 받으면서 내가 일찍이 깨달은 사실은 진실이 사람들을 극도로 불편하게 만든다는 사실이었다. 프로불평러인 내가 그 사실을 깨달았으니 무슨 짓을 했겠나? 진실로 사람들을 불편하게 만드는 걸 아예 업으로 삼았다. 물론 시작은 작은 우연에서 비롯됐다.

내가 처음 블로그를 시작한 건 대학에 막 신입생으로 들어간 2003년이었다. 당시에는 마이스페이스 정도가 마지막 숨을 내쉬고 있었고 페이스북, 트위터, 인스타그램 같은 건 아직 나오지도 않았다. 나는 블로그로 내 대학 생활이나 그 밖의 자질구레한 일에 관해 이야기하는 걸 참 좋아했다. 온라인에 내 생각을 기록하는 건 내게 선물과도 같았다. 거기서만큼은 가장 솔직하고 진실한 방식으로 내가 하고 싶은 말을 할 수 있었기 때문이다.

당시 블로그는 일이라고 보기는 어려웠다. 여전히 "인터넷 장난질" 정도로 여겨졌기 때문이다. 하지만 일이 아니었기 때문에 오히려 축복이었다. 실패할 일도 없었기 때문이다. 아무런 기대가 없으니 내 글이나 목소리를 의심할 필요도 없었다. 게다가 아무도 읽을 리 없다고 생각하면서 글을 쓰다 보니 특정한 의도를 담을 필요도 없었고 결과적으로 가장 진심에 가까운 글이 나왔다. 굳이 가면을 쓸 필요가 없었기 때문에 때로는 사람들이 불편하게 느낄 수 있는 주제로도 글을 쓸 수 있었다. 그처럼 생각은 하지만 감히 입 밖에 내지는 못하는 말을 속 시원하게 하는 블로거로 소문이 나면서 점차 방문객이 생겨났다.

블로그 규모가 날이 갈수록 커지고 블로그로 상까지 받으면서 나는 사람들이 내 글을 특별하다고 생각한다는 사실을 깨달았다. 어안이 벙벙했다. 거짓 겸손을 떨려는 게 아니라 진심으로 궁금했다. "왜지? 내가 하는 거라곤 세상을 바라보면서 느낀 점을 기록하고 진실이라고 생각하는 바를 전달하는 것뿐인데." 그렇다면 대체 다른 사람들은 뭘 하고 있는 건지 의문이 들었다. 다들 헛소리만 하고 있는 걸까? 바른 소리를 못하는 걸까? 그로부터 몇 년이 지난 뒤에야 내가 돋보인 이유가 그저 솔직하고 진실했기 때문임을 깨달았다. 내 글에는 거짓이 없었다.

우리 인간은 하나의 집단으로서는 진실을 낯설어한다. 우리가 나쁜 사람이라서 그런 게 아니다. 사소한 일에도 매번 솔직해지기를 회피하다 보니 중대한 일이 터지면 그 상황을 어떻게 표현해야 할지 갈조차 잡지 못하는 것이다. 일상 대화에서부터 습관처럼 거짓을 말하다 보면 정말 중요한 문제가 닥쳤을 때 무슨 일이 벌어지겠는가? 그때 가서 연습할 수는 없다.

사소한 일에도 거짓을 말하는 경우를 예로 살펴보자. 친구가 당신에게 다가와 이렇게 물어본다. "내가 이번에 새로운 미용사한테 머리를 맡겼는데 말이야. 마음에 들어?" 고개를 들어 친구 머리를 보니 앞머리부터 삐뚤삐뚤한 것이 이놈의 미용사가 머리를 완전히 망쳐놓았다. 컬도 듬성듬성 들어갔다.

하지만 당신 입에서는 본능적으로 이런 말이 튀어나간다. "물론이지. 완전 마음에 들어." 바로 그 순간에는 친구 마음에 상처를 주고 싶지도 않고 우정에 괜히 금을 내고 싶지도 않기 때문이다. 충분히 이해할 만한 판단이다. 하지만 얼마 뒤 친구가 셀카를 찍고는 인스타그램에 사진을 올린다. 친구는 이제야 자기 머리를 여러 각도에서 확인하고는 "이게 뭐람. 내가 원한 건 이런 게 아니었다고. 이거 완전 저질이잖아!"라고 외친다. 그러고는 당신에게 와서 말한다. "나 방금 막 인스타그램에 사진까지 올렸단 말이야. 왜 앞머리를 쥐가 파먹은 거 같다고 말해주지 않은 거야? 머리 마음에 드느냐고 물어봤을 때 너 분명 마음에 든다고 그랬잖아."

친구는 당신이 거짓말을 했다는 사실을 알아챈다. 당신은 그 머리가 전혀 마음에 들지 않았던 것이다. 친구 마음에 상처를 주고 싶지 않았다는 건 이해하지만 이제 친구한테는 당신이 하는 말을 의심할 근거가 생겼다. 다음에 당신 의견을 물어볼 때는 당신이 진실을 말하고 있는지 아니면 기분을 맞춰주려고 진심 없이 대답하고 있는지 고민하게 될 것이다.

안 그래도 곁눈질을 하면서 의심해야 할 문제가 흘러넘치는 세상인데 우리마저 다른 사람들의 의심을 자극하는 존재가 되지는 말자. 그보다는 다른 사람들이 믿고 의지할 수 있는 존재, 다른 사람들을 기쁘게 해줄 뿐만 아니라 다른 사람들의 진가를 있는 그대로 바라봐줄 수 있는 존재가 되도록 하자. 이런 면에서 진실은 사랑의 언어라고 할 수 있다. 누군가를 긍정하려거든 사실을 바탕으로 긍정해 주자. 상대에게 끊임없이 거짓을 말할 게 분명한데 과연 내가 그 사람 편이라고 말할 수 있을까? 상대에게 솔직하게 마음을 터놓지도 못하는데 과연 내가 그 사람에게 마음을 쓴다고 할 수 있을까?

그럼 친구 머리가 망한 비교적 사소한 순간에 우리는 어떻게 대처해야 할까? 두 가지 경우로 나뉜다. 만약 친구 머리가 제대로 망한 데에다가 염색까지 엉망이면 일단 물어봤으니 사실대로 말해줘야 할 것이다. 만약 머리가 그저 내 취향에 안 맞는 상황이라면 이런 식으로 말할 수 있을 것이다. "결국 네 마음에 든다는 게 중요하지. 네 마음에만 든다면 나도 좋아." 참 부드럽지 않나? 친구 역시 내가 거짓말을 했다고 비난하지는 못할 것이다. 물론 내 마음은 "친구가 엉망진창을 하고 있다면 말없이 넘어가서는 안 된다." 쪽으로 좀 더 기울기는 하지만.

그렇다면 누군가가 큰 문제를 들고 와서 우리 발치에 내려 놓고는 "어떻게 생각하세요?"라고 묻는다면 어떻게 해야 할까? 우리를 초라하게 만드는 불의나 우리에게 해를 끼치는 악행을 마주했을 때 우리의 입장을 밝힐 기회가 주어진다면 뭐라고 해야 할까? 이럴 때 우리는 괜한 갈등을 불러일으키고 싶지 않다는 이유로 진실을 외면할지도 모른다.

나는 개인적으로 회의실을 세상의 축소판이라고 생각한다. 회의 중에 벌어지는 상호작용은 우리가 삶을 살아가는 방식과 굉장히 비슷하다. 원한다면 회의라는 틀에 맞춰 인생을 시험해도 좋다. 곧바로 『파리대왕』 같은 광경이 펼쳐질 테니까. 혹시 회의 중에 누군가 아이디어를 내놓았는데 그 아이디어가 좋게 봐줘야 생각이 짧았다고 할 수 있을 정도고 나쁘게 보면 끔찍함을 넘어서는 수준이었던 적이 있나? 아니, 물어볼 것도 없다. 다들 그런 경험이 있을 것이다. 그런 일이 벌어지면 회의실에는 정적이 감돌고 나머지 사람들은 그 아이디어에 문제를 제기해야 할지 말지 고민에 빠진다. 물론 많은 경우 문제 제기는 이루어지지 않는다. 이따금 어떤 회사나 브랜드가 무신경하고 몰이해한 광고를 냈다가 대중에게 역풍을 맞는 걸 볼 때면 대체 그때 회의실에 누가 있었던 건지 궁금해진다. 저게 얼마나 형편없는 광고인지 진실을 말해줄 수는 없었던 걸까? 어느 회의실을 가든 최소한 한 명은 주어진 아이디어가 잘 풀릴지 안 풀릴지 알고 있었을 것이다. 그러니 의문이 들 수밖에 없다. "그 사람은 대체 왜 소리 내서 진실을 말하지 않았던 걸까?"

직원 1: 늘 혼자 목소리를 내다가 지쳐서 잠시 휴식을 취하고 있었다.

직원 2: 어차피 자기 부서 소관이 아니라는 생각이 들어서 그러려니 했다.

직원 3: 목소리를 내봐야 환영받지 못할 거라고 느꼈다.

직원 4: 목소리를 냈다가 처벌을 받을까 봐 두려웠다.

전부 다 정당한 이유들이다. 직원 1과 같은 이유로 목소리를 내지 못한 사람이라면 내 영혼 깊숙한 곳까지 당신에게 공감한다는 사실을 알아주길 바란다. 당신은 잠깐이라도 쉴 자격이 있다. 당신은 진심으로 당신 대신 누군가가 그 똥을 치워주기를 바랐을 것이다. 당신한테 화를 낼 수는 없다.

직원 2처럼 본인 일만 신경 쓰고 싶은 사람도 이해는 간다. 안타깝지만 이 일도 당신이 신경 써야 할 일이다. 만약 광고가 크게 망해서 브랜드에 타격이 간다면 회사 입장에서는 예산을 삭감할 수밖에 없고 이는 당신에게도 영향이 갈 것이기 때문이다. 남의 일처럼 보이던 일은 금세 당신 일이 되어버린다. 우리는 우리 코앞에서 문제가 터지고 있는데도 본인 일만 신경 쓰겠다는 명목하에 어떻게든 책임을 회피하려 애쓰며 이는 전부 우리 손해로 돌아온다. 이웃집이 불타고 있는데 본인 집이 아니라고 안심을 할 수 있을까? 그 집에서 난 연기는 결국 우리 집으로 넘어올 것이다. 따라서 진정으로 본인의 이익을 생각한다면 옆집 문제가 우리 집 문제가 되기 전에 이웃집에 가서 불을 끄는 것을 도와야 한다. 개개인의 복지는 결국 공동체 전체가 신경 써야 할 일이다.

직원 3은 직장 내에 가스라이팅을 조장하는 분위기가 존재한다는 것을 감지했기에 목소리를 낼 자신이 없다. 심지어 직원 4는 과거에 다른 직원이 진실을 말하다가 불이익을 겪는 광경을 목격했을지도 모른다. 직원 3이나 직원 4 같은 상황에 처한 사람들을 생각하면 애가 끊어질 것 같은 고통이 느껴진다. 당신들은 과거에 진실을 말한 사람이 어떤 식으로든 부정적인 반응을 겪는 모습을 봤기 때문에 스스로를 보호하고 싶을 것이다. 얼마든지 진실을 숨겨도 좋다. 진실을 말해도 그게 당신을 공격하는 무기가 되어 돌아올 것이 뻔하기 때문이다.

이런 우리가 스스로를 지키려는 강박을 느낀다 한들 누가 뭐라 할 수 있을까. 최선의 방법으로 세상을 헤쳐 나가고 있는 여러분들에게 난 그저 경의를 표할 뿐이다. 매일 교묘한 차별과 비판을 감내해야 하고 대놓고 드러나는 편견에 맞서야 하는 여러분 모두를 진심을 담아 칭찬한다. 내가 여러분을 잊지 않겠다. 내게는 여러분이 슈퍼히어로다. 그러니 만약 여러분이 이 모든 역경에도 불구하고 목소리를 내기로 결심했다면 그건 마치 선물 같은 것이다. 절대 당연한 일이 아니다. 이제 우리는 다른 사람들도 모두 일어나서 목소리를 내도록 요청해야 한다.

자신을
실망시키는 건 괜찮은가

이런 거짓말로 당신을 속이지는 않겠다. "마음의 소리에 귀를 기울이고 진실을 말하세요. 다 잘 될 거예요." 어림도 없지! 현실은 실전이고 모든 일에는 결과가 따른다. 당연히 진실을 말하는 데에도 희생이 따른다. 하지만 나라면 침묵을 지키다 후회하느니 차라리 위험을 감수할 것이다. 나는 시인 오드리 로드 Audre Lorde가 남긴 이런 질문을 자주 생각해본다. "아직 하지 못한 말이 무엇인가요? 해야 하는 말은 무엇인가요? 어떤 족쇄가 당신을 얽매고 있나요? 당신은 그 족쇄를 날마다 삼키고 삼켜서 자기 일부처럼 만들려고 애쓰지만 결국 그 때문에 병이 나서 침묵 속에 죽고 말 텐데요." 나는 나를 얽매는 족쇄를 붙들고 싶지 않다. 내게는 다른 사람이 나한테 실망하는 것보다 내가 나 자신한테 실망하는 것이 더 큰 문제이기 때문이다.

그렇다면 좋지 못한 결과가 예상되는 상황에서도 우리는 어떻게 목소리를 낼 용기를 얻을 수 있을까? 진실을 말하기가 두렵거나 다른 사람을 불편하게 만들기가 두렵다면 일단 우리가 두려워하는 결과가 무엇인지 정확히 파악해야 한다. 어떤 결과가 있을까? 최악의 시나리오는 무엇일까? 예컨대 우리는 직장에서 바른 소리를 했다가 인사고과에서 나쁜 점수를 받을지도 모른다. 고객이 내놓은 아이디어에 반기를 들었다가 일감을 잃을지도 모른다. 최악의 경우에는 목소리를 냈다는 이유로 해고를 당할 수도 있다. 이렇듯 우리가 진실을 말할 때 뒤따를 수 있는 결과 중 가장 무서운 결과를 떠올릴 수 있다.

한편 우리는 진실을 말하거나 다른 사람을 불편하게 만들 때 뒤따르는 결과를 지나치게 두려워한 나머지 최상의 시나리오가 펼쳐질 가능성을 간과하는 경향이 있다. 예컨대 진실을 말한 대가로 회사에서 잘렸다고 해보자. 정말로 그 회사에서 계속 일하고 싶었나? 회의 중에 딱 한 번 반대 의견을 냈다고 직원을 해고하는 회사라면 시간과 활력을 투자할 가치가 있을까? 혹시 해고를 당하거나 인사고과를 망친다는 결과가 예상되는 선택지에 없다면 실제로는 어떤 결과가 있을까? 아이디어를 낸 사람에게 비호감이 되는 정도?

나는 돌직구 날리는 걸 업으로 삼아 성공한 사람이다. 내가 성공할 수 있었던 이유는 집을 나서면서 "야호! 오늘도 사람들한테 불편함을 안겨줘 볼까나!" 하고 다짐했기 때문이 아니다. 주변에 문제가 생겼을 때 용기를 내서 진실을 말해야지만 최상의 '나'로 거듭날 수 있다는 사실을 이해했기 때문이다. 나에게는 도전자가 되는 것 말고는 다른 선택지가 없어 보였다.

물론 진실을 말하는 사람이 된다는 건 쉬운 일이 아니다. 늘 어른 역할을 도맡아야 한다는 느낌이 들기 때문에 굉장히 진이 빠진다. 아무 지원도 없이 도전자가 된다는 건 분명 지치는 일이다. 그럴 때면 내가 있는 한 자리의 수준이 높아진다는 사실을 기억하는 것이 다소 위안이 된다. 예컨대 당신이 옆에 있다는 사실을 인지한 사람들은 쓰레기 같은 의견을 내놓지 않으려고 노력할지도 모른다. 그랬다가는 당신이 그 의견을 쓰레기통에 처넣을 테니까 말이다. 그들은 당신한테 한소리를 듣지 않기 위해서라도 제대로 행동할 것이다.

마찬가지로 당신이 중요한 질문을 던지는 사람, "이 아이디어는 충분히 주의깊이 생각한 아이디어일까?"라는 의문을 던지는 사람과 한 공간에 있다면 당신은 섣부른 의견을 제시하지 않을 것이다. 모두가 우리에게서 최상의 모습을 기대하는 세상에서는 실제로 우리 최상의 모습을 내놓게 될 것이다.

나는 서른 살이 되던 해에 스카이다이빙을 하러 갔다. 친구 하나가 같이 가자고 제안했기 때문이다. 제안을 듣자마자 망설임도 없이 "좋아!"라고 답변을 내뱉은 탓에 말을 다시 주워 담기가 민망했다. 말을 한 나조차 깜짝 놀랄 만큼 너무 단호하게 대답해버렸다. 어쨌든 한 말은 지키는 사람이었기 때문에 약속대로 움직였다. 일단 우리는 롱아일랜드에 있는 어느 외딴 지역으로 갔다. 그다음 혹시 땅바닥에 철퍼덕 곤두박질을 치더라도 아무에게도 책임을 묻지 않겠다는 각서에 서명을 했다. 비행기에 올라타고, 상공 4.5킬로미터쯤 올라갔다. 나랑 같이 뛰어내릴 다이버가 끈으로 나를 자기 몸에 묶었다. 어찌나 단단히 묶었는지 내 몸이 좌석 위로 들릴 정도였다. 몸무게가 전부 다이버 위에 실리자 오히려 마음이 편안해졌다. "이제 내가 죽으면 당신도 죽겠네요. 이를테면 우린 한배를 탄 거지. 좋아요. 한번 해봅시다."라는 마음이 들었다.

물론 비행기 끝자락에 앉아 지상을 내려다보니 실낱같던 용기마저 쏙 들어갔다. 머릿속에 이런 생각들이 가득 찼다. "아, 이건 좋은 생각이 아니었어. 여태까지 무식한 짓을 여러 번 했는데 이번 일도 거기 들어가겠네. 어떻게 이런 짓을 벌일 생각을 했지? 멀쩡한 비행기에서 같이 뛰어내려달라고 돈까지 내다니."

　　비행기에서 뛰어내린 직후 3초 동안은 숨 쉬는 법조차 까먹었다. 온몸의 반사 신경이 "안 돼. 안 돼. 이건 인간의 몸에 어울리는 일이 아니야. 말도 안 돼."라고 반응하는 것만 같았다. 그렇게 시간이 좀 지나자 내 몸이 이렇게 말했다. "기억나지? 바로 그거야. 허파라는 걸 한번 사용해 보렴." 자유낙하 중 어느 시점엔가 나는 숨을 깊이 들이마셨다. 바로 그때 낙하산이 펑하고 열리면서 하늘을 떠다니기 시작했다. 다이버는 내게 뉴욕 전경을 쭉 구경시켜줬다. 끝내주는 기분이었다. 내가 이런 정신 나간 짓을 하다니 짜릿했다! 심지어 착지할 때도 두 발로 제대로 착지했다고!

　　나는 말하기가 망설여질 질 때면 나는 내가 비행기에서 뛰어내린 뒤 3초간 숨을 쉬지 못했던 순간을 떠올린다. 잠깐의 시간 동안 숨을 참은 뒤 아래를 내려다봤을 때 내 눈앞에 보인 건 아름다움 그 자체였다. 내가 여태까지 한 짓 중 가장 멋진 일이었다. 몸이 굳어질 만큼 무서웠지만 이렇게 하는 게 옳다는 느낌이 들었다.

　　평생 동안 진실을 전달하고 의문을 제기하는 법을 연습해

왔지만 진실을 말해야 할 때면 아직도 겁이 난다. 절대 괜찮지 않다. 겁이 나지만 그럼에도 진실을 말하는 데 익숙해진 것뿐이다.

다른 사람이 불편해하더라도 늘 진실을 말하는 사람들, 어느 자리에 가든 본인 최상의 모습 그대로 자리에 임하는 사람들을 보면 이런 생각이 들지도 모른다. "나도 저럴 수 있다면 좋을 텐데." 단언컨대 당신도 그렇게 할 수 있다.

진실하기 위해 나에게 던지는 37가지 질문

언제 진실을 말해야 할지, 언제 의문을 제기해야 할지 어떻게 판단할 수 있을까?

프로불평러의 핵심 목표는 다른 사람을 불편하게 만들거나 반대를 위한 반대를 하거나 방에 긴장감을 조성하려는 게 아니다. 프로불평러는 모두에게서 최상의 모습을 기대하는 가운데 그들이 맹점을 놓치지 않도록 돕는다. 어떻게 그럴 수 있냐고?

인간다워지면 된다. 우리는 매일 어느 자리에 가든 공감을 발휘해야 한다. 다른 사람 입장에서 생각하면서 그들의 진짜 인격이 어떤 모습인지 이해해야 한다. 이따금 누군가에게 진실을 말하기가 정말 까다로울 때면 나는 이렇게 말한다. "다 좋아요. 근데 당신의 동료 인간으로서 제게는 당신에게 이런 문제를 제기해야 할 의무가 있어요."

질문 역시 다른 사람에게 진실을 전달하는 훌륭한 수단이다. 심리치료만 받아보아도 이 사실을 알 수 있다. 심리치료사는 많은 이야기를 늘어놓기보다는 그저 질문을 한가득 쏟아냄으로써 당신이 직접 해답에 이르도록 돕는다. 프로불평러가 되는 것도 마찬가지다. 때로는 효과적인 질문을 두어 개 던지는 것만으로 충분할 수 있다. 회의 중에 끔찍한 아이디어가 나왔나? 이런 질문을 던져봐라. "혹시 이 아이디어 좀 더 깊이 파고들어보셨나요? 이런 각도에서 바라보면 또 어떨까요? 이대로 진행했을 때 어떤 어려움이 생길 수 있을까요?" 누군가 차별적인 농담을 던졌나? 이런 질문을 던져봐라. "그게 무슨 뜻인지 설명해 주실 수 있어요?" 이에 답하려면 자신의 편견을 언어로 드러내는 수밖에 없을 것이다.

살다 보면 진실을 말하기는 하는데 너무 요령 없이 말하는 사람을 본 적이 있을 것이다. 당신이 그런 사람이었을지도 모른다. '도전자'나 '프로불평러'라는 단어를 보면 흔히 그런 사람을 머릿속에 떠올린다. 가능한 한 최악의 방식으로 진실한 사람을 떠올리는 것이다. 경고하는데 큰소리만 치는 사람, 반대를 위한 반대를 하는 사람, 아무 이유 없이 차갑게 말하는 사람이 되지는 말자. 진실을 말하되 사려 깊게 말할 줄 아는 사람이 되자. 사정을 최대한 파악한 상태에서 그에 맞춰 진실을 전달하려 노력한다면 갈등을 최소화할 수 있을 것이다. 딱 거기까지가 당신이 할 수 있는 전부다.

나는 갈등을 불러일으킬 가능성이 있는 말을 해야 할 때면 먼저 스스로에게 세 가지 질문을 던진다.

진심이 담겨 있는가? 근거가 있는가? 사랑을 담아 말할 수 있는가? 이 세 가지 질문에 모두 '예'라는 답이 나온다면 나는 그 말을 소리 내서 말한 뒤 어떤 결과가 나오든 받아들인다. 회의 시간이든 친구나 엄마랑 대화하는 상황이든 의문을 제기해야 할 때면 나는 꼭 세 질문을 쭉 훑어보면서 요령 없는 사람이 되지 않도록 조심한다. 이렇게 함으로써 나는 내가 내뱉은 말에 온전히 책임을 질 수 있을 뿐만 아니라 선을 넘지 않도록 스스로를 통제할 수 있다.

최소한 이런 질문들은 당신이 선한 의도를 잃어버리지 않도록 돕는다. 물론 의도가 좋다고 늘 결과가 좋은 것은 아니다. 하지만 선한 의도조차 없다면 애초에 무언가를 해볼 수도 없다. 그러니 가능한 한 사려 깊게 진실을 말해라. 상대방이 그 진실을 어떻게 받아들이는가는 당신이 통제할 수 있는 영역이 아니다. 말하기 전에 충분히 생각했다면 당신은 충동이나 혐오에 휘둘려 말을 내뱉은 것이 아니다. 오히려 당신 본연의 모습 그대로 최선을 다한 것이다.

이런 질문들 덕분에 나는 내가 견고한 발판 위에 서 있다는 확신을 가질 수 있다. 이 질문들은 마치 검문소와 같다. 설령 감정이 격해진 상황일지라도 나는 검문소 앞에 멈춰 서서 "잠깐, 이건 입 밖으로 꺼낼 만한 가치가 있는 말일까? 이런 말을 하는 나 자신이 진정으로 내가 원하는 내 모습일까?"라고 되짚어볼 수 있다. 검문소를 성공적으로 통과했다면 내게는 비로소 진실을 말할 용기가 생긴다.

진실을 말할 때 또 하나 고려해야 할 점은 우리가 지닌 권력이다. '특권 걷기privilege walk'라는 활동이 있다. 학생들은 강의실 안에 일렬횡대로 줄을 선다. 그다음에는 옆에 있는 사람 어깨 위로 손을 올린다. 준비가 끝나면 사회자가 일련의 질문을 던지면서 해당 사항이 있는지 여부에 따라 앞으로 한 걸음 나아가거나 뒤로 한 걸음 물러나라고 요구한다. 예를 들자면 이런 식이다. "마트에서 본인 피부색이랑 똑같은 색 밴드를 쉽게 찾을 수 있는 사람은 앞으로 한 걸음 나아가세요." "본인 이름이 잘못 발음될 때가 많은 사람은 뒤로 한 걸음 물러나세요." "대학에 가는 게 어릴 때부터 기정사실이었던 사람은 앞으로 한 걸음 나아가세요." 그렇게 서로 다른 방향으로 움직이다 보면 결국 옆에 있는 학생과 떨어질 수밖에 없다. 질문이 마무리되고 나면 모두가 제각기 다른 곳에 서 있게 된다. 딱 이때 배치가 학생들의 권력 및 특권 분포를 적나라하게 반영한다.

나는 정규교육을 받은 부모 밑에서 자란 이성애자이자 크리스천이자 시스젠더라는 점에서 특혜를 받았다고 할 수 있으며 결과적으로 교실 중앙에 설 수 있었다. 고개를 돌려 내 뒤에 서 있는 학우들을 보았을 때 속에서는 책임감이 부글부글 들끓었다. 그 친구들이 바로 내 옆에 서 있기를 바랐기 때문이다. 어깨에 올린 손을 뗄 수밖에 없었을 때 강한 죄책감이 들었다. 그때부터 뒤쪽으로 고개를 돌려도 아무도 보이지 않는 사회를 만드는 것이 내 인생 목표 중 하나가 되었다. 내 뒤에 누군가가 서 있다면 그 사람을 옆으로 끌어올 방법을 찾는 게 내 임무였다.

이런 자세를 갖는 건 중요하다. 우리에게 주어진 특권이 어떤 의미를 지니는지 알아보는 눈을 얻을 수 있기 때문이다. 이런 깨달음이 있을 때 우리의 목소리에는 힘이 실리고 우리의 마음속에는 불편한 진실일지라도 할 말은 해야겠다는 확신이 선다. 만약 우리가 가진 힘을 모른 척하거나 우리가 그런 힘을 가진 것을 알아보지 못한다면 우리는 문제를 제기하는 것이 우리 능력 밖의 일이라고 착각하게 된다.

전문 강연자인 나는 무대 위에 올라가 있는 동안만큼은 그곳에서 가장 영향력 있는 사람이다. 마이크가 내 손에 있으니까. 무대 위에서 내려오면 권력 구조가 순식간에 뒤집히겠지만 적어도 마이크를 쥐고 있는 55분 동안만큼은 내가 모든 것을 주도한다. 무대 위에서 내가 해야 하는 일은 청중의 주의를 휘어잡은 다음 내가 지닌 영향력을 활용해 상대적 약자 역시 스스로가 가치 있고 존중받는다고 느끼도록 만드는 것이다. 마이크를 쥐지 못하는 사람들을 위해 그들의 목소리가 되어주는 것이다. 거기 계신 높으신 분들을 편안하게 만들어주겠다고 무대에 오르는 것이 아니다. 내가 무대에 올라 강연을 하는 이유는 회의실에서 한 마디 말도 꺼낼 수 없는 인턴 대신 목소리를 내주기 위해서이다.

뛰어난 사회운동가이자 교사로 활동하고 있는 친구 브리트니 팩넷 커닝햄Brittany Packnett Cunningham은 내게 "특권을 마구 퍼다 쓰라."라는 글귀를 소개해준 적 있다. 브리트니는 그 표현을 장애인 인권 운동가 레베카 코클리Rebecca Cokley로부터 전해 들었다고 한다. 이 표현에는 우리가 가진 특권이 무한하다는 개념이 내포되어 있다. 특권은 절대 바닥나지 않는다. 어느 날 내가 가진 특권을 활용해 목소리를 냈다고 해서 다음 날 특권을 다시 충전해야 하는 게 아니다. 우리가 가진 힘을 남을 위해 사용했다고 해서 그 힘이 줄어들지는 않는다. 따라서 우리는 반드시 더 큰 선을 위해 우리의 힘과 능력과 돈을 활용해야 한다.

나는 나 스스로에게 요구하지 않는 일을 남에게 요구하지 않는다. 대부분의 사람들은 일단 다른 누군가가 위험한 일을 시도하는 모습을 보고 난 후에야 자신도 그 일을 할 수 있으리라 생각한다. 그렇기에 나는 위험한 순간이 가득했던 내 인생과 경력을 오히려 내 주장을 뒷받침하는 대표적인 사례로 제시한다. 할 말은 거의 다 하며 살아왔는데도 흑인 여성으로서 이 자리까지 올 수 있었다고 보여주고 싶은 것이다.

다시 회의실로 돌아가 보자. 만약 그 안에서 진실을 말하는 사람이 될 자신이 없다면 최소한 진실을 말하는 사람을 지지해 주는 사람이 되자. 첫 번째 도미노 블록이 될 자신이 없다면 두 번째 도미노 블록이 되자. 첫 타자로 나서서 문제를 제기하는 사람 입장에서는 누군가 맞장구를 쳐줄 때 얼마나 큰 격려를 받는지 모른다. 머릿수가 모이는 것만으로도 큰 힘이 되니 정당한 문제 제기라고 생각한다면 의견에 힘을 보태주자. 외딴

섬에 혼자 서 있기를 바라는 사람은 아무도 없으니까.

하지만 이런 나조차도 진실을 터뜨리는 사람이 되고 싶지 않을 때가 있다. 그냥 멍하니 앉아서 생각에 잠기다 보면 오늘은 아무 말도 안 한 채 넘기고 싶다는 기분이 들 때가 있다. 문제를 제기하고 싶지도 않고 의문을 던지고 싶지도 않다.

많은 경우 우리는 진실을 말하는 데 능숙한 사람이 있다고 생각하면서 그 사람에게 바통을 넘겨버리고는 한다. 그런데 그 사람이 잠시 휴식이 필요하다고 판단한다면 무슨 일이 벌어지겠나? 주로 문제를 제기하는 사람이 있다고 해서 그걸 당연하게 여겨서는 안 된다. 진실을 말하는 것은 어느 한 사람의 일이 아니라 모두의 일이기 때문이다. 우리 모두가 프로불평러가 되어야 한다. 다들 어깨에 빨간 망토를 두르고 있으면서도 그저 슈퍼맨이 등장하기만을 기다리지는 말자.

그럼에도 많은 사람들은 프로불평러에게 지지를 보내는 대신 침묵을 지키면서 이따금 공허한 빈말만 던진다. 회의가 끝나고 나서야 문제를 제기한 사람에게 가서 "와, 그 얘기 꺼내줘서 진짜 고마웠어요."라고 말해봤자 빈말 잘하는 진상밖에 못 된다. 듣는 사람이 없으니까 하는 말인 게 뻔하다. 그리고 듣는 사람이 없다면 그 말에 무슨 의미가 있을까? 실제 회의 시간에 지지해 주지 못한다면 그게 다 무슨 소용일까? 그러니 빈말을 줄이고 실제로 문제가 제기된 자리에서 모두가 있을 때 말로 프로불평러를 지지해 주자. 프로불평러 옆에 어깨를 나란히 한 채 큰소리로 맞장구를 쳐주고 신임을 보태주자.

직장에서는 매일 수많은 사람들이 홀로 외로운 싸움을 하고 있다. 부디 그런 일이 줄어들었으면 좋겠다. 용기 있게 나서지 못하는 사람들, 자리를 파하고 나서야 용기 있는 척 다가오는 사람들과 같은 공간에서 일하느라 고생하는 사람들에게 각별한 애정을 담아 마음을 전한다.

내가 친절을 나타내는 방식은 상대방을 위해 당당히 나서주는 것, 상대방이 두려움에 떨고 있을 때 대신 목소리를 내주는 것이다. 그렇다면 내가 목소리를 내고 싶지 않을 때는 어떨까? 누가 나를 위해 목소리를 내줄까? 누가 프로불평러를 대신해 목소리를 내줄까?

많은 사람들은 왜 자기 주변에 거짓말을 하는 사람밖에 없는지 의아해한다. 그건 그들이 마음을 터놓고 신뢰할 수 없는 사람, 진실을 무기처럼 휘두를 것 같은 사람임을 드러냈기 때문이다. 직장 내에 진실을 말했다는 이유로 불이익을 당하는 환경을 조성한다면 당신은 형편없는 업무 결과를 받아볼 수밖에 없을 것이다. 당신이 생각 없이 결정을 내리는 걸 보다 못한 친구가 전화로 직언을 하는데 듣지도 않고 끊어버린다면 당신이 계속 잘못된 판단으로 인생을 망치든 말든 친구는 입을 닫아버리고 말 것이다. 당신이 초래한 일이니 본인 탓을 해라.

주변에 좀 더 솔직한 사람들이 많아졌으면 좋겠나? 주변 사람들에게 진실한 조언을 해달라고 요청해라. 그러면 사람들이 편안한 마음으로 진실을 말하고 의문을 제기할 수 있는 자리를 마련해야 한다. 말수가 적은 사람이 있다면 먼저 찾아가서 제안해라. "저기, 있잖아요. 혹시 떠오르는 생각이 있으시면 저한 테 말해주셔도 돼요. 제 아이디어에 고칠 점이나 부족한 점은 없는지 말해주시면 정말 감사할 것 같아요. 물론 여태까지 주로 말하는 쪽은 저였지만 당신 의견도 정말 중요하다는 걸 알아주세요. 그러니 혹시 당신 생각을 공유해 주실 수 있을까요?"

진실을 말해라. 페이스북 친구한테만이 아니라 가족에게도 진실을 말해라. 정작 현실에서는 아무 문제를 제기하지 않는데 사이버 공간에서 누군지도 모를 사람에게 '좋아요'를 받겠다고 인종차별, 호모포비아, 트랜스포비아, 가부장제 같은 문제에 실컷 열을 내봐야 무슨 소용이 있을까? 때때로 우리는 온라인으로 큰소리를 내고 있으니 할 일을 하고 있다고 착각하지만 정작 우리가 속한 현실 공간에서 침묵하고 직접 보고 만질 수 있는 사람들 사이에서 침묵하며 실질적인 영향을 끼칠 수 있는 힘을 손에 쥐고도 침묵한다. 화면 너머에 있는 아무개뿐만 아니라 당신에게 진정으로 가까운 사람에게 진실을 말해라.

많은 사람들이 목소리를 낼 공간이 부족하다고 생각한다. 틀린 생각이다. 우리의 가족, 친척, 친구, 동료의 곁이 곧 우리가 목소리를 낼 무대나 다름없다. 우리의 영향력을 집 가까이에서 시작해 점차 넓혀가자. 사랑하는 사람의 입에서 나온 말이 마음을 가장 쉽게 움직이는 법이다.

불이익이 있을지도 모른다는 말을 듣고는 진실을 말하지 못할 뻔했던 때가 생각난다. 임금 불평등을 조장하는 강연회를 공개적으로 보이콧했다가 수입이 거의 다 사라질 뻔해서 조마조마했던 때도 생각이 난다. 그 순간을 직면하러 나아갈 때 마음속에 가득 찼던 불안감도 여전히 생생하게 떠오른다. 하지만 상황이 편리할 때만 진실을 말한다면 내게 주어진 온갖 힘과 특권이 무슨 소용이 있을까? 따라서 우리는 상황이 극도로 어려울수록 더욱더 진실을 말하려 애써야 한다. 그리고 바로 그때 가장 큰 변화가 찾아온다.

물론 최악의 시나리오가 펼쳐질까 봐 두려울 것이다. 하지만 만약 최상의 시나리오가 펼쳐진다면 어떨까? 앞에 나서서 목소리를 낼 줄 아는 사람이 됐을 때 우리는 우리가 속한 조직의 시스템을 바꿀 수 있을지도 모르며 우리가 마주치는 사람들을 변화시킬 수 있을지도 모른다.

아무리 어려운 상황일지라도 기꺼이 용기를 내고자 할 때 우리는 우리 본연의 모습을 선보일 수 있다. 아니, 오히려 어려운 상황일수록 가장 큰 용기가 필요하다. 심장이 쿵쾅거릴 정도로 두려울 때, 이불 밑에 숨어버리고 싶을 때, 누군가 입을 다물라고 요구할 때 용기를 내서 입을 열어라. 어떤 말이나 행동을 해야 할 것만 같은 기분이 든다면 아마도 그 말이나 행동을 해야만 한다는 뜻일 것이다.

우리는 진실을 맨 앞자리에 두어야 한다. 오늘날 세상에는 지적해야 할 문제, 맞서 싸워야 할 불의, 무너뜨려야 할 제도가 가득하기 때문이다. 현실을 진실하게 바라보지 못하는데 우리가 직면한 문제가 무엇인지 어떻게 알 수 있겠나? 고장이 난 걸 모르는데 수리를 할 수는 없다. 거짓 위에 공정한 세상을 세울 수는 없고 불평등을 포장한다고 평등이 되지는 않는다. 우리는 더 큰 선을 이루기 위해 개인적으로나 집단적으로나 정직함을 되찾아야 한다. 그러려면 어떤 상황에서든 진실을 말하는 게 먼저다.

사실 많은 경우 우리가 진실을 말하기 위해 감수하는 위험은 생각만큼 크지 않다. 자유를 위해 투쟁한 진짜 프로불평러들은 당시 사회에 문제를 제기했다는 이유로 구타를 당하고 감옥에 갇히고 살해를 당하기까지 했다. 분명 우리가 흑표당원 Black Panthers처럼 싸워야 하는 상황은 아니다. 우리는 그저 사무실 의자에 앉아 "그건 별로 좋은 생각이 아닌 거 같아요."라고 말하기만 하면 된다. 그런다고 우리의 목숨이나 자유가 위협받는 것도 아니다.

가치 있는 일 중에 쉬운 일은 없다. 그건 당신도 잘 알고 있다. 진실을 말할 용기는 마치 근육과 같다. 꾸준히 연습을 하고 운동을 해야 만들고 키울 수 있다. 난 개인적으로 운동을 싫어한다. 운동이 재밌다는 사람은 순 거짓말쟁이에 사기꾼이다. 그럼에도 난 꾸준히 운동을 한다. 그러지 않으면 내 손해니까. 마찬가지로 진실의 수호자가 되는 데에도 꾸준한 연습이 필요하다.

세상을 변화시킨 멋진 프로불평러 존 루이스 John Lewis의 말이 떠오른다. "옳지 않은 일, 불공정한 일, 불합리한 일을 목격한다면 우리에게는 그에 맞서는 말이나 행동을 할 도덕적 책무가 있다. 침묵해서는 안 된다." 우리에게는 진실을 말해야 할 도덕적 책무가 있다. 목소리가 파르르 떨릴지라도 진실을 말해라. 갈등과 혼란이 빚어질 것 같아도 진실을 말해라. 진실을 말하는 것 자체만으로도 당신은 세상 누구보다 용감한 사람이다.

해도 되는 말인지 확신이 서지 않는다면 앞서 언급한 세 가지 질문을 검토해 보자. 더 큰 선을 위해 당신의 목소리가 꼭 필요하다는 사실을 기억하자. 권력을 쥔 사람 앞에서도 당당하게 진실을 말하자. 거짓이 메아리처럼 울려 퍼지는 세상 속에서는 진실을 속삭이는 것만으로도 큰 변화를 만들 수 있다.

7장

무탈한 인생이
당신을
유혹할지라도

우리는 실패를
두려워한다

실패할 때 기분은 참 밥맛이다. 그래서 우리는 사람들이 우리 빈틈을 발견하고는 그걸 약점 삼아 공격할까 봐 두려워한다. 무언가 잘못된 말이나 행동을 할까 봐 두려워한다. 그래서 스스로를 보호하기 위해 눈에 띄는 말이나 행동을 아예 하지 않는다. 이도 저도 아닌 '나'로 살아가려 한다.

다채롭고 인상적인 삶을 살다 보면 실수는 필연적이다. 삶을 완전히 조져놓을 때가 있을 것이다. 정신 못 차리는 얼간이처럼 보일 때가 있을 것이다. 그래도 괜찮다. 우리 삶에 실패가 필요하기 때문이다. 삶을 화려하게 살려면 꼭 필요하다. 물론 실패는 고통스럽고 우리를 당황시키며 때로는 그 자리에 주저앉게 만들 수 있다.

나도 여태까지 많은 실패를 겪었다. 그리고 그때마다 요란하게 실패했다. 실패는 성장하기 위한 통과의례와 같다. 따라서 우리는 실패 속에서도 배울 점을 찾아야 한다.

2018년 아레사 프랭클린 Aretha Franklin이 세상을 떠나고 모두가 슬픔에 잠긴 날, 프랭클린 여사의 추모 공연을 누가 맡게 될지가 화두로 떠올랐다. 그녀가 남긴 위대한 업적을 생각한다면 감히 누가 기대에 미칠 수 있을지 의문이었다. 온라인상에서 이런저런 이름이 오고 갔다. 그때 누군가 1990년대 초에 이름을 날렸던 어느 알앤비 가수의 이름을 언급했다.

최소한 15년 동안은 이름도 못 들었고 새로운 작품을 낸다는 소식도 못 들었기 때문에 나는 충동을 억누르지 못하고 이렇게 트윗을 올렸다. "뜬금없이 그 사람 이름이 왜 나오는 거지?" 물론 "사실 그거 꽤 괜찮은 생각이라고 봐."라고 하는 사람들도 있었다. 하지만 대부분은 "맞아. 나라도 그 사람 이름을 첫 번째로 떠올리지는 않았을 것 같아."라는 반응이었다. 논의는 쭉 이어졌고 그 와중에 새로운 이름도 계속 나왔다. 다 잘 되겠지. 다 잘 될 거라고 생각했다.

다음 날 아침 일어나 보니 트위터에서 내가 남긴 글이 넝마가 되도록 두들겨 맞고 있었다. 잠이 든 사이에 대화의 방향이 완전히 틀어져 있었다. 사람들은 내가 미국에서 태어나지 않았으니 아프리카계 미국인이라 할 수 없고 따라서 이 대화에서도 빠져 있어야 한다고 주장했다. 그렇게 내가 공인으로서 경험한 인생 최대의 실패가 시작됐다.

타임라인에서 논란을 확인한 친구들이 연락을 해왔다. 난 조언을 구했다. 내가 여기에 대응을 해야만 할까? 아니면 일단 상황을 지켜봐야 할까? 전면에 나서서 스스로를 변호해야 할까? 아니면 못 본 체하고 다른 얘기나 해야 할까?

나는 일단 상황을 두고 보기로 결정했다. 하지만 몇 시간 뒤 누군가 나를 겨냥해 모멸적인 비난을 담은 트윗을 올렸다. 더 이상 가만히 있는 건 내 자존심이 허락하지 못했고 결국 대응을 시작했다. 나는 사람들이 나를 미국 사회에서 배척하려 하는 것 같다고 말했다. 그리고 그 가수 이름이 떠오른 계기를 물어보는 트윗 하나에 너무 과민반응을 보인다고도 말했다.

하지만 불에 기름을 끼얹은 격이나 마찬가지였다. 사람들의 불만은 분노로 변했다. 분노도 보통 분노가 아니었다. 내 이름이 트위터 화제 순위에 올랐다. 약 한 시간 동안 미국 전역에서 여덟 번째로 가장 많이 트윗된 화제가 바로 나였다. 이 상황을 지켜보는 사람들 중 절반은 나에 대해 온갖 험담을 늘어놓았고 나머지 절반은 대체 왜 본인 타임라인에 '러비'라는 단어가 올라오는지 의아해했다. 보통은 내가 무언가를 비판하는 입장이었는데 이번에는 내가 비판의 표적이 됐다. 그것도 아주 한바탕 소동의 중심에 놓였다.

나는 트위터를 로그아웃했다. 상황이 안 좋은 게 분명했다. 지인들이 괜찮은지 확인하겠다고 이런저런 문자를 보내왔으니까. "괜찮니? 상황은 대충 알았어. 참 유감이다. 혹시 내가 필요하면 말해."

사람들은 내가 운 좋게 미국인 자격을 얻은 나이지리아 사람인 주제에 아무 말이나 지껄인다고 비난했다. 내가 미국이나 미국 흑인에게 반감을 가지고 있다며 조금이라도 문제의 소지가 있는 발언이 없는지 내 예전 트윗을 뒤지는 사람들도 있었다. 인터넷 신문이나 잡지에도 나를 겨냥한 논평이 올라왔다. 어디로 눈을 돌려도 내 이름이 거론되는 것만 같았다. 미국에서 흑인으로 살아가는 일에 관해 과거에 내가 했던 말들이 토씨 하나하나 파헤쳐졌다. 정말 가루가 되도록 까였다.

두들겨 맞아 쓰러진 채로 나를 향한 온갖 낭설을 듣고 있어야 하는 기분이었다. 그래서 블로그에 글을 하나 써서 내가 어떤 사람인지, 사람들이 쏟아놓는 비난과는 얼마나 거리가 먼 사람인지 설명했다. 결론만 얘기하자면 완전히 접근을 잘못했다. 그 글 어디에도 죄송하다는 말을 쓰지 않았기 때문이다.

블로그 글로 다시 역풍이 몰아쳤다. 진심으로 내 추락과 실패를 염원하는 사람들이 생겨났다. 어떤 사람은 페이스북 담벼락에다 "저 여자 커리어를 박살내고 싶다."라고 글을 썼다. 또 어떤 사람은 익명으로 이메일 계정을 만들어서 나와 제휴를 맺고 있는 브랜드나 내게 강연을 맡긴 주최 측에 나랑 관계를 끊으라는 메일을 보냈다.

정신을 차릴 수 없었다. 난 내가 낯짝이 두껍고 자신감이 넘치는 사람이라 생각했지만 이 상황 앞에는 무용지물이었다. 〈왕좌의 게임〉의 에피소드 '서자들의 전투Battle of the Bastards'가 떠오르는 순간이었다. 적군이 온갖 무장을 하고 덤벼드는데 최선을 바라는 것 외에는 할 수 있는 게 없었다. 소파에 가만히 누워 엉엉 울면서 내 자신을 탓했다.

밥도 먹을 수 없었다. 먹고 싶지도 않았다. 좋아하는 음식을 먹으면 기분이 나아질까 남자친구가 날 데리고 나가서 꽃게 찜을 사줬는데도 난 가만히 앉아 완벽한 양념 옷을 입은 그 황홀한 요리를 멍하니 바라만 볼 뿐 거의 입에 대지도 않았다. 결국 일주일 만에 3킬로그램이 넘게 빠졌다. 내 몰골이 얼마나 흉했을지 짐작이 가리라.

게다가 이건 다 내 탓이었다. 전부 내 탓이었다. 다른 누구보다도 내 자신이 나를 견디지 못했다. 물론 다른 사람을 실망시키는 것도 충분히 끔찍한 일이다. 하지만 나 자신을 실망시키는 건 훨씬 더 고통스럽다. 여태까지 한 번도 느껴보지 못한 수치심이 느껴졌다. 큰 실수를 저질렀고 해서는 안 될 말을 했다는 사실에 스스로에게 너무 화가 났다. 더 많이 알았어야 했다. 더 잘 처신했어야 했다. 더 나은 사람이 됐어야 했다.

실수를 수습하는 건 살아가는 원동력이 된다

나는 사람들의 악의적인 언행에 희생당했다기보다는 내 교만한 주둥아리에 스스로 걸려 넘어졌다. 이따금 생각 없이 말을 내뱉거나 남을 깎아내리는 식의 농담 아닌 농담을 던지던 이놈의 주둥이가 드디어 사고를 쳤던 것이다. 나 자신을 진심으로 사랑했기에 두 발을 땅에 딱 붙이고 서 있을 수 있었는데 이제 그 두 발이 덜덜 떨리고 있었다. 이전에도 말실수를 했다가 반발을 산 적이 있지만 이렇게나 오랜 시간 동안 이렇게나 심하게 역풍을 맞은 적은 없었다. 날 향한 비난은 수그러들 줄 몰랐다.

그래서 온라인 활동을 아예 멈췄다. 친구들이 내게 연락을 해서 잘 버티고 있는지 안부를 물어봐줬고 최악의 순간에도 진짜 내 모습을 잊지 않도록 일깨워줬다. 친구들은 자신감을 북돋아주는 동시에 직언을 아끼지 않았고 내가 끝없는 수치심의 심연 속으로 빠져들지 않도록 도와줬다. 남자친구는 "사람들이 네 빛을 앗아가도록 내버려 두고 있어."라고 조언해줬다.

나는 상담 선생님이랑 약속을 잡았다. 도움이 긴급하다고 생각했으니까. 분명 난 괜찮지 않았다. 며칠 뒤 상담 선생님을 찾아가니 내게 PTSD 증상이 보인다고 말했다. 나는 잠을 제대로 못 자고 있었고 식욕이 없었으며 아무 문제가 없는 상황에도 늘 위험하다고 느꼈다.

이번 사건으로 평소의 나 자신을 완전히 잃어버렸다. 처참히 패배한 채 그냥 도망가서 숨어버렸다. 다시는 원래의 나를 찾지 못할까 봐 두려웠다. 내 이름을 뒤덮은 먹칠이 절대 지워지지 않을 것 같았다. 진심으로 모든 걸 관두고 외딴 동네의 도서관에서 은신하고 싶었다. 그래, 내가 이렇게나 극적이다.

이런 상황 속에서도 최악은? 내가 내 목소리를 두려워하게 됐다는 점이다. 나는 내 판단력을 의심하기 시작했다. 여태까지 살아오면서 내 목소리에 확신을 가지지 못한 적이 없었다. 하지만 목소리를 부주의하게 사용한 결과로 대대적인 역풍을 맞고 나니 이게 과연 선물이 맞을까 의심이 싹텄다. 대담했던 내가 남긴 망령에 내가 겁을 먹었다. "아차, 이런 말을 했다가 사람들이 또 열이 받으면 어떡하지?" 무언가 하고 싶은 말이 생길 때마다 뱃속이 파르르 떨렸다. 트위터 화제 순위에 내 이름이 올라왔을 때가 불현 듯 떠오르면서 너무 무서웠다. 더 이상 글도 쓰지 않았고 목소리도 내지 않았다. 방구석에 숨어버렸다.

그 후 1년 동안 의뢰를 받아서 어쩔 수 없이 써야 했던 TV 프로그램 리뷰 글을 제외하고는 블로그에 어떤 글도 쓰지 않았다. 트위터에 글을 올릴 때도 어조가 좀 세다 싶으면 주의에 또 주의를 기울였다. 그러다 누구 심기라도 건드리면 또 다시 화제 순위에 올라갈 테니까. 다른 소셜미디어로는 그나마 속에 있는 말을 꺼낼 수 있었지만 그럴 때도 "꼭 이 말을 해야겠어?"라는 질문을 스스로에게 던졌다.

나는 내 목소리를 사용하지 않는 상황을 정당화했다. "뭐, 이제 블로거로서 성장할 때도 됐지. 글을 쓰는 방식에 변화를 좀 줘야 하지 않을까? 어차피 내가 진짜 하고 싶은 말은 팟캐스트로든 뭐로든 할 수 있잖아."

지난 사건에서 느낀 모멸감으로 영혼에 새겨진 멍이 아직 지워지지도 않은 난 모든 걸 잊어버리고 싶었다. 실패의 두려움에 사로잡힌 내 자아가 그렇게 합리화하고 있었다.

출판 에이전시에서 연락이 왔다. "작가님, 두 번째 책으로는 어떤 주제를 다루실 건가요?" 난 아직 고민 중이라고 답했다. 대체 뭐에 관해 써야 할까? 뭐라 말해야 할까?

지난 번 사건 이후로 거의 1년이 지난 2019년 8월 5일, 또 다른 전설적인 위인의 죽음으로 세상이 들썩였다. 미국 흑인 최초로 노벨문학상을 수상한 토니 모리슨이 별세한 것이다. 나는 『내가 널 까겠어』 두 번째 장에 토니 모리슨의 이런 명언을 인용한 적이 있었다. "읽고 싶은 책이 있는데 아직 그런 책이 세상에 나오지 않았다면 당신이 그 책을 써야만 한다." 그분이 남긴 말과 글은 내 인생 지침서와도 같았다. 내가 스스로를 작가라 부르기 민망해했던 것도 다 토니 모리슨 때문이었다. 워낙 위대한 작품을 많이 남기셨다 보니 과연 나 따위가 같은 범주에 묶일 수 있을까 싶었던 것이다.

그런 분이 세상을 떠났다. 그러자 내 양심에 가책이 느껴졌다. 한 번도 뵌 적은 없지만 그분이 세상을 영영 떠났다는 사실에 내 영혼에 정신이 번쩍 들었다. 지난 1년 동안 내가 이 땅에 존재하게 된 이유를 외면한 채 납작 엎드려 살았기 때문이다.

나는 작가라면 사람들이 아무리 심한 말로 비난을 가해도 절대 펜을 놓지 않는다는 사실을 되새겼다. 작가는 오해나 상처를 받더라도 결코 자신의 글을 포기하지 않는다. 방해꾼이 요란하게 비방을 늘어놓더라도 자신의 목적을 외면하지 않는다. 설령 실수를 하더라도 그 실수를 원동력 삼아 더 나은 작품을 내놓는다.

그래서 난 다시 펜을 잡았다. 첫 글은 토니 모리슨을 위한 헌사였다. 그녀가 내 삶에 어떤 영향을 미쳤는지, 한 번도 만난 적이 없는데도 어째서 그녀가 내가 가장 존경하는 선생님이 됐는지 풀어냈다. 그러고 나니 새 책을 어떻게 써야 할지도 감이 잡혔다. 1년 동안이나 나 자신을 두려워하고 내 목소리를 두려워하고 내 재능을 두려워하며 살아왔으니 더 이상 두려움에게 내 삶의 주도권을 내어주지 않을 작정이었다.

요란한 실패로
배운 4가지 사실

나는 아주 요란하게, 아주 공공연하게 실패했다. 이 실패를 발판 삼아 더 위대한 무언가를 이룰 수는 없을까? 지금 느끼는 이 패배감이 분명 더 나은 나를 끌어내줄 원동력이 될 것이었다. 더 나은 내가 되지 못하더라도 의미를 찾고 싶었다. 나는 스스로에게 물어보았다. 왜 일이 이런 식으로 벌어졌을까? 어떻게 하면 앞으로 나아갈 수 있을까? 여기서 어떤 교훈을 배워야 할까?

과거의 내가 없었다면 지금의 나도 없다

상담 치료를 받으면서 나는 내가 지금의 여성이 되기까지 그때의 소녀가 꼭 필요했다는 사실을 깨달았다. 나는 그때의 소녀에게 그런 노력을 해줘서, 그런 사람이 돼줘서 고맙다고 말해야 했다. 그녀가 지금의 날 만들었기 때문이다. 다음으로는 30대에 접어든 지금의 나에게 감사를 표해야 했다. 자기 자신을, 자신의 목소리가 지닌 힘을, 자신이 속한 세계를 더 잘 이해했기 때문이다. 과거의 내가 없었다면 난 내가 아니었을 것이다. 그러니 부끄러워할 필요가 없었다. 오히려 과거의 나를 따뜻하게 감싸주며 실수를 용서해줬어야 했다.

나는 과거의 그 소녀에게 친절해야 했다. 그 소녀는 자신이 작가라는 직함에 부응하지 못하리라 두려워했기 때문에 감히 스스로를 작가라고 부르지 못했다. 그 소녀는 절대 이 책을 쓰지 못했을 것이다. 지금 내가 선 이 자리에 당당히 올라서서 최선의 결과물을 내놓지도 못했을 것이다. 생각보다 말이 앞섰던 그 소녀는 지금의 내가 가진 소통창구를 얻지 못했을 것이다. 지금의 나만큼 책임감이 있지는 않았기 때문이다. 그때의 소녀는 현금으로 뭘 해야 할지는커녕 세금을 어떻게 처리해야 하는지도 몰랐다.

그럼에도 내 인생에는 그 소녀가 꼭 존재해야 했다. 그 소녀가 있었기에 나는 그녀가 저지른 실수와 그 과정에서 그녀가 배운 교훈에 관해 글을 쓸 수 있다. 버전 1.0의 러비가 있었기에 지금 여기 이렇게 버전 3.0의 러비가 책을 쓸 수 있다.

어떤 사람도 왕좌 위로 떠받들어질 수 없다

우리 중 누구도 신이 아니다. 때때로 우리가 이룬 업적 때문에 우리가 실제보다 대단한 존재처럼 보일 때도 있겠지만 결국 우리 모두 불완전한 인간이다. 나도 쓰레기 같은 인간이 될 때가 있고 쓰레기처럼 일처리를 할 때가 있다. 내게 블로그나 연단 같은 자리가 주어진다고 해서 내가 다른 사람보다 깨끗하거나 똑똑한 사람이라는 뜻은 아니다. 말도 안 되지. 사람들은 날 왕좌에서 끌어내렸고 난 다시 거기 올라갈 생각이 없다. 내게 그럴 자격이 없기 때문이다. 난 그냥 이곳 바닥 위에 서 있겠다. 내가 사람들이 우러러보는 성인의 표준에 달할 수 있을 리가 없기 때문이다. 난 분명 사람들을 실망시킬 것이다. 분명 일을 그르칠 것이다. 하지만 그럼에도 난 내가 할 수 있는 최상의 방식으로 나를 세상에 보여주기 위해 최선을 다할 것이다. 끊임없이 성장할 것이다. 내 말에 일치하는 사람이 되려고 노력할 것이다.

평가받는 시간이 왔을 때 그 시간을 낭비하지 말아야 한다

또 하나 배운 교훈이 있다면 어떤 사람도 세상의 판단으로부터 자유롭지 못하다는 점이다. 난 종종 사람들에게 더 잘하라고 몰아붙이고는 한다. 바꿔 말하면 나 역시 똑같은 요구를 받을 수 있다는 뜻이다. 나 역시 실수를 저지를 수밖에 없기 때문에 여론의 재판을 피할 수 없다. 그때마다 정말 중요한 건 비판을 잘 소화한 뒤 앞으로 나아가기 위해 노력해야 한다는 것이다. 그럴 수 있느냐 없느냐에 따라 최종 평가가 이루어질 것이다. 당시의 나는 이 면에서 욕을 먹을 수밖에 없었다.

나는 스스로를 변호하거나 변명하는 게 아니라 진심으로 사과해야 했다. 피해를 입거나 상처를 받은 사람들은 누군가 자신을 봐주고 자기 목소리를 들어주기를 바라는 법이다. 난 그들을 위해 속죄를 하고 책임을 지며 다음에는 달라지겠다고 약속을 해야 했다. 피해를 준 건 나였으므로 진작 그 사실을 인정해야 했다. 제대로 된 사과란 이런 모습이었을 것이다.

여러분, 안녕하세요. 오늘은 참 가슴 아픈 날이었어요. 제 이름이 이런 식으로 알려지는 건 제가 절대 자랑스러워할 일이 못 되죠. 제가 상황을 완전히 망쳤어요. 정말 죄송합니다. 제 말 때문에 많은 분들이 속상해했죠. 제 의도가 어땠든 그건 중요하지 않아요. 제 말에 어떤 의도가 있었는가와 제 말이 어떤 영향을 미쳤는가는 별개의 문제니까요. 제가 어떤 식으로 세상에 다가가야 하는지 훨씬 더 심사숙고해야 했어요. 저는 많은 사람이 지켜보는 플랫폼에 올라와 있고 그만큼 큰 기대치를 충족시켜야 하죠. 늘 그 기대를 만족시킬 수는 없을 거예요. 오히려 언젠가 또 여러분을 실망시키게 되겠죠. 전 그저 그때 제가 지금보다 더 나은 사람이 되기를 바랄 뿐이에요. 다시 한번 사과드립니다.

이처럼 겸손한 태도를 보였다면 문제가 그리 심각하게 커지지 않았을 것이다. 내가 잘못한 건 사실이었으니까 말이다. 내가 한 말만 잘못됐던 게 아니라 사람들이 그 말에 의문을 제기했을 때 내가 보인 행동도 잘못됐다. 난 사람들의 감정을 존중한 뒤 앞으로 나아가야 했다.

이런 일을 겪고 나니 내 이름값이 내가 생각했던 것보다 너무 커져버렸다는 사실 역시 분명해졌다. 난 나이지리아에서 건너온 평범한 시카고 소녀가 아니다. 내가 소셜미디어를 통해 하는 얘기도 친구들이랑 하는 농담 따먹기 같은 게 아니다. '러비'는 소셜미디어 팔로워가 100만 명이 넘는 브랜드 그 자체이다. 블로그 '끝내주게 러비스러운'을 대표하는 사람이다. 나야 내가 어느 날 글을 쓰기 시작했더니 멋진 일이 펼쳐지기 시작한 평범한 소녀라고 생각했지만 사실 나는 막대한 영향을 미칠 수 있는 자리에 서 있다. 그만큼 책임도 생각보다 훨씬 막중하다. 내 목소리는 멀리까지 닿을 수 있다. 내가 속한 플랫폼은 거대하다. 이전 어느 때보다도, 내가 상상했던 것보다도 훨씬 많은 사람들이 나를 지켜보고 있기에 난 내 최상의 모습을 보여 줄 책임이 있다. 자리에 맞는 태도를 보일 필요가 있다.

그렇다고 목소리를 바꿔야 한다는 건 아니다. 하지만 자세를 고칠 필요가 있었다. 이전의 나는 다윗이었을지언정 지금의 나는 골리앗이다. 인정하기 싫어도 받아들여야 한다. 난 더 이상 부담 없이 돌을 던지기만 하면 되는 을이 아니라 온몸으로 돌을 받아내야 하는 갑이다. 생각만 해도 다리가 저리는 사실이다. 그러니 누구에 관해 혹은 무엇에 관해 말할 것인지도 더 많이 고민해야 한다.

난 늘 내가 어퍼컷을 올려치는 사람이지 꿀밤을 내리치는 사람이 아니라고 생각했다. 물론 어퍼컷을 올려쳐야 하는 건 맞다. 하지만 더 큰 힘을 갖게 된 지금은 그 대상을 재고할 필요가 있다. 내 위치가 바뀌었고 특권이 쌓였는데도 주의를 기울이지 않다가는 나도 모르는 사이에 누구를 내려치게 될지도 모른다. 유머 트렌드가 계속 변하고 코미디언이 해마다 개그를 바꾸는 것도 이런 이유 때문이다. 5,000만 달러짜리 넷플릭스 코미디 쇼를 맡은 전설적인 코미디언이 무명 시절에나 하던 개그를 반복할 수는 없는 법이다.

한편 나는 내가 성취한 일을 자랑스러워할 수는 있지만 거기에서 내 가치를 찾아서는 안 된다는 사실도 깨달았다. 그런 것들은 언제라도 덧없이 사라질 수 있기 때문이다. 내 후광을 당당히 비춰야 하는 건 맞지만 그때 쏟아지는 외부의 찬사를 가지고 우쭐해서는 안 된다. 사람들은 어느 날 우리를 사랑하다가도 바로 다음 날 우리를 미워할 수도 있다.

이번 일로 난 좀 더 친절한 사람이 됐다. 혐오의 표적이 되어 보니 그게 얼마나 끔찍한 일인지 절실히 느꼈기 때문이다. 과거에는 다른 사람을 비판할 때 가차 없이 채찍질을 가하고는 했지만 이제는 좀 진정할 필요가 있었다. 어른이 된다는 건 결국 더 친절한 사람이 되는 게 아닐까 싶다.

내 기도문에 변화를 주자

성장하고 경력이 쌓여감에 따라 기도에도 더 굳건한 메시지를 담아야 한다. 사실 늘 조심하려 애쓰고 실수를 통해 발전하는 것 외에는 내가 달리 바랄 수 있는 일이 없다. 물론 내가 앞으로 다시는 실수를 저지르지 않으리라고 장담할 수 없다. 그렇다고 미래에 실수를 저질렀을 때 사람들이 내게 비난의 화살을 돌린다 해서 나는 또 다시 1년 동안 정신을 못 차린 채 살아야 하는 걸까?

나는 사람들이 나를 내가 아닌 무언가로 부를 때 흔들리지 않게 해달라고도 기도할 것이다. 어차피 사람들의 오해는 끊이지 않을 것이기 때문이다. 내일 하늘이 푸를 거라는 말을 해도 분명 어떤 사람들은 불편해할 것이다. 그렇지 않을까? 그들이 굳이 불편해하겠다고 마음먹은 이상 내가 그걸 막을 수는 없다.

나를 향하는 무기가 그 목적을 달성하기를 바라지 않는다면 역시 마음을 단단히 먹어야 한다. 몇몇 사람들이 나를 싫어한다고 해서 내 임무를 포기할 수는 없다. 오히려 실패에서 교훈을 얻은 다음 마음을 굳게 먹은 채 내 갑옷이 이전 어느 때보다 튼튼해지게 해달라고, 내 발이 이전 어느 때보다 단단히 뿌리를 내리게 해달라고 기도해야 한다. 실패를 딛고 일어서 앞으로 나아가는 리더의 모습을 보여줄 수 있게 해달라고 기도해야 한다.

매일 기도에 내 이야기를 빼놓지 않으셨던 우리 할머니 생각이 난다. 할머니께서 한밤중에 세 시간씩 나를 위해 기도를 해주신 덕분에 분명 내가 성공을 거둘 수 있었으리라. 그 기도가 아니었다면 나란 녀석이 나답게 살면서 여기까지 올 수는 없었을 것이다.

나는 실패를 발판 삼아 더 나은, 더 똑똑한, 더 강인한, 더 친절한, 더 우아한 사람이 될 줄 아는 사람이자 회복할 줄 아는 머저리이다. 과거 화학 수업에서 D 학점을 받아서 다행이다. 마케팅 회사에서 해고당하다시피 나와서 다행이다. 말을 함부로 했다가 트위터 화제 순위에 올라서 다행이다. 내가 바닥에 고꾸라진 건 전부 나를 내가 가야 할 길로 되돌려놓기 위한 신의 계책이었다. 내 삶의 GPS를 바로잡기 위한 조정 과정이었다.

실패는 언제나 나를 더 높은 곳으로 끌어올려줬다.

내가 몰랐던 수많은 사실을 배우는 데 꼭 필요했기에 나는 절대 실패를 후회하지 않는다. 우리는 앞으로 넘어져 면상을 그대로 바닥에 찧더라도 땅을 짚고 일어설 수만 있다면 이전보다 더 나은 사람이 될 수 있다.

나는 나 자신은 물론 내 영혼과도 화해했기에 밤에 편히 잠에 든다. 아침에 일어나 거울을 들여다보면 그 속에서 나를 바라보고 있는 여인이 너무나 사랑스러울 따름이다. 물론 결점투성이이지만 나는 과거의 자신보다 지금의 자신이 더 나은 사람임을 확신한다. 나를 규정하는 건 내 실수가 아니라 그 실수로부터 얻은 교훈임을 이해한다.

마찬가지로 당신 역시 당신이 경험한 최악의 순간이나 당신이 저지른 최악의 실수를 가지고 스스로를 정의할 필요 없다. 당신은 이미 당신이 어떤 존재인지 알고 있다. 실패를 겪는 와중에는 세상이 무너져버리는 것만 같고 다시는 일어서지 못할 것만 같을지도 모른다. 하지만 세상에 영원한 것은 없으며 최악의 순간 또한 결국은 지나간다. 당신이 느끼는 모멸감과 통렬한 고통도 결코 영원하지는 않다.

스스로를 자애롭게 대하는 동시에 잘못을 뉘우칠 수도 있음을 기억해라. 자애로운 마음은 실수를 저지른 자기 자신을 용서할 수 있게 해주고 책임을 지는 마음은 실수에서 배운 교훈을 기억해 앞으로 같은 실수를 자주 반복하지 않도록 해준다. 반드시 그 사이에서 균형을 잡으며 앞으로 나아가야 한다.

실패는 인생에서 가장 위대한 선생님이다. 우리가 겪은 실패로부터 아무것도 배우지 못한다면 그게 바로 진정으로 실패한 것이다.

8장

거절은 당신을
죽이지 않아

우리는 요청하기를
두려워한다

꽤 오래전에 들었는데도 아직까지 소중히 간직하고 있는 마음의 주문 하나가 있다. "'잘 안 되면 어떡하지?' 하며 걱정하는 삶보다는 '그럴 수도 있지.' 하며 체념하는 삶이 더 낫다."라는 말이다. 많은 사람들은 자신이 원하는 것, 자신이 필요로 하는 것을 요구하는 법을 모르기 때문에 지레 걱정하는 삶을 살아간다. 혹시라도 거절을 당할까 봐 두려운 나머지 눈앞에 떡이 놓여 있는데도 탁자 위에 가만히 내버려둔다. 괜히 앞에 나서서 요청을 하다가 거절을 당할 때의 충격을 감수하고 싶지 않기 때문에 평생 요청하지 않는 사람으로 살아간다.

만약 우리가 인생에게든 세상에게든, 관계에서든 직장에서든 계속 더 많이 청할 수 있다면 무슨 일이 벌어질지 정말 궁금하다. "아니요."라는 말을 듣는다고 우리가 죽는 게 아니고 "네."라는 말이 우리 삶을 바꿀 수 있다는 사실을 깨닫는다면 어떻게 될까?

작가 파울로 코엘료Paulo Coelho는 내가 정말 좋아하는 작품 『연금술사』에서 이런 소회를 전한다. "자신이 원하는 것을 얻을 수 있을지도 모른다는 생각만으로 평범한 인간의 영혼에는 죄책감이 차오른다. 우리는 주변에서 자신이 원하는 것을 얻지 못한 사람들을 보고는 우리 역시 원하는 것을 얻을 자격이 없다고 느낀다. 여기까지 오기 위해 우리가 온갖 장애물을 극복하고 온갖 고통을 인내하고 온갖 희생을 감수했다는 사실은 잊어버린 채."

우리가 원하는 것을 요구하지 못하는 건 기대가 대부분 실망으로 이어진다는 사실을 평생에 걸쳐 학습했기 때문이다. 다 역사가 있는 두려움인 셈이다. 어느 날 잠에서 깼더니 원하는 것을 요구하는 법을 돌연 까먹어버린 게 아니다. 그보다는 다른 사람에게 내가 원하는 바를 요구하는 게 위험하다는 사실을 경험을 통해 터득한 것이다. 그래서 우리는 매번 "제가 알아서 할게요."라거나 "알겠으니 내 걱정은 마세요."라고 말한다. 도대체 왜? 여기에는 몇 가지 이유가 있다.

어떤 사람들은 생존을 위해 그럴 수밖에 없었다. 그들은 물질적인 면에서나 감정적인 면에서나 부모님의 지원이 없었기 때문에 자신의 힘만으로 인생을 헤쳐 나가야 했을지도 모른다. 집밖에서도 의지할 만한 친구가 없었을지도 모른다. 누군가에게 도움을 받아본 적이 없을 테니 무슨 일이든 혼자 해내는 법을 터득해야 했을 것이다. 세상에 기댈 사람이 그들 자신밖에 없었을 것이다. 설령 곁에 누군가 있었다 해도 그들의 필요를 채워줄 만큼 충실한 사람, 믿을 만한 사람, 안정된 사람은 아니었을지도 모른다.

또 어떤 사람들은 원하는 바를 요청했다가 호되게 거절당한 경험 때문에 독립심을 키울 수밖에 없었다. 그들은 괜히 원하는 것을 말했다가 일이 꼬인 적이 한두 번이 아니다 보니 요청하는 행위 자체를 두려워하게 됐을지도 모른다. 누군가랑 다투는 와중에 그 사람이 "내가 널 위해 해준 게 얼만데?"라는 식으로 쏘아붙이는 바람에 다시는 남에게 무언가를 요청하지 말아야겠다고 다짐했을지도 모른다.

이유가 무엇이든 다 일리가 있다. 따라서 청하기를 망설인다 한들 당신을 비난하고 싶지는 않다. 도움을 요청했다가 상대방 반응에 "아니, 대체 왜 저러는 건데?" 싶었던 적이 여러 번 있었던 나로서는 당신을 충분히 이해한다. 진심으로 공감한다. 당신이 실이라면 내가 바늘이나 마찬가지다. 하지만 그렇기 때문에 꼭 당부하고 싶다. 상황이 어떻든 더 많이 청하라고.

안타깝게도 아무리 타당한 이유를 가지고 있다고 한들 청하지 않는 삶을 살 때 생기는 피해와 손실이 줄어들지는 않는다. 더 많이 청하는 법을 깨우치지 못한다면 우리는 삶이 우리에게 내어주는 어떤 것도 우리 것으로 만들 수 없다. 삶이 우리에게 빚이라도 졌냐고? 그런 건 아니다. 하지만 삶에는 분명 우리가 향유할 수 있는 보물단지가 곳곳에 흩어져 있다. 그 보물단지를 손에 넣고 싶다면 반드시 기대하고 요청해야 한다. 성경 야고보서 4장 2절에는 이런 대목이 나온다. "우리가 가지지 못하는 것은 청하지 않기 때문입니다." 나는 이 구절을 툭하면 가슴 속에 되뇐다. 내가 해야 하는 일이 무엇인지, 내가 할 수 있는 일이 무엇인지 명확히 파악할 수 있기 때문이다. 결과는 신경 쓰지 않는다. 원하는 바를 청한 이상 내가 할 일은 다 한 것이기 때문이다. 그 밖의 문제는 하늘에 맡길 뿐이다.

모든 걸 혼자 해내야
한다는 착각

상담을 받고 나서야 나는 내가 강심장을 가진 것과는 별개로 더 많이 청하기를 두려워하는 사람임을 이해했다. 자상한 중년의 흑인 여성인 상담 선생님이(35세에서 65세 사이인데 딱 집어 말은 못하겠다. 흑인 여성들은 나이를 거스르는 데에다가 까만 피부는 생기를 잃는 법이 없으니까.) 내 인생에 대해 뭐라고 말씀하셨는지 지금부터 한번 알아보자.

나는 상담을 받으러 가기를 좋아한다. 돈만 주면 나를 구석구석 찢어발겨준다니 얼마나 즐거운 일인가. 이따금 상담을 받다 보면 나도 모르는 사이에 스트레스 때문에 지쳐 쓰러질 것 같다고 성토하고는 했다. 물론 나는 내가 직업적으로나 인간적으로나 해야 할 일을 어떻게든 해내는 사람이라는 사실에 자부심을 갖고 있었으며 스트레스 관리도 곧잘 해냈다. 하지만 지구를 어깨에 짊어진 아틀라스조차 얼마 뒤에는 어깨를 움츠리지 않았던가?

하루는 일 문제에 집 문제까지 겹쳐서 유독 스트레스를 크게 받은 날이 있었는데 상담 선생님이 이렇게 물었다. "남편 분한테 도움을 청해 보셨나요?"

> 나: 아뇨, 제 힘으로 해결해야죠. 남편한테는 또 본인이 해야 할 일이 있으니까 제 일은 제가 알아서 해야죠.

상담사: 왜요? 남편 분이 힘닿는 데까지 러비를 돕고 싶을 거라고는 생각하지 않으세요?

나: 돕고 싶겠죠. 사실 도와줄 게 없냐고 물어본 적도 있긴 해요.

상담사: 그럼 러비가 짊어진 짐을 좀 나눠 들어달라고 말해보는 게 어떨까요?

나: 음, 제가 알아서 한다고 말했으니까 뱉은 말은 지켜야겠다는 생각이 들어서요.

상담사: 왜 지치셨는지 이제 알겠네요. 남편 분도 상황을 파악하고는 도와주겠다고 제안했는데 러비가 허락하지 않았으니까요. 그런 태도가 러비의 삶에 어떤 영향을 미칠까요?

나: 일단 제가 좌절하겠죠. 실상은 도움이 필요한데 거절해버렸으니까. 또 남편도 답답하겠죠. 그이도 절 진심으로… 아, 지금 제가 직접 답을 찾게 해주시려는 거군요!

상담사: (빤히 쳐다본다)

나: 선생님 말이 맞아요. 제 불찰이네요.

상담사: 혹시 자기가 도움을 받을 자격이 없다고 생각하나요?

그 순간 머리가 펑 하고 터져버리는 것 같았다. 이때부터 우리는 내가 어째서 모든 짐을 혼자 짊어지기로 선택했는지, 어째서 다른 사람들이 돌멩이를 짊어지고 다닐 때 혼자 바위덩어리를 짊어지고 다니게 됐는지 탐구하기 시작했다. 그 이유는 한편으로는 내가 모든 문제를 처리할 수 있으리라 과신했기 때문이고 또 한편으로는 나보다 도움이 절실한 사람들이 많으니 내가 도움을 받을 자격이 없다고 생각했기 때문이다. 그러는 동안 내 허리가 부러지고 있었다. 다른 사람들에게 짐을 보태느니 차라리 그편이 낫다고 생각했던 것이다.

좀 더 자세히 파고들어볼까? 나는 늘 책임을 지는 사람으로서 내 자신의 말과 행동에 깊은 책임감을 느꼈다. 일곱 살 소녀일 때도 어른들이 말하지 않아도 알아서 공부를 하고 숙제를 하는 아이였다. 성적은 늘 A였고 혹시라도 B를 받으면 남들이 뭐라 말하기도 전에 스스로를 질책했다.

나는 사람들을 걱정시키고 싶지 않았다. 세상은 이미 예측 불가능한 난장판인데 나까지 나서서 주변의 사랑하는 사람들에게 불안함과 속상함과 압박감을 안겨줄 필요는 없었다. 내가 슈퍼히어로가 된다면 아마 그 이름은 '독고다이우먼'이 되지 않을까. 난 다른 사람의 도움은 필요로 하지 않았다. 열일곱 살 이후로는 엄마를 비롯한 누구에게도 금전적인 지원을 받은 적이 없었다. 그리고 나는 이런 내 모습을 오래도록 자랑스럽게 여겼다.

누구에게도 짐이 되지 않겠다는 고집은 주변 사람들이 괜찮은지 늘 확인해야겠다는 의무감으로 이어졌다. 나는 잘 지내고 있으니 주변 사람들도 잘 지내도록 도와야겠다고 느꼈던 것이다. 그렇게 나는 도움을 주기만 할 뿐 절대 청하지 않는 사람이 됐다. 바로 그게 문제의 핵심이었다.

세상의 모든 주는 자에게 격려를 보낸다. 우리는 우리가 다른 사람들에게 얼마나 많은 걸 줄 수 있는지를 가지고 스스로를 규정한다. 관대함이 우리의 핵심가치라는 사실에 뿌듯함을 느낀다. 하지만 주는 자는 대개 받는 자가 되는 데 서투르며 이는 큰 약점이다.

세상에는 남에게 옷이라도 벗어줄 정도로 관대하지만 정작 칭찬 하나도 제대로 받을 줄 몰라서 어떤 식으로든 보답해야 한다고 생각하는 사람들이 많다. 나 역시 주는 자로서는 아직도 성장 중이다. 과거에는 도움을 청할 줄도 몰랐고 신세진다는 느낌 없이 선물을 받을 줄도 몰랐다는 뜻이다.

받는 법을 모르는 채 주기만 하는 사람이라면 자신의 동기를 점검할 필요가 있다. 다른 사람이 우리에게 관대함을 나타내려 할 때 기회를 허락하지 않는 것은 사실 그 사람에서 온전한 사랑을 나타낼 기회를 빼앗는 것이나 마찬가지다. 우리는 "내가 그 사람을 위해 이런 일을 했어!"라는 생각이 들 때 정말 행복하다. 그런데 어째서 다른 사람들이 칭찬이나 선물이나 시간을 내주려 할 때는 그런 행복을 누리지 못하게 가로막는 걸까?

무엇도 받지 않는 채 주기만 한다면 그건 사실 자신도 모르는 사이에 자존심을 앞세우고 있는 걸지도 모른다. 마음속 깊은 곳에서는 감사하다는 말을 듣고 싶은 것이다. 무의식적으로는 늘 "이거 받으세요."라고 말할 수 있는 위치에 있고 싶은 것이다. 그런 사람은 주는 일의 기쁨을 독차지하고 싶어 한다. 한편 관대하게 베푸는 태도의 이면에는 자신의 취약한 모습을 숨기려는 의도가 있을 수 있다. 항상 베풀기만 할 뿐 도움을 구하지 않으면 연약한 사람으로 비춰질 일이 없으리라 생각하는 것이다. 아니면 누구든 다른 사람의 도움을 받을 자격이 있음을 이해하지 못하고 있을지도 모른다. 도움을 청하는 게 다른 사람을 이용해먹는 것처럼 보일까 봐, 누군가의 지원 없이 아무것도 못 하는 사람처럼 보일까 봐 두려운 것일지도 모른다. 만약 관대함의 이면에 이런 본심이 숨어 있다면 큰 문제이다. 자기 자신은 물론 주변 사람들에게도 솔직하지 못한 것이기 때문이다.

보통 정신없이 위기 속에 휘말리고 나서야 "나 좀 도와줘요."라는 말이 입 밖으로 나온다. 그리고 그처럼 위기에 압도당한 순간에는 이미 본인의 능력을 한계까지 끌어 썼을 것이기 때문에 남에게 내줄 게 없을 가능성이 높다. 따라서 정말로 도움이 필요한 상황이라면 당장 우리가 무엇을 되갚아줄 수 있는지 생각하는 건 말이 안 된다. 물에 잠겨 죽을 정도가 되어야지만 손을 들어 도움을 요청할 자격이 생긴다고 생각할 필요도 없다.

상대방에게 부채감을 느끼지 않으면서도 얼마든지 도움을 받을 수 있다는 사실을 깨닫고 나니 내 삶은 훨씬 자유로워졌다. 물론 이 면에서는 아직도 발전해야 할 점이 많다. 하지만 적어도 이제는 도움을 받을 때 진심을 담아 감사하다는 말을 건 넬 줄 안다. 반대로 내가 도움을 줄 때도 상대가 나에게 빚을 지는 게 아님을 이해한다.

감사하게도 나는 가족과 친구와 이웃 덕분에 도움을 청하고 받는 게 잘못된 일이 아니라는 사실을 몸소 느꼈다. 내가 사랑하는 사람들이 날 위해 발 벗고 나서서 곁을 내주고 시간, 돈, 에너지, 조언을 아끼지 않았기 때문에 나는 도움을 받는 경험을 체험할 수 있었다. 그들은 사랑으로 나를 무장해제 시키고 내가 청하기도 전에 내게 도움을 베풀어줬다. 그들의 사랑 덕분에 나는 필요한 게 있을 때 도움을 청하면 된다는 사실을 배웠다.

그들은 자애로운 행동이 그 자체로 의미가 있으며 그 의미가 너무나 깊기 때문에 내가 아무리 되갚아주려 애를 써도 그에 온전히 상응하는 보답을 할 수는 없음을 가르쳐줬다. 우리가 사랑을 주고받는 데에는 등가교환 같은 게 존재하지 않는다. 예컨대 누군가 당신에게 신장을 내어줬다고 해서 곧바로 당신 폐를 내어줄 수는 없다. 도움을 주고받는다는 건 그런 게 아니다.

실제로 나는 말문이 턱 막힐 정도로 귀중한 선물을 받은 적이 여러 차례 있었다. 한 예로 친구들이 열어준 결혼 전 파티를 생각해 보자. 친구 아홉 명이 나를 일등석 비행기에 태워 앵걸라로 데려갔다. 그 낙원 같은 곳에서 나는 아무것도 신경 쓸 필요 없이 6일 동안 여행을 즐겼다. 친구들은 사소한 것 하나하나

놓치지 않고 준비해뒀다. 심지어 이번 여행을 기념하려고 웹사이트도 만들었고 '#새댁러비'라는 해시태그도 사용했다.

여행은 요란하고 화려하고 사치스러웠다. 나는 형편이 넉넉하지 않아 친구들과 침대 하나를 나눠 쓰던 여행을 떠올렸다. 미래일기에 포시즌스 호텔에 묵는 걸 꿈으로 적었던 시절도 떠올렸다. 그랬던 내가 지금 이곳에 실제로 와 있었다. 그리고 이 모든 건 친구들이 내게 이런 경험을 선사해 주겠다고 고집한 덕분이었다.

아홉 명이나 되는 사람이 내게 그렇게나 많은 시간, 돈, 에너지, 애정을 기울일 생각을 해주다니 난 너무나 감사했다. "자기가 도움을 받을 자격이 없다고 생각하나요?"라는 상담 선생님의 질문이 다시 떠올랐다. 6일 간의 여행 내내 "와, 내가 이럴 가치가 있는 사람이라고?" 싶었기 때문이다. 이번 경험을 통해 나는 다른 사람에게 도움을 받을 때마다 빚을 지는 느낌이 드는 건 은연중에 내가 그럴 만한 가치가 없는 사람이라고 생각했기 때문임을 깨달았다.

그처럼 거창한 선물을 되갚아줄 엄두가 나지 않았다. 그래서 나는 그저 선물을 온전히 즐기면서 고마워하는 수밖에 없었다. 사실 누군가가 나를 위해 작든 크든 도움을 베풀어야 할 의무는 없다. 그럼에도 내가 순전히 나라는 이유만으로 선물이나 사랑을 받을 수 있다는 건 실로 엄청난 깨달음이었다. 그러니 사람들이 우리에게 관대함을 나타낸다면 그들의 애정을 있는 그대로 받아들이자. "나한테 왜 이런 걸?"이라고 생각하며 의심하려 하지 말자. 나라고 안 될 이유가 무엇인가?

우리가 할 수 있는 건 계속 친절하고 너그러운 사람이 되려고 애쓰는 일밖에 없다. 그 와중에 도움이나 선물을 받는다고 해서 서둘러 거절하지 말자. 당신이 당신이라는 이유만으로 그런 호의를 받을 자격이 있음을 기억하자.

하루는 남편이 사실상 상담 선생님을 접신하기라도 한 듯 나에게 내 인생 이야기를 쭉 읊어줬다. "당신이 그렇게나 너그러운 마음을 가진 건 다른 사람들이 당신이 겪은 고통을 똑같이 겪지 않기를 바라기 때문인 것 같아. 그런데 충고 하나 하자면 다른 사람 도움이 필요 없다는 말은 그만했으면 해. 당신이 다른 사람한테 도움을 구하는 사람이 아니고 무슨 일이든 혼자 해내는 사람이라는 말도 그만했으면 해. 그런 말을 너무 자주 하거든. 그때마다 내가 느끼는 건 당신이 남의 도움을 받지 않는 걸 무슨 업적이나 훈장처럼 여기는 것 같다는 점이야. 우리가 무슨 생존 경쟁이라도 하는 거라면 모르겠지만 사실 우리 삶이 그런 게 아니잖아."

내 머리카락이 머리 가죽 속으로 말려들어가는 기분이었다. 누가 한 말이 정곡을 제대로 찔러서 머릿속에 "근데 저 말이 맞잖아."라는 생각만 맴돌 뿐 입도 뻥긋하지 못하는 기분을 아는가? 남편 말을 들었을 때 내가 느낀 기분이 그랬다. 난 스스로를 누구의 도움도 필요로 하지 않는 사람으로 규정하고 있었다. 대체 뭘 바라고 그렇게 스스로를 혹사했던 걸까? 순교자라도 되고 싶었던 걸까?

물에 빠져 허우적거리는 순간에도 도움의 손길을 요청하는 대신 혼자 힘으로 해결하려고 고집할 때 우리가 얻는 게 뭘까? '남의 손 빌리지 않은 인생' 표창장이라도 받고 싶은 걸까? 그게 무슨 의미람. 브레네 브라운Brené Brown은 이렇게 말했다. "다른 사람들에게 인공호흡을 해주겠다고 자기 숨을 헐떡이는 삶은 전혀 영웅적인 삶이 아닙니다. 억울해서 숨이 막혀 죽을 삶이죠." 암, 그렇고말고.

우리는 결코 자신이 도움을 필요로 하지 않는 사람이라는 점이나 자신이 많은 도움을 줄 수 있는 사람이라는 점에서 자신의 정체성을 찾으려 해서는 안 된다. 그렇다면 아무것도 줄 것이 없을 때는 어떡할 건가? 그때 우리는 끔찍한 사람이 되는 걸까? 인생의 나침반을 잃게 되는 걸까? 모자란 사람이 되는 걸까?

아무것도 청하지 않고 아무것도 받을 줄 모르는 사람은 본인에게 주어지는 축복마저 내치게 될지도 모른다. 비단 도움이 필요할 때만 그런 게 아니다. 원하는 것을 기대할 줄 모르고 더 많이 청할 줄을 모르면 응당 받아야 할 것보다 적게 받을 수밖에 없기 때문이다. 당신이 나서지 않으면 사람들은 최소한의 것만 내주려 할 것이다. 때로는 당신이 "나서서" 최소한의 것만 요구할 때도 있다. 과하게 까다롭게 굴거나 욕심을 부리기가 두렵다 보니 상대방이 처음에 제안하는 대로 군말 없이 받아들이는 것이다.

가끔은 떼를 쓰는 것도 도움이 된다

우리 집안은 대대로 떼쓰기의 달인들이 모여 있다. 할머니 역시 그런 분이셨다. 떼쓰기란 만족할 때까지 청하고 또 청하는 행위를 가리킨다. 그랬던 내가 왜 미국에 와서는 가문의 비기를 잊어버렸던 걸까? 나는 일자리를 구할 때도 마치 나이지리아 시장에 간 사람처럼 "원하는 게 있다면 청하고 또 청해라."라는 모토에 따라 행동해야 했다. 설령 상대가 처음에 거절 의사를 밝힌다 해도 그게 진심이라는 법은 없다. 계속 청해라. 그렇게 할 때 딱 원하는 것을 얻지는 못하더라도 그에 근접이나마 할 수 있다. "적어도 시도는 했잖아."라고 말할 수 있는 삶인 셈이다.

할머니는 미국에 오실 때면 꼭 시카고에 있는 벼룩시장에 데려가 달라고 부탁하셨다. 특히 나한테 그런 부탁을 하신다는 건 온갖 잡다한 물건을 한가득 사실 테니 손을 빌려달라는 의미였다. 카트도 하나 더 밀어드려야 했고 말이다.

내가 막 고등학교에 들어갔을 때 케이스위스 운동화가 한창 유행이었다. 물론 맺고 끊는 게 확실하셨던(그리고 신발에 75달러나 쓸 여력이 없는 싱글맘이셨던) 우리 엄마는 운동화를 사줄 생각이 없으셨다. 게다가 내 일주일 용돈이 5달러쯤 됐으니 용돈을 모아서 사려고 했다가는 한참이 걸릴 게 뻔했다.

그런 와중에 할머니께서 오셔서 나는 할머니랑 같이 커다란

창고 형태의 벼룩시장에 갔다. 솔직히 시장에 들어서는 순간 숨이 턱 막혔다. 300평 넘는 공간에 온갖 잡동사니가 정신없이 흩어져 있는데 그 사이를 뒤지고 다녀야 한다니. 생지옥이 있다면 딱 이런 모습 아닐까? 나는 모든 죄를 씻고 성녀가 되겠다고 마음먹었다. 지옥이 이런 곳이라면 난 절대 거기 가고 싶지 않았으니까.

거의 1시간 반을 헤집고 다니다 보니 새하얀 케이스위스 운동화 한 켤레가 눈에 띄었다. 줄무늬가 다섯 개 그어져 있고 흰색 끈이 달린 적당한 크기의 신발이었다. 이거 실화야!? 이보다 더 운이 좋을 수 있을까! 운동화가 눈에 넣어도 아프지 않을 만큼 맘에 들기 시작했다. 사실상 목이 긴 양말에 고무창을 덧댄 디자인인 데에다가 그마저도 풀칠이 제대로 안 된 느낌이었지만 상관없었다.

할머니는 신이 난 내 모습을 보시고는 운동화를 카트에 집어넣으라고 말씀하셨다. 어차피 집까지 들고 갈 수 있을 리가 없으니 기대감을 올리지 않으려 애썼다. 너무 비쌀 게 분명했다. 그럴 거라 확신했다. 계산대에 운동화를 올려놓으니 25달러가 나왔다. "역시 그렇지. 할머니가 빼버릴 게 뻔해."라고 생각했다. 하지만 할머니가 말했다. "선생님, 이거 제 손녀딸한테 주고 싶은데요. 부탁드리는데 10달러에 어떻게 안 될까요?" 거의 손에 들어올 뻔한 신발을 조용히 애도하던 난 "할머니 미쳤나 봐!"라고 생각했다.

근데 혹시 내가 얘기해줬나? 할머니가 어떻게 하셨는지 결국 신발을 8달러에 가져가고야 마셨다는 걸? 대체 무슨 주문을 외우신 거야? 게다가 계산대 옆에 있던 머그잔까지 공짜로 얻으셨다. 기적을 눈앞에서 목격한 기분이었다. 이런 슈퍼우먼 같으니! 청하라, 그러면 주어질 것이니. 요청을 들어주리라 확신하면서 과감히 청해라.

나는 운동화가 다 떨어질 때까지 신고 또 신었다. 운동화를 버릴 때쯤에는 줄무늬가 다섯에서 둘로 줄어들었을 정도였다. 하지만 정말 중요한 건 용기를 내서 청하는 법을 배웠다는 점이다. 당신이 원하는 것을 청해라. 세상이 생각지도 못한 "그래요."를 내줄지도 모르니까.

잠깐 성구 하나를 빠르게 소개해 주겠다. 마태 7장 7절이다. "계속 청하십시오. 그러면 받을 것입니다. 계속 찾으십시오. 그러면 찾을 것입니다. 계속 두드리십시오. 그러면 열릴 것입니다."

만약 우리가 친절한 태도와 부드러운 미소로 원하는 것을 얻을 수 있으리라 확신한 어느 나이지리아 할머니의 용기를 본받는다면 또 어떤 일이 생길까? 산이라도 움직일 수 있지 않을까?

다른 사람들 기분을 맞춰주려고 절대 덜 원하지 마라. 더 많이 청하고 싶은 마음을 죽이겠다고 자신의 욕구를 단순화하지도 마라. 당신이 원하는 바로 그것을 원해라. 그리고 그것을 청해라. 거절을 당한다고 죽지는 않을 것이다.

더 많이 청해라. 실망할까 봐 두려워서 원하는 것을 포기하는 건 시작도 전에 실패를 택하는 것이나 마찬가지이기 때문이다. 결국 자신이 예견한 대로 이루어질 것이다. 상사가 승진을 시켜주기를 원하든 배우자가 더 많이 지원해 주기를 원하든 친구가 더 많은 관심을 가져주기를 원하든 우리가 원하는 바를 청하지 않는다면 "그래요."를 들으려고 시도해 보기도 전에 "아니요."를 선택하는 것이다. 설령 "아니요."라는 답을 들어도 우리는 아무것도 잃는 게 없다. 하지만 "그래요."라는 답을 듣는다면 우리가 원하는 목표에 더 가까워질 것이다.

두려움 때문에 현실에 안주한다면 속으로는 애초부터 실망할 일이 없을 거라고 생각하겠지만 결국에는 당신 본인이 제자리걸음을 선택했음을 깨닫게 될 것이다. 당신이 원하는 목표가 저 멀리 그대로 놓여 있을 것이기 때문이다. 요청을 거절당한다고 죽지는 않는다. 오히려 요청이 받아들여진다면 위기에서도 살아남을 수 있다.

내가 원하는 것을 요청할 용기를 냈을 때 내 삶은 달라졌다. 나는 사람들에게 내가 싫어하는 일을 멈춰달라고 요청할 용기를 냈다. 같이 일하는 사람들에게 내가 받아 마땅한 것을 달라고 요청할 용기를 냈다. 남편에게 내가 사랑받고 있다는 느낌을 받기 위해 필요한 것을 요청할 용기를 냈다. 친구들에게 내가 울고 싶을 때 기댈 어깨를 내어달라고 요청할 용기를 냈다. 우주에게 혹은 신께 내가 도저히 가질 수 없을 것만 같은 것들을 갖게 해달라고 요청할 용기를 냈다.

"입을 닫고 있으면 아무도 밥을 떠먹여주지 않는다."라는 말을 들어본 적 있을 것이다. 진부한 말이지만 맞는 말이기도 하다. 우리는 사람들이 우리를 무시할까 봐 입을 닫는다. 자신이 부탁할 만한 처지가 아니라고 생각하기 때문에 입을 닫는다. "아니요."라는 답을 들을까 봐 입을 닫는다. 하지만 내 삶은 내가 입을 여는 법을 배웠을 때 완전히 바뀌었다.

물론 내가 더 똑똑해지거나 귀여워지거나 조용해지거나 시끄러워지거나 흥미로워진 것은 아니다. 하지만 나는 취약한 모습을 보이는 걸 더는 두려워하지 않으며 도움이 필요할 때 도와달라고 말할 수 있다. 나 자신이 "아무도 걱정시키지 않는 사람"이라는 강박에서 벗어났다. 인생이란 다른 사람이 우리를 밟고 날아오를 수 있도록 한계 이상의 짐을 지는 과정이 아님을 겸허히 인정한다.

내가 더 많이 청하기 시작했을 때 어떤 일이 벌어졌는지 아는가? 마법 같은 일이 벌어졌다. 사람들이 정말로 더 많이 내어주기 시작한 것이다. 내가 사람들에게 전하고 싶었던 사랑은 더 큰 사랑이 되어 돌아왔다. 내가 이 세상을 홀로 헤쳐 나가는 게 아니라는 사실을 깨달으면서 더 단단한 사람이 됐다. 사람들에게 나를 위해 나서줄 기회, 주는 일의 기쁨을 누릴 기회를 허락했기 때문에 내가 사랑받고 있다는 느낌도 더 강해졌다. 내가 꿈꾸던 일들 혹은 기대조차 하지 못했던 일들이 실제로 벌어지는 걸 보면서 자신감도 더 커졌다.

9장

내 몫을 챙기는 게
왜 부끄러워

우리는 욕심쟁이로
보이기를 두려워한다

　내가 마지막으로 다녔던 직장은 마케팅 부문 비영리 기구였다. 나는 마케팅 조정자로서 다른 비영리 기업의 의뢰를 받아 이야기를 잘 풀어내는 법을 가르치는 일을 했다. 그 당시에는 내게 꿈의 직장이었다. 지원서를 넣고는 제발 면접 기회가 주어지기를 간절히 기도했던 기억이 난다. 물론 면접을 보러 오라는 연락이 왔고 끝내주게 잘 봤다. 2008년 9월 마침내 이메일로 연봉 제의가 왔다. "초봉은 3만 5,000달러입니다." 이런, 4만 달러는 받을 거라고 기대했는데. 하지만 내가 뭐라고 그런 욕심을 부릴 수 있겠나? 난 바로 답장을 보내 일자리를 수락했다.

　난 아무런 협상도 할 생각을 못 했다. 2주짜리 유급 휴가를 달라는 얘기도 못 했고 1년 뒤에 5퍼센트만 연봉 인상을 고려해 줄 수 있냐고 묻지도 못했다. 물론 비영리 회사가 돈을 안 주기로 악명 높은 건 잘 알고 있다. 하지만 지나고 보니 일반적으로는 예산 여유가 그 정도로 없지는 않더라. 지금의 나로서는 알 건 다 안다. 그때 난 돈을 더 달라고 요구했어야 했다.

　이 책에서 딱히 건질 게 없다 싶으면 딱 이거 하나만 기억해라. 구직 협상을 할 때는 꼭 적극적으로 협상에 참여해라. 저쪽에서 하는 제안이 아무리 좋아보여도 상관없다. 항상 더 많이 청해라. 여기에는 몇 가지 이유가 있다.

1. 누구도 당신에게 자선을 베풀려고 당신을 고용하지는 않는다. 그런 사람이나 회사는 하나도 없다. 당신이 고용된 이유는 당신이 유용한 기술을 가지고 있기 때문이다. 고용주는 그 기술이 필요해서 당신을 고용하는 것이다.

2. 협상을 하는 게 맞는 일이다. 협상을 하지 않는 게 오히려 통상적인 관례에 어긋나는 일이다. 기업 환경에서는 협상 과정이 필수적인 절차 중 하나이다. 당신은 당신이 받아 마땅하다고 생각하는 것은 언제든 요구할 권리가 있다. 상대가 어떤 답변을 내놓을지는 당신이 신경 쓸 일이 아니지만(당신이 통제할 수 있는 문제가 아니다) 요구 자체는 온전히 당신 소관이다(당신이 통제할 수 있는 문제다). 그러니 항상 요구하고 또 요구해라.

3. 사측에서 처음 제안하는 내용은 당신 입장에서 최선의 제안이 아니다. 그들이 특정 금액을 제시했다는 건 무조건 수중에 그보다 많은 돈을 가지고 있다는 뜻이기 때문이다. 당신에게 처음 제시된 금액은 절대로 당신이 받을 수 있는 최고의 금액이 아니다. 사측에서 4만 달러를 제시했다? 당신한테 쓸 예산이 4만 5,000달러는 존재한다는 뜻이다. 7,000달러를 더 달라고 요구해라. 그러면 사측에서 알아서 적당한 타협점을 맞춰줄 것이다. 너무한 거 아니냐고? 이해한다. 그럼 4번을 기억해라.

4. 더 많은 돈(혹은 더 나은 복지)을 요구한다고 해서 사측에서 고용 의사를 바로 철회하지는 않는다. "좀 더 받고 싶은데요."라고 말한다고 해서 "더 이상 귀하를 원치 않습니다."라는 대답이 돌아오지는 않는다. 물론 협상 제의를 했다가 상대방 기분이 상해서 채용이 아예 무산될까 봐 불안해하는 건 이해한다. 하지만 잘 기억해라. 인재를 스카우트하고 채용해서 팀을 짜는 건 회사 입장에서 당연히 돈이 많이 드는 일이다! 당신이 연봉을 제시하는 순간 그 모든게 무산될까 봐 두렵다면 1번을 다시 기억해라. 사측에서는 당신에게 자선을 베풀려고 당신을 고용하는 게 아니다. 그들도 당신이 필요하다. 게다가 인사담당자도 새로운 사람을 찾는 데 시간과 비용이 추가로 소모된다는 걸 잘 안다. 웬만하면 백지 상태부터 다시 시작하고 싶어 하지 않는다. 그가 당신을 골랐다는 건 당신을 적임자로 생각했다는 뜻이니 당신을 쉽게 떠나보내고 싶지 않을 것이다. 회사에서도 당신이 필요하다. 당신이 필요하다. 그러니 더 많이 청한다고 일자리를 놓칠 거라는 두려움을 떨쳐내라. 그런 일은 없을 것이다.

5. 한 번은 어떤 친구가 입사 지원자에게 연봉 제의를 했는데 상대가 그 제의를 고민도 없이 덜컥 승낙했다고 한다. 친구 반응은 이랬다. "아니, 왜 돈을 더 달라고 안 하는 거지? 1만 5,000달러까지는 더 줄 생각이 있는데." 혹시 "왜

진즉에 가진 패를 다 꺼내 보이지 않는 거지? 그게 공정한 거 아닌가?"라는 생각이 드나? 어휴. 그건 사업이 공정함 만으로 돌아갈 때 얘기다. 하지만 실상은 그렇지 않다. 그러니 당신도 주어진 역할에 맞게 협상에 참여해 "이걸로는 안 되는데요. 좀 더 주시죠."라고 말해야 한다. 그러면 상대도 "좋아요. 좀 더 짜낼 수 있겠네요."라는 대답을 듣고 돌아올 것이다. 나는 일자리를 알아볼 때 더 많이 청해도 된다는 사실을 한 번도 배운 적이 없었다. 부딪히다 보니 그래도 괜찮다는 사실을 직접 깨달았다.

우리가 커리어를 시작하면서 수락한 금액은 꼬리표처럼 남는다. 내가 아무 불만 없이 받아들였던 3만 5,000달러 역시 이후 그 회사에서 받게 될 금액에 계속 영향을 미쳤을 것이다. 3만 5,000달러에서는 5퍼센트 연봉 인상을 따내도 1,750달러가 늘어난다. 1년 뒤 총 3만 6,750달러를 받게 되는 것이다. 하지만 애초부터 협상을 거쳐 4만 달러로 시작했다면? 5퍼센트 연봉 인상을 받으면 2,000달러가 늘어나 4만 2,000달러를 받게 될 것이다. 내가 원하는 금액을 요구하기만 했다면 1년 뒤에 똑같은 회사에서 똑같은 일을 하면서 5,000달러 이상의 이득을 볼 수 있었다는 뜻이다. 더 많이 청하지 않는 태도는 결국 금전적인 손해로 직결된다. 침묵을 지키는 데는 대가가 따르며 그건 이 경우에도 마찬가지다.

1년에 3만 5,000달러 이상을 달라고 요구할 줄도 모르던 내가 이제는 일 한 건을 하는 데 같은 금액을 요구할 줄 알게 됐다. 변화의 비법이 무엇이었냐고? 시장을 철저히 조사하고 잘 준비한 다음 머릿속 목소리가 선을 넘고 있는 거라고 경고하든 말든 내가 원하는 금액을 요구했다. 때때로 가면 증후군이 "네가 뭐라고 그런 요구를 하는 거야?"라고 지껄여도 무시했다. 우리 엄마가 10년 일해서 번 돈을 내가 1년 만에 벌 수 있다는 사실에 이유 없는 죄책감이 들어도 무시했다.

내가 어이가 없어서 헛웃음이 나올 만큼 큰 금액을 받을 수 있게 된 건 다 내가 협상을 시도한 덕분이다. 협상하는 법을 가르쳐주는 책은 널리고 또 널렸다. 그중 하나를 읽어보는 게 어떨까? 그때까지는 내 핵심 요약 노트를 참고해 보자.

1. 업계를 조사해라. 같은 업계 사람들은 주로 얼마를 받고 있을까? 그 답을 알아낸다면 협상 자리에서 유리한 고지를 차지할 수 있을 것이다. 그 정보가 당신에게 힘이 되어줄 것이다.

2. 당신이 받아 마땅한 금액, 더 많은 금액을 요구한다고 해서 탐욕에 빠지는 게 아님을 기억해라.

3. 끝에 물음표가 아니라 느낌표를 붙여서 원하는 금액을 얘기한 뒤 입을 닫아라. 느낌표를 붙이라는 건 얼마를 원

하느냐는 질문을 받았을 때 "음, 혹시 5만 달러는 어떨까요?"라고 대답하지 말고 "5만 달러 아니면 안 돼요!"라고 대답하라는 뜻이다. 절대 말끝을 올려서 질문을 한다는 인상을 주지 마라. 통보가 아니라 질문을 하면 본인조차 자신의 가치에 확신이 없다는 인상을 주기 때문에 상대방도 당신의 가치에 의문을 품을 수밖에 없다. 자신감을 가지고 원하는 금액을 얘기한 뒤 아무 사족도 달지 마라. 그저 가만히 앉아 대답을 기다려라. 그 타이밍에 말을 더 꺼내봐야 괜히 혓바닥이 긴 게 아닐 거라는 인상만 줄 것이다. 원하는 금액을 얘기하기 전에 이미 자신의 가치는 충분히 설명했을 테니 공은 상대방 손에 넘어갔다는 사실을 기억하면서 침착하게 기다리자.

인사담당자로 활동하고 있는 친구들 말로는 원하는 금액을 얘기한 뒤 5초 정도는 침묵을 지키는 데 성공하는 사람들이 있다고 한다. 하지만 5초 이내로 대답이 돌아오지 않으면 그들은 혼자 화들짝 놀라서는 "아니다. 괜찮아요. 좀 낮게 받아도 될 거 같아요."라고 말한다. 도대체 왜? 제발 그러지 마라. 물론 상대방이 아무 말도 없으면 그 자리가 불편할 수 있다. 하지만 그렇다고 당신이 원하는 금액을 물리지 마라! 그만한 이유가 있어서 제시한 금액이지 않는가. 상대방에게 머릿속으로 계산기를 두들길 시간을 줘라.

싼값에 일하는 건
자랑이 아니다

협상을 통해 더 많은 돈을 따내려고 노력하는 한편 싼값에 일하는 걸 본인의 강점으로 여기지 않도록 주의해라. 싼값에 일하는 걸 절대 비교우위로 삼아서는 안 된다. 당신이 다이소 매장도 아니고 헐값에 모든 걸 내줄 필요는 없다. 나는 절대 가장 저렴한 선택지가 되고 싶지 않으며 설령 사실이 그러해도 그걸 일자리를 구하는 데 써먹지는 않을 것이다. 왜냐고? 내가 상대방에게 어떤 가치가 있는지 잘 알고 있고 그만큼의 돈을 받을 권리가 있기 때문이다.

당신의 가치는 얼마나 일을 싼값에 해줄 수 있느냐가 아니라 얼마나 일을 잘할 수 있느냐에 달려 있다. 당신이 일을 잘한다면 그 일에 걸맞은 보수를 받을 필요가 있다. 만약 상대가 그만한 보수를 못 주겠다고 한다면 그건 어떻게든 돈을 아껴보겠다는 심산이거나 값이 싼 사람을 구하겠다는 얘기다. 당신이 바로 그 값이 싼 사람이 될 필요는 없다.

속도, 질, 가격이라는 개념을 들어본 적 있을 것이다. 고용주나 구매자 입장에서는 그중 둘밖에 고를 수 없다. 셋 다 좋은 경우는 존재할 수 없다. 만약 어떤 서비스가 속도가 신속하고 가격이 싸다면 질은 그리 좋지 않을 것이다. 질이 좋고 가격이 싸다면 속도가 그리 빠르지 못할 것이다. 속도가 빠르고 질이 좋다면 가격이 쌀 리가 없을 것이다.

사람들은 셋 다 좋기를 기대하는데 내 입장에서는 "그게 가능하기는 해?" 싶다. 많은 경우 사람들은 질 대신 가격을 택한다. 그러다 보니 마이크로소프트 클립아트 수준의 로고가 나오는 것이다. 혹시 세 방면에서 전부 뛰어난 사람이 있다면 그건 그 사람이 평가절하를 당한 것이다. 일을 빠르게 잘 처리하는 사람이라면 절대 값이 싸서는 안 되기 때문이다.

우리는 종종 우리가 원하는 금액보다 적은 금액을 제시받아도 흔쾌히 받아들이고는 한다. 그 돈이라도 포기하고 돌아서는 게 두렵기 때문이다. 우리는 "100달러는 받아야 하지만 상대는 20달러밖에 없는 걸. 0달러보다는 나으니 20달러라도 받아야겠어."라고 생각한다. 착각도 유분수다. 그 제의를 받아들이는 순간 당신은 당신의 가치가 20달러라고 선언한 것이나 다름없다. 상대는 20달러에 당신을 이용한 걸 기억하고는 다음에도 100달러를 준비하지 않은 채 당신을 찾아올 것이다.

물론 중요한 대의를 위해 재능을 기부하거나 상황에 따라 낮은 요율을 수락하는 경우도 있을 수 있다. 하지만 주문을 외듯 명심해라. 성공은 당신이 수고한 대가로 당신이 요구한 금액을 받는 데 달려 있다. 일을 한 대가로 충분한 돈을 지급받을 때 비로소 당신에게는 공공선을 위해 일하는 비영리 조직이나 당신의 도움이 필요한 아이들에게 시간을 투자할 여유가 생긴다.

사람들은 돈 대신 세상에 노출할 기회를 주겠다고 제안할 때가 많다. 하지만 그걸 가지고는 대출금을 갚을 수도 없고 신상 구두를 살 수도 없다.

지금 이 순간에도 많은 브랜드 회사가 인플루언서에게 메일을 보내 "노출할 기회"를 줄 테니 홍보를 부탁한다고 제안한다. 정작 그들이 수백만 달러를 들여 계약한 에이전시는 바탕체로 브랜드 이름을 찍 써놓고는 "미니멀리즘"을 표방하는 담백한 로고랍시고 던져주는데 말이다.

내가 최대 규모의 소식지에 기사를 써줘도 노출할 기회로 보수를 주겠다는 건 사실상 자기들 트위터에 내 계정을 태그해줘서 팔로워나 좀 늘려주겠다는 얘기나 마찬가지다. 그런 뻔뻔한 태도를 접할 때마다 머리가 띵한 기분이다. 그래, 어디 한번 제안해봐라. 내 대답은 늘 "절대 안 돼요."일 테니까.

언젠가 유럽에서 열리는 테크 컨퍼런스에서 강연을 해달라는 메일을 받은 적이 있다. 우리 에이전시에서는 늘 하던 대로 강연료에 더불어 비행기랑 호텔 예약이 가능한지 물어보았다. 컨퍼런스 측에서는 강연자에게 강연료나 출장 경비를 지급하지는 않는다며 그 대신 "홍보 효과는 톡톡히 보실 것"이라고 말했다. 나는 생각했다. "어, 그쪽이 날 찾은 걸 보면 세간에 노출은 충분히 된 것 같은데요. 먼저 연락한 건 그쪽이라고요!" 규모가 굉장히 큰 데에다가 잘나가는 남자들도 참여하는 컨퍼런스였기 때문에 난 정말 아무한테도 돈을 주지 않는 건지 의심이 들었다.

나는 사업·기술·미디어 부문 가장 영향력 있는 여성 250명에 속한다. 이 커뮤니티는 '더리스트TheLi.st'라 불린다. 일적인 문제든 개인적인 문제든 우리는 서로 많은 이야기를 나눈다. 커뮤니티에는 괜찮은 투자 어플이 있는지 서로 소개하는 글도 있고 보모를 구한다는 글도 있으며 마케팅 책임자 자리를 구한다는 글도 있다. 별의별 이야기가 다 나온다. 매일매일 그처럼 대화를 나누고 정보를 공유하면서 서로 간의 연결고리 역시 점점 깊어진다. 그래서 나도 더리스트에 가서 이런 글을 썼다. "여러분, 안녕하세요. 이러이러한 컨퍼런스에서 강연을 해달라고 요청이 왔는데 1년에 1,500만 유로에 달하는 성과를 내는 컨퍼런스더라고요. 근데 강연자한테 강연료를 안 준대요."

15분도 안 돼서 더리스트 일원들이 댓글을 달았다. "말도 안 돼요. 제 남자 사람 친구 하나가 작년에 거기서 강연을 했는데 강연료도 받았고 숙박이랑 여행 경비도 다 해결해줬다던데요." 본인이 강연을 하고는 여행 경비를 받았다고 말하는 사람도 있었다.

더리스트에는 온갖 인종적 배경을 가진 여성들이 모여 있었기 때문에 이 컨퍼런스가 강연자에게 돈을 줄 때 어떤 위계질서를 따르는지 금방 감을 잡을 수 있었다. 백인 남성이 강연을 오는 경우 강연료를 지급했으며 설령 현금이 아닐지라도 상당한 양의 책을 구매해줬다. 물론 여행 경비 역시 대줬다. 백인 여성이 강연을 오는 경우 주로 여행 경비를 해결해 주는 선에서 그쳤다. 얼마 되지도 않지만 흑인 여성이 강연을 오는 경우 노출할 기회를 주는 것으로 강연료를 퉁쳤다.

만약 아무에게도 강연료를 지급하지 않는 게 통상적인 방침이었다면 나는 그곳에 내 시간을 기부할 만한 가치가 있는지 고민한 뒤 판단을 내렸을 것이다. 모두가 공평한 대우를 받았다면 아무 문제가 없었다. 하지만 현실은 달랐다.

바로 그 순간 나는 두려움에 정면으로 맞서 앞을 헤치고 나아가는 사람이 돼야겠다고 결심했다. 나는 내가 "이게 나"라고 말하는 사람에 걸맞은 사람임을 보여줘야 했다.

나는 에이전시에 연락을 해서 이런 식으로 보수를 지급하는 건 나로서는 절대 받아들일 수 없다고 말했다. 그리고 이 문제를 공론화시키기를 원한다고 말했다. 에이전시는 내가 빈말은 안 하는 여자인 걸 잘 알고 있었기 때문에 놀란 기색을 억누르며 차분히 설명했다. 내가 이 문제를 공개적으로 비판했다가는 에이전시 주장대로 다른 컨퍼런스 측에서도 똑같은 일을 당할까 봐 강연을 맡기기를 꺼려할지도 몰랐다. 내 지갑 사정에 타격이 올지도 몰랐다. 에이전시가 겁을 먹은 것도 당연했다. 솔직히 나도 나 자신에게 겁이 났다.

그래서 나는 6장에서 언급했던 세 가지 질문을 살펴봤다. 그리고 이렇게 설득했다. "그래, 내가 강연을 한 지도 거의 10년이지. 이제 꽤 영향력 있는 위치에 있단 말이야. 유명한 무대에도 여러 번 올랐고 그 밖에도 좋은 기회가 많았지. 꽤 센 강연료를 받아. 그런 내가 나서서 이 문제를 지적하지 못한다면 누가 할 수 있겠어? 어제 막 강연을 시작한 사람이 그럴 수 있을까? 강연료를 한 번도 받아본 적이 없는 사람이 그럴 수 있을까? 지난주에 막 첫 강연을 마친 사람이 백인 남성을 중심으로 돌아가는 거대한 기술 산업계의 임금 불평등에 문제를 제기하기를 기대해야 할까? 내가 아니면 누가 이 일을 할 수 있을까?"

분명 나에게는 목소리를 낼 힘이 있었다. 하지만 그 힘을 사용한다면 대가를 치를 게 뻔했다. 결국 핵심은 돈을 향한 두려움이었다. 나는 내가 탐욕스러워 보일까 봐, 흑인 여성인 내가 노력에 맞는 정당한 보상을 달라고 외쳤다가 불이익을 얻을까 봐 두려웠다.

한번 최악의 시나리오도 예측해봤다. 내 강연 자리가 줄어들거나 아예 없어질 것이다. 사람들이 더 이상 날 찾지 않을 것이고 내 수입의 상당 부분이 끊길 것이다. 그래서 뭐? 그러면 내 사업 모델을 좀 더 개인적인 고객을 상대하는 방향으로 틀면 그만이다. 마케팅 관련 자문을 해주는 일을 다시 시작해도 된다. 내 경험을 살려서 다른 영세 사업가들이 대규모 플랫폼을 구축할 수 있도록 도울 수도 있다. 설령 내가 이 문제를 꺼내서 더 이상 강연자로 활동하지 못하게 된다 해도 노숙자가 되지는 않을 거다. 통장에 이미 여섯 달 치 생활비를 쌓아두기도 했거니와 그마저 다 써버리더라도 언제든 엄마네 집으로 들어가 다시 자립할 때까지 소파에서 잠을 청하면 되기 때문이다.

세 가지 질문을 생각해 보고 최악의 시나리오까지 예상해 보니 목소리를 내는 게 옳다는 확신이 들었다. 그래서 트위터에 이야기를 꺼냈다. 논의는 여러 시간에 걸쳐 이어졌다. 다른 사람들도 열심히 일한 대가로 발톱 때만도 못한 보수를 제의 받았을 때 느꼈던 좌절감을 공유해줬다. 어떤 여성은 중국에서 열리는 컨퍼런스에 강연자로 초대를 받았는데 마침 오빠도 별도로 초대를 받은 상태였다. 주최 측에서는 그녀에게 강연자를 위한 예산은 따로 마련하지 않았다고 말했다. 하지만 알고 보니 오빠에게는 2만 달러를 지급했으며 전용기까지 대줬다. 오빠에게는 말이다. 똑같은 일이었지만 보상은 완전히 달랐다.

얼마나 웃긴 일인가. 그때 《포브스》 기자이자 더리스트 일원이기도 한 크리스티나 월러스^{Christina Wallace}가 혹시 이 상황에 대해 공식 입장을 표명할 의향이 있는지 물어보았다. 내가 고통받는 걸 얼마나 즐기는 사람인데! 나는 바로 승낙했다. 크리스티나는 내 이야기를 바탕으로 「이제 테크 컨퍼런스 강연자 사이의 임금 격차를 끝낼 때가 됐다」라는 기사를 냈다. 컨퍼런스를 운영하는 백인 남자는 나랑 크리스티나에게 기분이 더럽다는 내용을 잔뜩 담은 메일을 보냈다. "저희가 '강연자를 위한 예산을 마련하지 않았다'고 답장을 드린 건 불편한 진실을 밝혀드리고 싶지 않았기 때문입니다. 불편한 진실이란, 저희 입장에서는 한정된 예산을 누구한테 써야 할지 우선순위를 정해야 했고 이번 경우에는 청중의 수요가 가장 많을 강연자를 최우선으로 둬야 했다는 사실이지요. 그건 절대로 러비 아자이가 돈을 쓰기 아까운 강연자라는 뜻이 아닙니다. 그녀에게 꼭 맞는 도시에서 꼭 맞는 청중을 상대로 강연회를 열어야 했다면 당연히 강연료를 지급했겠죠."

와, 맙소사! 역시 백인들 배짱은 알아줘야 한다니까. 에둘러 말하기는 했지만 사실상 암스테르담이 애틀랜타가 아니라서 돈을 못 주겠다는 거잖아? 그게 말이야 똥이야? 나한테 강연을 해달라고 찾아온 건 당신들이었고 그때 이미 난 알아서 잘 나가고 있었는데 말이야.

그래도 그가 이번 일에 기여한 바가 있다. 그의 대응 덕분에 기사는 업데이트가 됐고 우리 요지가 한층 더 강화됐으니까. 그의 말은 우리가 기사에서 하고 싶었던 말을 정확히 뒷받침해 줬다. 그들이 나와 내 기술을 알아봤고 심지어 그 기술이 뛰어나다는 것도 파악했으면서 단지 내가 그쪽 사람들이랑 다르다는 이유만으로 내가 받아 마땅한 돈을 지불하지 않겠다고 밝힌 셈이니까. 간단히 요약하자면 피부색이 너무 까매서 돈을 못 주겠다는 거다.

내가 두려워했던 상황, 즉 비판의 목소리를 냈다가 금전적 피해를 보는 상황은 일어나지 않았다. 오히려 정반대였다. 《포브스》에 올라온 기사는 큰 관심을 끌었고 그 덕분에 나는 강연할 기회가 더 많아졌다. TED 강연을 했던 것도 바로 그 해였다. 바로 그 기사에서 비롯해 온갖 멋진 일들이 일어났다고 해도 과언이 아니다. 후폭풍이 두려워서 목소리를 내지 않았더라면 그런 축복 역시 찾아오지 않았을 것이다.

내 시간을 기부해달라고 부탁하는 건 아무 문제가 없다. 하지만 홍보 효과만으로도 보상이 충분할 거라는 개소리로 내 지능을 시험하지는 마라. "저희가 예산을 내드릴 수는 없지만 홍보는 해드릴 수 있거든요. 이름을 알리는 데 이만한 기회가 없을 거예요."라는 말이 헛소리인 건 아주 잘 알고 있다.

우리는 사람들이 떠나갈까 봐 우리가 받아 마땅한 보상을 요구하기를 두려워한다. 하지만 쓰레기통에서 뒹구느니 그냥 빠져나가는 편이 낫다. 샴페인을 터뜨려도 시원찮을 일을 해줬는데 피클 통을 내주는 사람이 있다면 거절을 당하고 또 당해도 싸다. 제발 유아적인 생각을 가지고 어른들 대화를 흉내 내지 마라. 고작 풀떼기만 가지고 잔칫상에 올 생각도 마라. 나는 예전에 어떤 회사들이랑 일할 기회를 잡고 싶어서 허리가 부러질 만큼 노력한 적이 있다. 그때 그저 인맥을 쌓겠다고 내 가치보다 한참 떨어지는 보상을 받고 일했다. 끝에 가서 보니 남는 게 속았다는 느낌밖에 없더라. 바로 그 감정이 최악 중의 최악이다. 자신이 이용을 당했으며 본인조차 거기에 일조했다는 사실을 깨닫게 되면 다시는 그런 일이 일어나도록 내버려 두지 않겠다는 마음이 들 것이다.

자기를 먼저 돌보지 않는다면 다른 사람도 돌볼 수 없다

사람들이 우리에게 돈 문제 앞에서 입을 닫으라고 강요하는 건 우리를 이용하려는 수작이라고 확신한다. 우리의 침묵을 무기 삼아 우리를 억압하는 것이다.

우리는 돈 문제를 다룰 때 자기 자신만 생각하는 경향이 있다. 하지만 그러다가 우리 모두에게 해를 입히는 것만큼 끔찍한 일이 없다. 일단 나는 어느 자리를 가든 절대 싼값을 부르지 않는 사람이다. 그런데 내가 주로 얼마를 받는지 같은 업계 사람에게 밝히지 않았다고 해보자. 그 사람은 나를 상대한 동일한 인사담당자한테 가서 내가 제시한 금액의 10분의 1을 제시한다. 이런 상황은 내게 전혀 도움이 되지 않는다. 사측에서는 내가 제시한 금액을 떠올리면서 "어휴, 그 사람은 너무 비싸네."라고 생각할 것이기 때문이다. 사실 나는 전혀 비싸게 군 게 아니다. 내 능력과 기술은 가치가 있고 그에 상응하는 금액을 요구했을 뿐이다.

그럼에도 같은 업계 사람이 더 낮은 보수로 일하려 한다면 모두가 손해를 볼 수밖에 없다. 진정한 승리를 거두려면 우리 모두 정보를 솔직하게 공유하고 공정한 임금을 받는 상황을 만들어야 한다.

당신이 실제로 벌게 될 금액을 제시하는 데 있어서 부디 죄책감을 느끼지 말기를 바란다. 보수를 받는 거지 적선을 받는 게 아니니까. 당신은 당신의 노동력과 서비스와 지식과 시간을 제공한다. 그러니까 상대도 돈을 지불하는 것이다. 당신이 제공한 만큼 동전 하나 빠지지 않고 받아야 하지 않겠나? 자본주의자로서 세상이 돌아가는 데 기여한다고 해서 절대 죄책감을 느끼지 마라.

우리 할머니는 절대 돈 문제를 우습게 보는 법이 없으셨다.

한 번은 이모한테 할머니가 가발을 만들어 파실 때 이야기를 들은 적이 있었다. 당시 할머니는 가발 만드는 법을 배워서 할아버지 수입만으로는 부족한 생활비를 충당하셔야 했다. 먹여 살릴 자식이 여섯이나 있으셨으니 당연한 일이다.

그러던 어느 날, 할머니의 가발 제작 솜씨가 입소문을 타고 퍼져 어느 장관 부인이 할머니에게 의뢰를 맡겼다. 할머니가 완성된 가발을 들고 집을 찾아갔는데 부인이 부재중이었다. 할머니는 부인이 돈을 떼먹으려는 심산인 걸 눈치 채셨다. 아이고, 아주머니. 꿈도 크시지. 부인은 해서는 안 될 일을 하고 말았다. 할머니는 부인이 돈을 가져올 때까지 그 집에 자리를 깔고 앉으셨다. 처음에는 그 집 관리인들이 부인께서 집에 안 계신다고 말했지만 할머니는 괜찮다고, 기다리겠다고 말씀하셨다. 정말 오래도 기다리셨다. 장장 몇 시간이 지나고 그쪽 사람들도 할머니가 돈을 받기 전까지는 절대 떠나지 않을 사람임을 깨달았다. 마침내 누군가가 밖으로 나와서 할머니가 응당 받아야 할 돈을 내주었다. 그게 옳은 일이다.

누군가에게 당신이 받아야 할 돈을 달라고 고집을 피우기를 두려워하지 마라. 지급이 밀린 돈이 있을 때 독촉 메일을 보낸다고 해서 탐욕스러운 게 아님을 기억해라. 때로는 귀걸이를 잠깐 빼놓고 전투에 임하는 자세로 메일을 보내서 돈을 주지 않으면 이자까지 물 거라는 입장을 확실히 표명할 필요가 있음을 인정해라. 양심의 가책 없이 당신 몫을 쓸어 담아라! 우리는 돈 문제를 가지고 이야기하기를, 돈을 더 받고 싶다는 마음을 인정하기를, 받아야 할 돈을 달라고 요구하기를 두려워한다. 사람들이 질색하고 떠날까 봐 두려워한다. 아예 기회 자체를 잃을까 봐 두려워한다. 악착같다는 평을 들을까 봐 두려워한다. 충분히 그럴 수 있다. 하지만 정당한 보수를 받기 위해 진지하게 임한다는 이유로 욕을 한다고? 나라면 얼마든지 그러라고 하겠다. 아니, 아예 내 묘비에 이렇게 새겨도 좋다. "왔노라. 보았노라. 돈 가지고 장난치지 않았노라."

오늘날 세상에는 우리를 온갖 방면에서 옥죄는 시스템이 활발히 작동하고 있다. 시스템을 아예 무시한 채 살아가란 말도 아니고 시스템을 전복시키라는 말도 아니다. 내가 바라는 건 그저 당신이 세상에게 더 많은 몫, 당신이 받아 마땅한 몫을 달라고 요구하는 것이다.

요구를 하고 나서 어떤 일이 생길지는 당신 손을 벗어난 문제다. 당신이 돈을 더 달라고 요구해도 세상은 안 된다고 말할지도 모른다. 하지만 당신이 당신 몫을 얻을 기회라도 얻으려면 반드시 요구를 해야만 한다. 요구하지 않겠다는 것은 곧 몫을 받지 않겠다는 것과 동의어이기 때문이다. 웬 성인이 나타나서 "네가 요구한 적은 없지만 여기 네 몫을 더 줄게."라고 말하지 않는 이상 예외는 없다. 당연히 예외는 예외일 뿐이다. 당신이 당신의 몫을 요구할 때 고작 20센트라 할지라도 몫을 더 받을 기회가 열린다. 어쨌든 지금 우리가 가진 것보다는 많은 돈이다. 우리에게 주어지기로 했던 것보다도 많은 돈이다.

더 많은 돈을 요구한다고 해서 사회 시스템을 무너뜨리거나 근원적인 문제를 해결할 수는 없다. 하지만 우리가 직접 나서지 않으면 누가 우리를 위해 그런 일을 해주겠나? 나도 이 세상에 사랑과 친절이 넘치고 사람들이 정의와 평등을 위해 끊임없이 싸운다고 믿고 싶다. 하지만 현실은 그렇지 않다. 그 책임은 대부분 약자인 우리 어깨에 지워진다. 바로 우리가 거대한 바위를 굴려 언덕을 오르고 또 올라야 한다. 다른 선택지는 없다.

그러니 더 많이 청하고 자기 몫을 챙겨라. 그리고 그렇게 할 때 죄책감을 느끼지 마라. 그렇게 부와 여유를 얻었을 때 그중 일부를 다른 사람에게 넘겨줘라. 그런 식으로 우리는 베풂의 선순환을 만들 수 있다. 하지만 명심해라. 먼저 자기 자신을 돌보지 않는다면 결코 다른 사람을 돌볼 수 없다.

10장

이 선을
넘지 마시오

우리는 불친절해 보이기를
두려워한다

이따금 사람들은 사적인 영역을 존중할 줄 모르는 머저리처럼 굴 때가 있다. 우리가 원치 않는데도 면전에 얼굴을 들이밀고 개인적인 공간을 침범하는 것이다. 그렇기 때문에 선을 엄격히 지키는 게 중요하다. 내가 나이가 들고 새치가 하나둘 늘어감에 따라 절실히 느끼는 삶의 진실 한 가지는 다른 사람에게 존중을 받고 대우를 받기를 바란다면 그 사실을 가르쳐줘야 한다는 점이다. 그러지 않으면 사람들은 끊임없이 우리 신경을 건드릴 것이다. 그때마다 눈에 힘을 주고 째려보며 혈압을 올리기에는 우리 인생이 너무 아깝다.

나는 선을 긋는 걸 굉장히 좋아한다. 사람들이 내가 싫어하는 짓을 할 때 그 사실을 지적해야 할 의무가 있음을 깨달은 뒤로 특히 그렇게 됐다. 말을 떼자마자 입에 불만을 달고 살기 시작한 프로불편러답게 나는 헛짓거리를 매번 참아주는 사람은 아니다. 오히려 사람들이 넘지 말았으면 하는 확고한 선을 가지고 있기에 혹시라도 누가 선을 넘으면 곧바로 이가 바득바득 갈린다. 게다가 앞에서 내 얼굴이 눈에 보이는 목소리나 다름없다고 했던 거 기억나나? 그만큼 표정 관리 실력이 형편없다보니 짜증마저 얼굴 곳곳에 잔뜩 드러난다.

선을 긋는 것은 사회적 품위와 관련된 문제다. 제대로 선을 긋지 못한다면 나는 누군가가 내 하나 남은 쿠키를 훔쳐가도록 내버려 두는 얼간이처럼 보일 것이다. 그런 걸 원하는 사람은 아무도 없다. 따라서 다른 사람이 불쾌하게 느끼든 말든 우리는 확실히 선을 정하고 그 선을 넘어오지 말라고 밝혀야 한다.

선을 그으라고 해서 사람들이랑 아예 담을 쌓거나 사람들이 다가오지 못하게 막을 필요는 없다. 그보다는 자신이 어떤 대우를 받기를 기대하는지 표준을 세우는 것이 중요하다.

종종 사람들은 자신이 우리의 삶, 에너지, 시간, 공간, 플랫폼을 두고 이래라저래라 말할 권한이 있다고 생각한다. 악의가 있어서라기보다는 그렇게 살아왔기 때문이다. 그러다 보니 다들 선을 정하고 그 선을 지키는 데는 서투르다. 사람들은 이곳저곳을 마음대로 다니고 다른 사람의 몸을 만지며 다른 사람의 시간을 차지하고 다른 사람의 플랫폼에 발을 들인다. 사회 전체가 그런 식으로 돌아간다. 재밌는 건 대다수의 사람들이 정작 자기 선을 침범당하는 걸 성가셔한다는 점이다.

선을 확실히 정하는 게 왜 그렇게나 어려운 걸까? 다른 사람들이 우리가 싫어하는 말이나 행동을 할 때 그만하라고 말하기가 왜 그렇게나 힘든 걸까? 그건 우리가 다른 사람을 배척하게 되거나 불편하게 만들까 봐 지나치게 염려하기 때문이다. 우리는 조화를 무너뜨리거나 감정을 상하게 하거나 까다로운 사람으로 비춰지기를 두려워한다.

물론 세상을 살아가면서 타인을 고려하지 않을 수 없다(나도 소시오패스는 아니라고). 하지만 혹시 비행기에 탑승한 뒤 이륙

전에 마지막 문자 메시지를 보내면서 듣게 되는 승무원의 안내 멘트가 기억나나? 다른 사람한테 산소마스크를 씌워주기 전에 일단 본인이 먼저 산소마스크를 써야 한다. 우선 나 자신이 편안함과 안정감을 느낄 수 있어야 한다. 그렇지 않은 채로 몸과 시간과 공간과 활력을 내어줘야 할 의무는 없다.

마찬가지로 다른 사람들도 우리를 편안하게 해줄 책임은 없다. 문제는 그들이 우리를 불편하게 만들 수는 있다는 점이다. 한번 생각해 보자. 어느 자리에 갔을 때 그곳에 있는 사람들이 반드시 나에게 관심을 기울여 불편한 점이 없도록 배려해 주리라 기대할 수 있을까? 그럴 수 없다. 하지만 그들이 나에게 모욕적인 언행을 퍼붓기 시작한다면 그때부터는 그들이 내가 느끼는 불편함에 책임을 져야 한다. 물론 중요한 전제조건은 내 선이 어디까지인지 분명히 밝혀야 한다는 점이다. 아무리 선을 그어봐야 그 선이 눈에 보이는 것도 아닌데 직접 알려주지 않으면 무슨 소용이 있을까? 몰라서 선을 넘은 것을 두고 책임을 물을 수는 없다. 우리는 종종 우리가 확실히 정해놓지도 않은 선을 넘은 것을 두고 다른 사람에게 화를 내고는 한다. 하지만 그 사람이 무슨 수로 우리 기대대로 행동할 수 있었을까?

물론 인간이라면 누구나 존중해야 하는 보편적인 선이 존재한다. 잠자리를 갖기 전에 상대방의 동의를 구하는 것도 우리 모두가 지켜야 하는 선의 한 예이다. 누군가 양말 말고는 벌거벗은 차림으로 웃으며 거리를 활보한다 할지라도 "마음껏 절 만지세요."라고 쓰인 팻말을 들고 다니는 게 아닌 이상 아무도 그 사람에 손을 대서는 안 된다.

이처럼 보편적인 매너를 제외하고는 남에게서 어떤 대우도 당연하게 기대해서는 안 된다. 지금까지 삶을 살아오면서 다른 사람들이 멋대로 막말을 하고 우리가 싫어하는 행동을 하더라도 참고 넘어가야 했던 적이 얼마나 많았던가? 그럴 때 우리는 어떻게 했나? 눈을 희번덕대거나 한숨을 깊게 쉬고 말았을 것이다. 그들이 알아서 그런 언행을 멈춰주기를 바랐을 것이다. 하지만 우리가 활짝 열린 쓰레기통이 되기를 자처한다면 사람들은 계속 우리에게 쓰레기를 던질 것이다.

우리는 모두가 동일한 이해를 바탕으로 행동하리라 기대해서는 안 된다. 인간은 각자 서로 다른 사고의 틀을 가지고 있다. 그렇기 때문에 우리는 의식적으로 기회를 잡아서 우리의 선이 어디까지인지 분명히 밝혀야 한다. 사람들이 어떤 대우를 해주기를 바라는지 당당히 말해야 한다. 거기까지가 우리의 책임이다. 그 요구를 존중해 줄지 말지는 상대에게 달렸다.

누구에게나 넘지 말아야 할 선이 있다

물리적으로나 감정적으로나 직업적으로나 선을 지키는 건 중요하다. 우리는 혹시 다른 사람을 배척할까 봐 두려워서 선을 그으면 안 된다고 생각하지만 현실은 선을 긋지 않으면 안 된다. 자신의 선이 어디까지인지 밝히지 않는 건 스스로를 배신하는 것이나 다름없기 때문이다. 물론 우리는 스스로를 배신해서는 안 된다.

우리 할머니는 의견 충돌이 있을 때 큰소리치는 것을 절대 넘어서는 안 될 선으로 그어놓으셨다. 문제는 나이지리아 사람들이 무슨 말이든 입 밖으로 쏟아내야 직성이 풀리는 사람들이라는 점이었다. 실제로 연휴 중에 우리 가족을 보러 가면 방에 20명만 있어도 100명이 있는 것처럼 소란스럽다. 서로를 향해 소리치듯 말하는 게 우리한테는 애정의 언어인 셈이다. 요즘에도 나이지리아 사람끼리 통화를 하면 최신 5G 휴대폰이 아니라 실로 연결한 깡통 전화기를 가지고 대화를 하듯 버럭버럭 목소리를 높인다. 한 마디로 우리나라 사람들은 정말 시끄럽다. 다른 나라 사람들과는 데시벨 기준이 다르다. 어릴 때는 어르신들 목소리가 큰 걸 두고 비웃고는 했는데 이제 나이를 먹고 나니 내 목소리도 커지더라.

이런 문화적 관례가 존재하는데도 할머니는 자신이 원하는 대로 존중받기를 절대 포기하지 않으셨다. 물론 길을 가다 할머니를 마주치고는 반가워서 할머니 이름을 크게 외치거나 교회 같은 곳에서 할머니를 격하게 띄워주는 건 상관없었다. 하지만 할머니가 정색을 하고 진지한 대화를 나누려는데 언성을 높인다? 아주 못 볼 꼴을 보게 될 것이다.

할머니: 숙제는 끝냈니?

당신: (답답하다는 듯 살짝 날카로운 목소리로) 네, 할머니. 30분 전에도 물어보셨잖아요.

할머니: 아이고, 그런다고 소리를 지르니? 그냥 이 할미를 한 대 치지 그러니.

당사자만 아니라면 그만큼 우스꽝스런 광경이 없다. 때때로 할머니는 혼자 일일드라마 〈올 마이 칠드런All My Children〉을 찍기라도 하는 것처럼 과민반응을 보이시고는 했다. 잠깐 언급하자면 〈올 마이 칠드런〉은 할머니가 가장 좋아하는 아침드라마였다. 아마 아침드라마 특유의 과장된 연출이 할머니 맘에 쏙 들었던 것 같다.

할머니는 종종 "당신 어머님이라면 나한테 그런 식으로 말씀하시지 않았을 게요."라고 말씀하시기도 했다. 대체 그런 뻔뻔스러움을 어디서 배웠냐고 망신을 주는 얘기였다. 그런 말을 들어 보면 자존감이 콩알만큼 쪼그라들 것이다.

할머니의 대응 방식은 어른에게든 아이에게든 똑같이 적용됐다. 누구든 할머니 앞에서 큰소리로 불만을 얘기했다가는 그 대가를 치러야 했다. 할머니는 대놓고 "당신 지금 누구한테 말하는 거예요?"라고 물었다. 진짜 대답을 바라고 하는 질문이 아니었다. 단지 "당신 앞에 있는 사람이 어떤 사람인지 똑똑히 보여드리죠."라는 뜻이었다. 지독하게 무뚝뚝하고 무례한 사람들이 할머니 말씀만큼은 어찌나 존중했는지 내 눈으로 몇 번이고 목격했다. 예의 따위는 모르는 나이지리아 경찰들마저 다른 사람에게 소리를 지르다가도 할머니 앞에서는 바로 따뜻한 존중심을 담아 말을 이어 나갔다.

이런 모습을 보고 자라면서 나는 사람들이 얼마든지 지성이 있는 존재처럼 행동할 수 있음을 깨달았다. 단지 자기 앞에 있는 사람이 누구인지, 그 사람이 어느 선까지 허용했는지에 따라 그 지성을 사용하기도 사용하지 않기도 하는 것이다. 물론 사람들이 우리를 함부로 대하거나 모욕한다고 해서 그게 우리 잘못은 아니다. 하지만 사람들의 태도에 우리가 어느 선까지를 허락했는지가 반영되어 있을 수는 있다.

선을 정할 때 고려해야 하는 핵심은 스스로를 배신하지 않기 위해 최대한 노력하는 것이다. 하루 혹은 인생을 마칠 때 내 상태가 어떤지 확인해야 할 사람은 바로 나 자신이다. 나를 책임져야 할 사람은 바로 나이기 때문이다. 나는 다른 누구보다 특히 나 자신에게 엄격하다. 만약 내가 다른 사람을 위해 스스로를 배신한다면 나는 나 자신에게 불같이 화가 날 것이다. 실제로 스스로에게 불같이 화를 내야 했던 적이 여러 번 있었으며 그때마다 스스로를 용서하기가 너무나 힘들었다. 이 이유만으로도 나에게는 다른 사람들에게 내 선을 분명히 밝힐 책임이 있다.

나는 선이 명확하지 않은 사람들을 늘 경계한다. 왜냐고? 그런 사람들은 내가 두껍게 페인트칠까지 해놓은 선을 알아보지 못할 가능성이 높기 때문이다. 순전히 나를 지키려고 내 선이 어디까지인지 밝히면 그들은 내가 적대심을 품고 있다고 착각하면서 어쩔 줄 몰라 한다. 심지어 어떤 사람들은 내가 선을 확실히 긋는 걸 보고 솔직하지 못하다거나 마음을 열 줄 모른다고 생각한다. 한 마디로 나를 존중해 주지 못한다. 아프리카 속담 중에도 이런 말이 있다. "벌거벗은 사람이 옷을 건네주거든 조심하라." 내가 구축한 시스템에 비하면 그들의 자유분방함은 지나친 방종에 가깝다.

내가 엄격하게 지키는 선 하나는 모르는 사람이랑 함부로 포옹하지 않는다는 점이다. 포옹 자체를 싫어하는 게 아니다. 잘 아는 사람이랑은 서로 허리를 비벼도 아무렇지 않다(물론 그들도 잘 아는 사람이랑 포옹하는 걸 좋아하는 사람들이다). 내가 싫어하는 건 아직 이름도 낯선 사람이랑 몸을 꽉 껴안는 것이다. 물론 지키기 쉬운 선은 아니다. 사람들이 포옹하는 걸 워낙 좋아하니까. 포옹은 친근함과 다정함은 물론 때로는 친절함의 표현이기도 하다. 게다가 출현하는 곳도 많다 보니 만나자마자 껴안아도 될 것처럼 여겨질 수도 있겠다. 그래서인지 내가 친구나 가족을 제외하고는 포옹을 받아주지 않는다는 사실이 나를 냉담한 사람으로 보이게 만들기도 한다. 이런 이유로 나는 원하지도 않는데 낯선 사람의 포옹을 받아줄 때가 종종 있으며 그때마다 그렇고 그런 기분을 느껴야만 한다.

대개 이런 식이다. 누군가가 공개적인 장소에서 나를 발견하고는 흥분한다. 물론 감사한 일이다. 하지만 그 사람이 "제가 포옹 진짜 좋아하는 사람인데!"라고 말하면 나는 그냥 아무 말

대잔치처럼 "저는 염소자리예요!"라고 대답하고 싶다. 게다가 그 사람 얼굴에 번진 미소를 보고 있자면 "우리 그냥 주먹 인사나 할까요?"라고 말하기는 훨씬 더 어렵게 느껴진다. 사실 대부분의 경우에는 선택지조차 주어지지 않는다. 내가 딱히 반사 신경이 뛰어난 사람은 아니다 보니 뭐라 말하기도 전에 내 얼굴이 이미 그의 가슴팍에 파묻혀 있을 때가 많으니까. 물론 감사하지만 살짝 주춤하게 되는 것도 사실이다. 결국 살짝 언짢은 채로 자리를 피하게 된다.

그런 경우처럼 나를 정말 좋아하는 사람을 마주칠 때면 혹시나 실망을 시키거나 상처를 줄까 봐 겁이 난다. 분명 포옹을 받아주는 게 더 편한 선택지이긴 하다. 하지만 누구에게 더 편한 걸까? 나한테는 아니다. 게다가 어디 가서 강연이라도 한 날에는 그런 일을 200번도 더 해야 한다. 종이에 한 번 베인다고 그렇게 아프진 않겠지만 200번이면 얘기가 다르다.

나에게 있어서 포옹이란 굉장히 사적인 문제다. 내가 밖에서 마주치는 모두랑 포옹하려 하지 않는 것도 그 때문이다. 또한 그렇기 때문에 포옹과 관련해 선을 지키기가 굉장히 까다롭기도 하다. 다른 사람들도 포옹을 거절당하면 이를 지극히 개인적인 문제로 받아들일 수 있다. 먼저 손을 내밀었는데 환영받지 못하면 분명 무시당했다는 기분을 느낄 수 있다. 이해한다. 하지만 이런 경우가 딱 "이건 내 문제지 네 문제가 아니야."라고 말할 상황이다. 오래도록 내향적인 사람으로 살아오면서 나는 내가 다른 사람들이랑 교류하면서 에너지를 뺏기는 사람임을 깨달았다. 사람들을 만나고 나면 지치기 때문에 특히 에너지를 많이 뺏긴 날에는 반드시 재충전할 시간이 필요하다. 특히 포옹을 하는 것, 그것도 수백 명의 사람이랑 포옹을 하는 건 내게 초사이언 급의 에너지가 필요한 일이다. 따라서 나로서는 최대한 품위 있는 방식으로 거절하려고 노력은 하겠지만 어쨌든 내 공간과 에너지를 지키기 위해 최선을 다할 수밖에 없다.

나는 사람들한테 포옹을 거절하는 가장 좋은 방법이 무엇일지 물어본 적이 있다. 감기가 걸렸다거나 몸이 좋지 않다고 말해보라고 조언해 주는 분들이 많더라. 내가 원하는 게 무엇인지 밝히기 위해 거짓말을 해야 한다고? 어림도 없지. 원하는 반응을 끌어내기 위해 굳이 거짓을 꾸며낼 필요가, 스스로를 배반할 필요가 있을까? 그런다고 누구한테 도움이 될까? 날 껴안고 싶은 사람한테? 그럴지도. 하지만 정작 나는 흐르지도 않는 콧물을 훌쩍이는 척해야만 한다. 무엇을 위해서? 단지 나랑 포옹하고 싶은 사람의 기분을 맞춰주겠다고? 내가 감내해야 할 결과를 정당화하기에는 썩 만족스러운 수단도 못 되는 것 같다.

양손에 꼭 뭘 들고 다니는 게 어떻겠냐고 조언하는 분들도 있었다. 아니면 〈매트릭스〉처럼 재빨리 허리를 뒤로 젖혀서 나를 향해 다가오는 팔을 피해보라든가. 사람들이 포옹하는 걸 피할 만한 반사 신경을 얻기 위해 요가를 하고 가라테 장인 미야기 선생님한테 훈련도 받아야 한다고? 그냥 이렇게 말하는 게 더 편하지 않을까? "저기, 아직 성함도 모르는데 포옹을 하기는 좀 그러네요."

선을 지키는 일을 진지하게 생각하지 않는다면 우리는 우리 자신과 우리의 필요를 외면하는 일을 점점 당연하게 받아들이게 된다. 사람들이 우리를 아무리 제멋대로 대해도 어쩔 수 없는 일이라고 체념하게 된다. 그게 우리 잘못은 아니지만 우리 문제이기는 하다.

다른 사람을 대면했을 때 확실한 선을 긋기란 쉬운 일이 아니다. 하지만 심지어 디지털 세계에서도 선을 긋기가 망설여질 때가 있다. 정당한 일보다는 조화로운 일을 앞자리에 두는 경향이 있기 때문이다.

소셜미디어 공간은 서로의 선이 무참히 짓밟히는 공간이다. 사람들은 키보드 앞에만 앉으면 가정교육 따위는 아예 잊어버리기 때문이다. 선 긋기를 아주 좋아하는 사람인만큼 나는 온라인에서도 사람들이 지켜줬으면 하는 선을 꽤 많이 갖고 있다. 사람들이 선의를 갖고 하는 행동에 온 신경이 곤두서지 않으려면 내 선이 어디까지인지 공익광고 수준의 홍보를 하는 게 중요하다는 사실을 일찍이 깨달았기 때문이다.

인터넷상에서 내 신경을 제대로 긁는 선을 넘는 행동에는 이런 것들이 있다.

사람들이 단지 내 관심을 끌려고 내가 나오지도 않은 사진에 나를 태그할 때. 이건 본인 일을 홍보하겠다고 나에게 가상의 영업 전화를 거는 것이나 마찬가지다.

사람들이 단지 내 독자나 청중 관심을 끌려고 내가 나오지도 않은 사진에 나를 태그할 때. 나를 팔로우 한 사람들한테 자기를 좀 봐달라고 어깨를 톡톡 두드리는 셈이다. 마치 우리 집 앞마당에 광고판을 세우는 거나 다름없다.

이전에 한 번도 DM(다이렉트 메시지)을 보낸 적이 없는 사람이 내게 DM을 보내 도움을 요청할 때. 이건 길을 가다 처음 보는 사람한테 자기가 파는 옷을 사달라고 강매하는 행위나 마찬가지다. 최소한 인사랑 자기소개 정도는 해줄 수 있지 않을까? 특히나 그 내용이 금전적인 부탁이라면 사적 영역을 불법적으로 침입당한 기분까지 든다. 한 번은 학자금을 대달라는 사람도 있었는데 오프라인으로 치면 누가 돈을 꺼내려고 내 주머니에 손을 집어넣어 이리저리 휘젓는 느낌이었다.

나한테 말도 걸지 말라는 뜻이 아니다. 나를 이용하고 싶은 존재가 아니라 관계를 맺고 싶은 인간으로 대접해달라는 뜻이다. 도움을 청하는 것도 그 자체로는 문제가 아니다. 친밀한 관계를 구축할 생각도 없으면서 그러는 게 문제다.

소셜미디어로 가능해진 일들은 축복인 동시에 저주이다. 이제 전 세계 모두가 서로 한 다리 건너 아는 사이이기 때문이다. 모두가 서로 연결되어 있는 것 같다. 장점은 예전 같으면 절대 만날 수 없었던 사람들과 깊은 친분을 쌓을 수 있다는 점이다. 반면 단점은 화면 속 이름과 프로필 사진 뒤에 실제 사람이 존재한다는 사실을 잊기 쉽다는 점이다. 온라인상이라도 우리에게 남의 시간, 공간, 에너지를 요구할 권리는 없다는 사실을 명심한다면 충분히 예의 바르게 행동할 수 있을 것이다.

소셜 플랫폼을 초창기부터 이용한 사람으로서 나는 내가 아끼는 공간의 출입문을 관리하는 일이 얼마나 중요한지 잘 알고 있다. 사람들이 내 플랫폼에서 어떤 경험을 할 수 있는지는 전적으로 내가 이곳에 누구를 들이는가에 달려 있기 때문이다. 우리가 친구를 맺고 팔로우를 하고 '좋아요'를 누르는 사람들이 우리가 스크롤을 내리며 보내는 시간의 질을 결정한다. 어느 날 당신은 휴대폰을 켜고 페이스북에 들어갔다가 확 스트레스를 받을지도 모른다. 그 이유는 당신의 타임라인이 절반은 관심을 끌려는 덜떨어진 음모론으로, 나머지 절반은 인류가 동굴에서 살아야 한다는 헛소리로 가득 차 있기 때문이다. 그 꼴에 눈이 튀어나올 것 같고 인류애가 사라지는 것 같다면 드디어 숙청할 때가 된 거다.

페이스북에서는 최대 5,000명과 친구를 맺을 수 있다. 하지만 그렇다고 꼭 친구를 5,000명 사귀어야 한다는 뜻은 아니다. 집에 100명은 족히 들어올 수 있다고 오늘 저녁식사 자리에 100명을 초대해야 한다는 뜻은 아니니까 말이다. 인생을 살면서 우리가 통제할 수 없는 문제도 많지만 우리의 실제 공간이나 가상 공간에 누구를 들일지는 충분히 관리할 수 있는 문제다.

이제부터 소셜미디어에서 내가 어떤 규칙에 따라 관계를 맺는지 소개하도록 하겠다.

페이스북

페이스북은 현실로 치면 여름날 즐기는 피크닉과도 같다. 이렇게 자문해봐라. "내가 이 사람을 실제로 만난 적이 있던가? 내가 이 사람 얼굴을 실제로 본 적이 있나? 만약 내가 길을 가다가 차도 건너편에 이 사람이 있는 걸 본다면 굳이 길을 건너가서 인사를 건넬까? 아니면 차 뒤에 숨어서 나를 못 보고 지나가기만 기다릴까?" 왜 이런 고민이 필요할까? 만약 내가 상대를 실제로 봤을 때 반갑게 맞이할 수 없고 오히려 상대를 피하려고 기행까지 감수할 정도라면 굳이 내 타임라인에 그 사람 글이 올라오게 내버려둘 이유가 무엇이겠나? 많은 사람들이 같은 고등학교나 대학교만 나왔어도 아무 생각 없이 일단 친구를 맺고 본다. 그러니까 학창 시절에 1군 쿼터백으로 뛰던 녀석이 지금은 동네 광신 집단까지 이끄는 극우 정치병 환자인 걸 알고는 속에서 열불이 나는 것이다. 제발 친구를 끊어라. 굳이 그런 기운을 받아야 할 이유가 없다.

트위터

트위터는 소셜미디어 세계의 해피아워라 할 수 있다. 트위터를 이용할 때는 이렇게 자문해봐라. "내가 사교 모임에서 이 사람을 만나면 5분 이상 대화를 나눌까? 모두가 왁자지껄 떠들고 있고 나 역시 이 대화에서 저 대화로 분주하게 옮겨 다니는 사교 모임에서 이 사람은 대화를 지속하고 싶을 만큼 매력적인 사람일까?" 트위터는 서로의 생각과 의견과 소식을 공유하는 공간이므로 그에 잘 어울리는 질문이다. 나는 내 타임라인이 유용하고 재밌고 시기적절하고 흥미롭길 바란다. 그런 공간에서 지구가 평평하다고 믿는 사람을 만나고 싶진 않을 것이다.

링크드인

링크드인은 각 분야 전문가들이 모인 강연회라고 생각하면 된다. 이렇게 자문해 보자. "내가 하는 일과 저 사람이 하는 일은 직업적인 면에서 겹치는 지점이 있을까? 저 사람과 같은 일터에서 만나게 될까? 정장을 쫙 빼입은 직업인으로서 서로를 소개한다고 했을 때 저 사람의 글은 나에게도 밀접한 관련이 있을까? 저 사람이랑 나는 실제로 같은 네트워크에 속하는 걸까?" 이곳에서는 다단계식 마케팅 사기를 특히 조심해야 한다.

인스타그램

인스타그램은 현실에 비유하자면 하우스파티가 열리는 곳이다. 이렇게 자문해 보자. "이 사람이 지난 휴가철에 다녀온 여행 사진을 올렸을 때 내가 그걸 보고 앉아 있을까?" 내가 인스타그램을 사용하는 이유는 긴장을 푼 채 좀 더 열린 마음으로 내 일상과 인생의 하이라이트를 공유하기 위해서다. 물론 이따금 진지한 생각을 담은 글도 포함되어 있다. 요컨대 인스타그램은 내 사적인 모습과 공적인 모습을 동시에 보여주고 싶은 곳이다. 내가 팔로우를 하는 사람 역시 어느 정도 흥미로운 일상과 생각을 공유하는 사람이어야 할 것이다.

실제로는 알지만 링크드인에서는 절대 추가하지 않을 사람이 있다. 알지도 못하고 만난 적도 없지만 인스타그램에서는 팔로우를 하는 사람도 있다. 오프라인에서는 한 식탁에 앉을 일이 딱히 없지만 트위터에서는 꼭 트윗을 챙겨보는 사람도 있다.

인정하고 싶지 않을 수도 있겠지만 이렇듯 소셜미디어에서 우리가 내리는 선택은 지극히 개인적일 수 있다. 어떤 사람을 사람 대 사람으로서는 좋아할 수 있지만 그 사람이 계속 나를 지치게 하는 글만 올린다면 소셜네트워크에서는 '숨김' 버튼을 누를지도 모른다.

내가 어디에서든 공통적으로 적용하는 규칙은 전혀 모르는 사람에게 팔로우를 걸거나 친구 신청을 보내지는 않는다는 점이다. 혹시 내가 만난 적이 없는 사람 프로필에 '팔로우' 버튼을 눌렀다면 그건 내가 어떤 식으로든 그 사람과 연결되어 있다고 느꼈기 때문이다. 예컨대 그 사람 작품을 보고 그 작품이 마음에 들었을지도 모른다. 내 글에 댓글을 한두 개 남겼는데 그게 나를 빵 터지게 만들었을지도 모른다.

종종 사람들은 이 세상에 생판 남은 없다고 말한다. 세상에 자연스럽게 친분을 맺을 줄 아는 사람만 존재한다면 나도 동의하는 말이다. 하지만 내가 올리는 사진마다 "팔로우 부탁드려요."라는 댓글을 다는 관심종자라면 그냥 남으로 남겨두고 싶다. 내가 그럴 생각이 없다는 걸 몇 번이고 확인했을 텐데. 차단하고 또 차단하는 수밖에.

내가 온라인 공간에 사람을 들이는 기준이 이렇듯 엄격하다 보니 "그러다 보면 듣고 싶은 소리만 듣는 반향실에 갇히게 되지 않을까요?"라는 의문이 생길지도 모른다. 내가 팔로우를 하는 사람이 죄다 나랑 정확히 똑같은 배경에서 자란 35세의 나이지리아 여성이라면 무조건 당신 생각이 맞다.

하지만 난 절대 내 플랫폼에 나랑 완전히 똑같은 생각을 하는 사람들만 있다고 생각하지 않는다. 우리도 서로 의견이 다를 때가 있다. 우리 모두가 공유하는 공통점이 있다면 그건 다들 인류의 복지를 신경 쓰는 사람들, 최소한의 인간다움을 장착한 사람들이라는 점이다. 그들은 대부분 친절하고 똑똑하고 재밌는 사람들이다.

인종차별주의자, 성차별주의자, 호모포비아, 트랜스포비아는 절대 내 공간에 발을 들일 수 없다. 그런 사람이 혹시라도 발을 슬쩍 들인다면 나는 문제를 바로잡기 위해 신속히 연결을 끊어버린다. 단지 반향실을 만들지 않기 위해 그런 인간들을 우리 온라인 공간에 들인다는 건 걔네들의 헛짓거리를 보증해 주는 것이나 다름없다.

마음속에 혐오가 가득한 사람이나 입속에 비방이 가득한 사람 역시 내 온라인 공간에 들일 생각이 없다. 내 인생에서 가장 자랑스러운 것이 있다면 그건 바로 내 팬들과 내 플랫폼에 흘러넘치는 긍정적인 에너지다. 사실 대부분의 인터넷 공간이 눈 뜨고 못 볼 재앙 그 자체인 데 반해 내 블로그의 댓글 창은 정반대이다. 이건 내가 몇 번이고 자랑하는 얘기이기도 하다. 내 글이나 블로그를 접한 사람들이 꼭 자랑해야 한다고 추천해 주거든.

내가 오랜 세월 온라인상으로 글을 쓰면서 구축한 우리 커뮤니티 일원들은 내가 내 이름이 걸린 공간에서 그들에게 어떤 모습을 기대하는지 잘 알고 있다. 성깔 더러운 혐오주의자가 아니라 사려 깊은 지성인이 되려고 노력한다는 뜻이다. 사람들 말로는 내 블로그가 재밌는 이유가 절반은 내가 쓴 글 덕분이고 나머지 절반은 거기에 달린 댓글 반응 덕분이라고 한다.

이따금 내가 쓴 글이 입소문을 타서 어그로꾼들 사이에 공유가 되면 내 온라인 공간이 인간성을 잃게 만드는 부류의 사람들로 바글바글해진다. 하지만 그럴 때면 내가 뭘 하기도 전에 팬들이 알아서 상황을 정리해준다. 내 공간을 안전한 곳으로 지키기 위해 그들이 기울이는 노력을 보면 내가 참 잘해왔다는 생각이 든다.

같은 맥락에서 나는 누군가 내 온라인 공간에 헛소리를 올리면 망설임 없이 삭제해버린다. 내 소셜미디어 방침은 민주주의가 아니라 전제주의이기 때문이다. 헛소리가 보이면 바로 차단하고 스팸 신고를 하며 다시는 댓글을 못 달게 만든다. 누가 내 앞에 찌꺼기를 던져놓고 간다고 내가 그걸 주워 삼켜야 할 의무는 전혀 없다.

말해줘도 모르는 건
당신 탓이 아니다

온라인에서든 현실에서든 우리는 선을 침범당할 때가 참 많다. 그럼에도 아무 말도 하지 못한다. 왜일까? 별것도 아닌 일로 유난을 떠는 건 아닐까 두려운 것일지도 모른다. 너무 예민하게 구는 건 아닐까 의문이 드는 것일지도 모른다. 다른 사람들에게 태도를 바꿔달라고 요구했다가 미움을 받을까 무서운 것일지도 모른다.

하지만 어쨌든 신경이 쓰이는 문제라면 그냥 얘기하는 게 어떨까? 그렇게 하는 게 당신은 물론 상대에게도 더 나은 일이다. 누군가 처음 내 선을 넘으면 나는 몰라서 그럴 수 있다고 판단한다. 그래서 내 선이 어디까지인지 말해준다. 그 이후에도 계속 똑같은 방식으로 선을 넘는다면 날 존중하지 않는다고 판단한다. 이 시점부터는 그 사람을 내 인생에서 지워버려도 아무도 날 비난할 수 없다. 난 할 말을 했고 상대는 그 말을 듣지 않았으니까. 선을 넘지 말라고 밝혔는데도 상대가 그 선을 존중해 주지 않는다면 죄책감 없이 당당하게 그 사람을 내쳐라. 그 사람은 더 이상 당신에게 접근할 권한이 없다.

물론 당신이 선을 확실히 긋고 그 선에 따라 행동하기 시작한다면 사람들은 썩 탐탁지 않아 할 것이다. 당신한테 도움이 되지 않는 말이나 행동을 차단하는 벽이 아니라 그들이 들어오지 못하게 차단하는 벽이라고 느낄 것이다. 그들이 그처럼 개인적인 문제로 받아들인다 한들 당신이 딱히 할 수 있는 일은 없다.

예전에 내 개인 페이스북 담벼락에 댓글을 달 수 없다고 화가 난 사람이 메시지를 보낸 적이 있었다. 그녀는 내가 사람들 접근을 차단하고 있다고 말했다. 나는 이렇게 답장을 보냈다. "공식 팬 페이지에 트위터 계정에 인스타그램 계정까지 있는데 제 개인 공간에서라도 사생활 같은 걸 좀 지킬 수는 없는 걸까요? 소통할 수 있는 방법은 이미 충분히 많은 걸요. 그런 식으로 느끼신다고 해도 제가 해드릴 수 있는 게 없네요. 세상에는 어쩔 수 없는 일도 있어요."

온라인에서만 이런 일이 벌어지는 게 아니다. 한 번은 친구가 사적으로 주최한 모임에 가서 신나게 음식을 채워 넣고 있었는데 갑자기 누군가 나타나 포옹을 하고 셀카를 찍자고 요청했다. 그래서 나는 일단 식사를 마저 하고 그렇게 하는 게 어떻겠냐고 제안했다. 그 사람은 기분이 상했는지 다른 친구에게 내 성격이 별로라고 말했다. 아주 하이파이브에 주먹 인사까지 곁들어서 요란하게 반겨줬어야 했나 보다. 근데 뭐, 이러나 저러나 결국 불만은 있었을 것이다. 여기서 배울 수 있는 교훈은 성격이 좋은 사람이 못 될까 봐 두려워할 필요가 없다는 점이다. 어떤 식으로 반응하든 사람들은 본인이 보고 싶은 대로 볼 것이다. 우리 진심이 어떠하든 그건 우리가 어떻게 할 수 있는 문제가 아니다.

당신이 선을 긋기 시작하면 어떤 사람들은 당신이 변했다거나 당신이 우월감에 빠졌다고 말할지도 모른다. 당신이 친절하지 못하다고 말할지도 모른다. 그러거나 말거나 신경도 쓰지 마라. 어차피 그들은 당신 바로 앞이 아니라 저 멀리서나 구시렁댈 수밖에 없다. 당신이 워낙 선을 잘 그어놔서 당신 곁에 오지도 못할 것이기 때문이다. 정신을 똑바로 차려라. 다른 사람들을 위한답시고 부단히 애를 써봐야 여전히 그들 눈에는 차지 않을 것이다. 당신은 누구에게도 시간이나 공간이나 에너지를 빚지지 않았다. 자기 것을 지키면서 죄책감을 느끼지 마라.

명심해라. 당신의 인생은 누구든 입장할 수 있는 길거리 축제가 아니다. 나는 내 인생을 손님 명단에 올라간 사람만 입장할 수 있는 고급 회원제 클럽이라고 생각한다. 이곳에 오는 사람들은 전부 내가 함께 좋은 시간을 보낼 수 있으리라 확신하는 사람들이며 절대 분란을 일으키지도 않을 것이다. 내 클럽이 정말 좋은 점은 버르장머리 없는 사람이 들어왔을 때 언제든 쫓아낼 수 있다는 사실이다. 다시 한번 기억해라. 모두가 당신 인생에 참여할 수 있는 건 아니다. 그곳은 당신의 클럽이며 당신에게는 당신이 원하는 사람만을 들일 권리가 있다.

설령 가족이라 할지라도 선을 그어라. 사실 사랑하는 사람끼리도 선을 지킬 수 있다는 사실을 이해하는 게 특히 더 중요하다. 사랑하는 사람들을 위해서라면 몸이 부러지는 한이 있더라도 몸을 굽혀야 한다는 압박감을 느끼기 쉽기 때문이다. 우리가 소중하게 여기는 선을 지우라고 강요하는 게 사랑하는 사람들이라면 그 요구를 거절하기가 어렵기 때문이다. 혈연으로 지워진 책임을 다하기 위해서라면 자신의 감정쯤은 희생해도 좋다고 어릴 때부터 가르친 사람이 바로 우리가 사랑하는 사람들이기 때문이다.

시간, 활력, 정신력, 돈은 물론 당신 자신까지, 당신이 가진 모든 것을 다른 사람들을 위해 내어주는 지경에 이르지 마라. 그들이 당신에게 받은 걸 가지고 떵떵거리며 사는 동안 당신은 빈손으로 뒤에 혼자 남겨질 것이다.

당신에게는 당신이 좋아하고 싫어하는 것을 가를 선을 결정할 권리가 있음을 기억해라. 사람들의 대우가 마음에 들지 않는다면 태도를 바꿔달라고 솔직히 요구해라. 티셔츠를 입든 공익광고를 내보내든 해시태그를 달든 당신이 원하는 바를 당당히 드러내라. 그에 대해 죄책감을 느끼지 마라. 같잖은 사람들이나 성장을 가로막는 원수들이 당신 영역을 뚫고 들어오지 못하도록 막아라. 머저리들이 들어오지 못하게 벽을 세워라.

선을 그어라. 그리고 조금도 미안해하지 마라.

3부

그대로
행하라

내면의 변화와 솔직하게 말하기는 결국 행동을 바꾸기 위한 준비다. 여러분은 이제 수많은 두려움을 극복하고 나아갈 준비가 되어 있다.

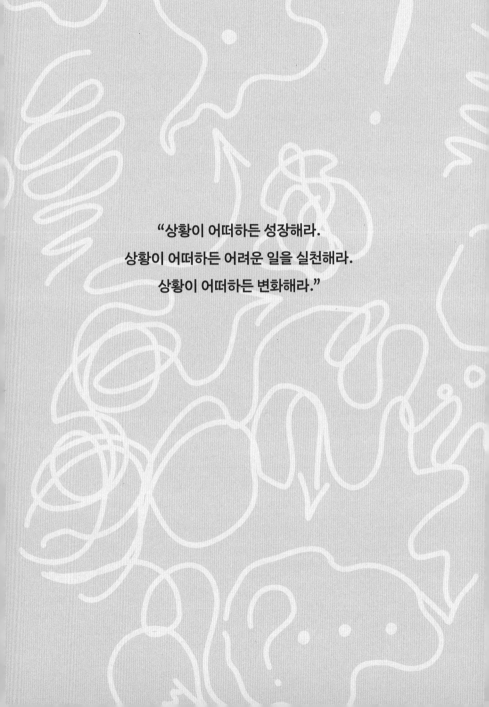

"상황이 어떠하든 성장해라.
상황이 어떠하든 어려운 일을 실천해라.
상황이 어떠하든 변화해라."

11장

지금은 맞고
그때는 틀리다

우리는 변화를
두려워한다

변화는 두렵다. 알려지지 않은 길을 가서 어떤 목적지에 이르게 될지 겁이 나기 때문이다. 사람들은 편안하고 익숙하게 원래 하던 대로 살아가는 쪽을 더 좋아한다.

나도 다르지 않다. '변화에 경기를 일으키는 사람 모임' 회장이라 해도 부족함이 없는 나는 상황을 정확히 이해하고 완벽히 통제하기를 좋아한다. 아직 일어나지 않은 일에 딸려오는 수수께끼는 나에게 크립토나이트나 마찬가지다. 예지력이랑은 평생을 담 쌓고 살았는데 이제 미래의 불확실성에 익숙해질 법도 하지 않느냐고? 그럼에도 나는 그 불확실성을 어떻게든 해결해야 했다. 더 나은 삶을 살고 싶은데 오랜 습관, 오랜 방식, 오랜 생각이 내 앞을 가로막고 있었기 때문이다.

나란 인간은 완전 엉망이다. 겸양을 떠는 게 아니라 냉정하게 자기 인식을 한 결론이다. 〈토이스토리 4〉에서 "난 쓰레기야!"라고 외친 포키랑 똑같은 입장이다. 포키는 자기 말이 객관적인 사실인 걸 알았다. 실제로 쓰레기를 재활용해 만들어진 존재였으니까. 기본적으로 인류는 두 발 달린 쓰레기 더미나 다름없다. 인류는 나태하고 이기적이며 돈에 미쳐 기후마저 위기에 빠뜨리는 미립자 덩어리다.

나는 여러 차례 말실수를 크게 저지른 전과가 있는 머저리이기도 하다. 게다가 고집이 세고 완벽주의적인 성향까지 있어서 늘 무리를 하다 보니 제발 얌전히 있으라는 소리를 들어도 싼 문제이다. 한마디로 난 미완성 작품이다. 누가 굳이 내 결점을 일러주지 않아도 된다. 오히려 나 자신이 어마어마한 내 결점 목록을 순식간에 읊어줄 수 있을 정도니까.

우리가 할 수 있는 일은 조금이라도 덜 역겨워지려고 애쓰는 것뿐이다. 적어도 노력이라도 한다면 우리는 그나마 더 나은 존재가 될 수 있으며 완전 쓰레기는 아니라고 스스로를 위로할 수 있다. 솔직히 최소한 그 정도는 해줘야 한다. 그렇기 때문에 나는 내 인생 목표 중 하나를 '이전보다는 더 나은 쓰레기가 되자'로 삼았다. 아마 어제나 오늘이나 나는 똑같이 머저리일 것이다. 그래도 괜찮다. 스스로에게 그 정도 자비는 베풀 수 있다. 하지만 내일만큼은? 더 나아져야만 한다.

이전보다는 덜 끔직한 존재가 되기 위해 최선을 다한다면 어떤 일이 벌어질까? 당신은 마침내 변화를 겪는다. 아주 미세하게라도 이전과는 다른 존재가 된다. 끊임없이 발전한다는 사실 외에는 모든 것이 달라진다. 그리스 사람 헤라클레이토스는 오래전 고인이 됐지만 "인생에서 유일하게 변하지 않는 것은 변화"라는 그의 말은 살아 숨 쉬는 것이다. 여태까지 누구도 이 진리에 반박하지 못했다.

내가 확실히 아는 건 지금 이 순간의 '나'가 마지막 순간의 '나'는 아닐 것이라는 점이다. 우리는 변화하기를 원해야 할 뿐만 아니라 변화하려고 애써야 한다. 지금보다 더 나은 사람이 되는 건 우리의 의무이다. 그걸 뭐라고 부르는지 아는가? '성장'

이라고 한다. 성장은 의무이다. 따라서 우리는 스스로에게 한 달 관리를 소홀히 했더니 무럭무럭 자라난 큐티클처럼 무럭무럭 성장할 기회를 줘야 한다.

성장할 기회를 갖는 것과 실제로 성장을 하는 것 사이에는 큰 차이가 있다. 자신이 이전보다 더 나은 사람이 되어야겠다고 결심하고 나면 당신이 서 있는 지반이 요동치는 순간이 온다. 흔히들 '성장통'이라는 표현을 쓰는데 그냥 하는 말이 아니다. 변화는 절대 즐거운 과정이 아니다. 밝은 햇살과 오색찬란한 무지개가 빛나는 광경이 아니다. 안전지대가 뒤흔들릴 것이기 때문이다. 변화는 힘이 들고 그렇기에 두렵다.

변화가 주로 선택이 아니라 압력에 의해 이루어지는 것도 바로 이 때문이다. 우리는 어느 날 갑자기 일어나서 "마음도 되게 편안하고 일도 잘 풀리는데 변화나 한 번 해볼까?"라고 말하지 않는다. 변화는 그런 식으로 일어나지 않는다. 보통은 우리가 변화할 수밖에 없게 만드는 기폭제가 있기 마련이다.

때때로 기폭제는 우리 외부에 존재할 수 있다. 예를 들어 예상치도 못하게 직장을 잃거나 난데없이 중병에 걸리거나 갑자기 임신 사실을 알게 되거나 돌연 사랑하는 사람과 사별한다면 변화를 겪을 수 있다. 아, 결혼하는 것도 기폭제가 될 수 있지.

한편 기폭제가 우리 내부에 존재하는 경우도 있다. 딱히 중대한 사건이 터지지 않아도 우리의 양심이나 영혼이 건네는 목소리 때문에 변화를 겪게 된다는 뜻이다. 예컨대 우리는 삶이

지루하다고 느끼거나 자기가 있어야 할 곳에 있지 못하다고 느낄 수 있다. 아침에 일어났는데 가기 싫은 곳에 가서 출근 도장을 찍어야 한다는 생각에 진이 빠질지도 모른다. 간신히 숨을 헐떡이면서 삶을 살아가고 있다고 느낄 수도 있다. 계기가 무엇이든, 그것이 우리 내부에 있든 외부에 있든, 변화는 우리가 딛고 서 있는 발판을 완전히 날려버릴 수 있다.

내 인생에서는 변화를 해야만 했던 순간이 꽤 명확했다. 예를 들어 아홉 살에는 미국으로 이민을 가서 평생 처음으로 이방인 소녀 역할에 적응해야 했다.

대학에 가서 기초화학개론 수업을 들었다가 난생처음 D를 받았을 때도 변화가 필요했다. 그때 난 의예과 과정은 물론 의사가 되겠다는 평생의 꿈을 포기했다. 그리고 도미노처럼 이어진 일련의 사건을 거쳐 작가가 되었고 결국 이 책을 쓰기에 이르렀다.

온라인에서 의견을 표출했다가 거대한 역풍을 맞아서 더 나은 사상, 더 나은 인격, 더 나은 지성을 가진 사람으로서 플랫폼을 관리해야겠다고 생각했을 때도 있었다.

결혼을 했을 때는 우선 나만 생각하는 개인주의적인 사고방식을 버려야겠다고 다짐했다. 또한 내가 가진 트라우마를 배우자에게 전달하거나 투사하는 일이 없도록 트라우마를 조금씩 극복해야겠다고 다짐했다.

이런 대격변의 시기를 겪을 때마다 마음이 찢어질 듯이 아프고 불안했으며 나를 짓누르는 고통에 눈물과 콧물 범벅이 됐다. 내가 여태까지 당연하게 받아들였던 것들이 송두리째 흔들렸다. 누가 내 영혼의 뼈를 잡아다가 늘리는 것만 같았고 그 성장통이 때로는 육체로까지 전해졌다.

하지만 바로 이런 순간들 덕분에 나는 지금의 '나'가 될 수 있었다. 나이지리아에는 이그보우어로 이런 말이 전해져 내려온다. "야자 기름이 되고 싶은 야자 씨는 불을 지나야 한다." 다이아몬드가 높은 압력 하에서만 만들어질 수 있음을 기억하는 것도 도움이 된다. 그렇다. 우리가 진정한 나 자신으로 거듭나려면 무슨 일이든 겪을 수밖에 없다.

성장은 때때로 선택이 아니라 필요의 문제다. 인생이 다른 선택지를 내어주지 않을 수도 있기 때문이다. 이때 우리는 변화하는 것이 숨을 쉬는 것만큼이나 당연하고 기초적인 활동임을 이해해야 한다.

우리 할머니 이야기를 떠올리지 않을 수 없다. 어쩌면 할머니도 한때는 차분하고 느긋하고 상냥한 분이었을지도 모르는 일이다. 하지만 설령 그랬다 할지라도 할머니는 어느 순간 변하셨으며 그때가 언제인지는 짐작조차 어렵다. 할머니 인생에는 할머니가 변화하셔야만 했던 굵직굵직한 사건사고가 너무나 많았기 때문이다. 그 모든 순간들이 쌓이고 쌓여 내가 아는 할머니, 강인하고 열정적이며 부당한 일을 못 참고 온 마음을 다해 사랑하는 여성이 탄생한 것이다.

우리 할머니 푼밀라요 팔로인은 라고스라는 도시에서 데이비드 라소레David Lásórè와 셀리나 라소레Celina Lásórè의 딸 푼밀라요 라소레로 태어나셨다. 증조할아버지는 학식 있는 분으로 직업이 교사셨으며 증조할머니는 가사를 돌보셨다. 두 분 슬하에는 자녀가 다섯 있었으며 우리 할머니는 그중 셋째였다. 할머니 밑으로 작은할머니 폴로운쇼Folóunshó가 태어나셨고 막내할머니는 어린 나이에 돌아가셨다.

할머니가 열일곱이 되셨을 때 커다란 변화의 바람이 불었다. 할머니의 친할머니가 나이지리아 에키티 주에 있는 마을인 오룬 에키티Orún Èkìti의 차기 왕위 계승자가 되신 것이다. 할머니의 부계 혈통은 사실 왕족이었다. 하지만 할머니의 친할머니는 여성이라는 이유로 왕이 되실 수 없었다. 그래서 그분은 당신 아들이신 데이비드에게 자리를 물려주시려고 했다. 증조할아버지께서 아는 것도 많으셨거니와 가부장제 왕족 사회에서 선호되는 성별이셨기 때문이다(그럼 그렇지). 이처럼 강력한 전통이 책임을 지우는 경우 달리 선택지가 많지 않다. 그래서 할머니네 부모님은 분주한 도시 라고스를 떠나 관습이 지배하는 시골 마을 오룬 에키티에 새로운 터전을 마련하셨다.

일상에 그처럼 거대한 균열이 생기는 게 어떤 기분일지 상상조차 가지 않는다. 하룻밤 사이에 할머니와 작은 할머니는 공주가 되셨다. 오빠 두 분은 출세를 좇아 독립하셨기 때문에 할머니가 사실상 맏이 역할을 하셔야 했다.

증조할아버지는 왕위에 오르신 지 1년도 되지 않은 어느 날 갑자기 세상을 떠나셨다. 때로는 인생이란 얼마나 짓궂게 구는지 얼마 지나지 않아 증조할머니도 돌아가셨다.

너무 짧은 시간에 할머니 인생이 180도 뒤집혔다. 부모님과 함께 살던 도시 소녀가 한순간에 시골 마을의 공주가 되고 심지어 부모님까지 여읜 것이다. 그때부터 할머니는 전력을 다해 변화하고 성장하셔야 했다. 인생이란 녀석은 우리 면상에 주먹을 꽂기 전에 경고 따위 해주지 않기 때문이다.

할머니는 왕위 계승권을 가진 사람 중 가장 연장자였기 때문에 오룬 에키티의 섭정 자리에 오르셨다. 섭정이란 왕을 찾기 전까지 잠정적인 왕 역할을 하도록 임명된 사람을 가리킨다. 마침내 새로운 왕을 찾을 때까지 할머니는 여러 달을 섭정으로 지내셔야 했다. 열여덟 살 소녀가 인생에서 가장 소중한 사람들을 사별한 것도 모자라 마을의 대소사를 처리해야 한다는 말까지 들었을 때 어떤 마음이 들었을지 상상이나 되는가?

그 후로 할머니는 일레사에 있는 작은삼촌 댁으로 들어가셨다. 하필 그분은 만화 속 악당처럼 성미가 고약한 분이셨다. 전해져 내려오는 말에 따르면 할머니의 작은삼촌은 사람이 거칠뿐만 아니라 냉혹하기까지 하셨다고 한다. 증조할아버지 재산이랑 가보를 전부 팔아치운 다음 조카들에게 물려주기는커녕 혼자 독차지했다. 심지어 증조할아버지 집에는 불을 질렀다. 그때 유품이 다 불타버리는 바람에 지금도 우리 가족한테는 라소레 집안사람들 사진이 한 장도 없다.

그렇게 할머니는 열여덟의 나이에 본인 몫을 모조리 훔쳐간

작자의 통제 아래서 열세 살짜리 동생을 돌보며 살아가야 했다. 네 식구가 같이 살다가 눈 깜짝할 새 두 식구로 줄어버리는 경험은 가슴에 채찍질을 하는 것만큼 고통스러웠을 것이다. 애도는 제대로 하실 수 있었을까? 조금이라도 미소를 지어 보이실 수 있었을까? 모든 걸 내려놓고 바스러지고 싶은 마음이 드시지는 않았을까? 사람이든 물건이든 자신이 알던 기반이 송두리째 사라졌는데도 계속 살아갈 여력이 된다고 생각하실 수 있었을까?

우리 할머니는 절대 쉽게 무너지는 사람이 아니셨나 보다. 지금까지 겪어낸 역경만으로도 모자랐는지 할머니의 삼촌이 변화구를 하나 더 날리셨기 때문이다. 바로 계약 결혼이었다. 할머니는 자신이 웬 나이든 남자랑 약혼하게 됐다는 사실을 통보받았다. 결국 할머니는 열여덟의 나이에 처음 보는 사람이랑 억지로 가족을 꾸려야 할 처지에 놓이셨다.

다른 선택지는 없었기 때문에 할머니는 자신만의 선택지를 만들어내셨다. 도망가기로 결정하신 것이다. 할머니는 하나 남은 동생만 데리고 일레사를 떠나 두 시간을 달려 이바단에 도착했다. 차라리 알지 못했으면 좋았을 남자 옆에서 전혀 알지도 못하는 남자랑 결혼해 사느니 삶을 처음부터 다시 시작하는 게 낫다고 판단하셨다. 빈손으로 연고도 없이 살아가는 게 더 자유롭다고 느껴졌기 때문이다. 이때가 1950년이었다. 남자가 권위를 내세우면 여자는 그저 "예." 하고 복종할 수밖에 없는 시대였다는 말이다. 그럼에도 10대 소녀 푼밀라요는 생지옥을 경험한 뒤 그곳 남자들에게 영원히 발목을 붙잡히느니 차라리 아무 연고가 없는 새로운 지옥을 찾겠노라고 결단을 내렸다.

할머니는 이바단에서 우리 할아버지 엠마뉴엘 올라디이포 팔로인Emmanuel Oládiípò Fáloyin을 만났다. 바로 여기서부터 내 출생의 역사가 쓰이기 시작했다. 이곳에서 할머니는 우리 엄마 올루예미시Olúyémisí를 낳았고 우리 엄마는 나를 낳았다. 할머니와 할아버지가 이바단에 새로 터전을 일구신 덕분에 나는 안식처로 여길 만한 가정 내에서 행복하게 자랄 수 있었다. 바로 이곳에서 내 첫 자아가 탄생했다.

할머니의 인생은 이전의 자신을 벗어던지지 않으면 안전을 장담할 수 없는 순간의 연속이었다. 할머니는 평생토록 끊임없이 자신이 머무를 곳을 바꿔야만 했다. 할머니의 어린 시절은 지독히도 파란만장해서 살아남은 게 기적인 수준이었다. 혹시라도 할머니가 세상의 풍파를 이겨내지 못했더라면 우리 엄마는 세상에 나올 수 없었을 것이며 나 역시 여기 이 자리에 앉아 있을 수 없었을 것이다.

할머니는 반드시 변화해야만 했다. 오룬 에키티에 살던 열일곱 살의 푼밀라요는 라고스에 살던 열다섯 살의 푼밀라요와 전혀 다른 사람이었다. 또 이바단에 나타난 열여덟 살의 푼밀라요는 일레사에 살던 열여덟 살의 푼밀라요와 전혀 다른 사람이었다. 일레사의 푼밀라요는 절대 이바단에서 살아남지 못했을 것이다. 따라서 할머니는 그녀를 놓아주어야만 했다. 하지만 그 모든 푼밀라요가 존재했기에 할머니는 예순 살 생일을 맞이

하실 수 있었고 인생이 무려 60년 동안 할머니를 똑 하고 부러 뜨리려 했음에도 부러지지 않았음을 7일 간의 축제로 기념하실 수 있었다. 할머니는 자신이 수많은 역경을 견뎌왔기에 지금 그 자리에 오를 수 있었다는 사실을 기쁘게 받아들이셨다. 평생 세상에 맞서고 또 맞섰다. 그리고 그때마다 당당히 승리를 거머쥐셨다.

마야 안젤루 여사가 남긴 현명한 조언 중 이런 말이 떠오른다. "당신은 당신에게 일어나는 모든 일을 통제할 수는 없습니다. 하지만 어떤 일에도 굴하지 않겠노라고 다짐할 수는 있지요." 때로는 변화를 겪으며 받은 충격이 우리를 더 성숙하고 강인하고 통찰력 있는 사람으로 만들기도 한다. 모두 우리에게 꼭 필요한 특성임에도 종종 우리는 다른 사람들이 뭐라고 말할지가 두려워서 변화하기를 망설인다.

만약 우리 할머니가 웬 노인네의 아내가 되기를 거부했다가 마을 사람들한테 비난을 받을까 봐 일레사에 계속 머물렀다면 미래가 어떻게 바뀌었을까? 상상만 해도 끔찍하다. 우리는 상황이 어떠하든 반드시 변화해야 한다. 할머니는 스스로를 바꾸는 한이 있더라도 결코 역경에 굴하시지 않았다.

달라졌다는 말은
잘 살고 있다는 뜻이다

인생을 살아가다 보면 이전의 내 모습에 익숙하던 사람들이 내가 성장하는 과정을 지켜보고는 "너 변했어."라고 말할 때가 있다. 그런 말을 들으면 마음이 아프다. 애초에 상처를 줄 의도로 하는 말이기 때문이다. 사실상 그들은 내가 더 이상 이전의 '나'가 아니며 따라서 누구인지 못 알아보겠고 말하는 것이다. 하지만 여기에 숨어 있는 진실은 그들이 변하지 않은 게 문제라는 점이다. 그들 입장에서는 나랑 더 이상 눈높이가 맞지 않으니 그 원인을 내 탓으로 돌릴지도 모른다. 당연히 내 마음은 불편해진다. 그래서 그 사람 기분을 풀어주려고 "아니야, 나 안 변했어. 나 그대로야."라고 말하고 싶어진다. 하지만 오판이다. 나는 정말로 변했다. 새로운 시도를 했고 새로운 결과를 얻었다. 내 세계가 바뀌었다. 그러니 눈높이가 달라질 수밖에 없다. 그래도 괜찮다. 내가 더 우월한 사람이라는 뜻은 아니니까. 그저 달라졌을 뿐이다.

변화를 거부하는 건 해악이다. 오히려 다른 사람이 긍정적인 변화를 할 수 있도록 격려한다면 어떨까? 다른 사람이 온실 속에서 나오도록 밀어붙인다면 어떨까?

변했다는 말을 들을 때 모욕을 느끼는 대신 이렇게 말해보자. "알아봐줘서 고마워요. 더 나은 사람이 되려고 진짜 열심히 노력했거든요." 변화한다는 건 결국 자신이 직면한 어려움에 적응한다는 뜻이다. 우리는 그저 인생이 우리 앞에 던져놓는 상황에 맞춰 다른 방식으로 대응하는 것일 뿐이다. 물론 우리가 변했다는 말이 더 냉담해졌다거나 더 사악해졌다거나 더 무례해졌다는 말이라면 "음, 그렇구나. 고치도록 노력해볼게." 라고 답해도 좋다. 하지만 그런 경우가 아니라면? 신경 쓰지 말자.

이전과는 달라졌다는 말을 어째서 모욕으로 받아들이는 걸까? 왜 이전의 자신과 정확히 똑같은 사람이 되고 싶은 걸까? 만약 당신이 그렇게 느낀다면 당신은 인간으로서 책무를 다하지 않고 있는 것이다. 인간이라면 꼭 해야 하는 일을 하지 않고 있다는 뜻이다. 변화는 필수적이다. 1년 전과 비교하든 10년 전과 비교하든 변한 게 없다는 것은 당신이 새로운 지식을 전혀 깨우치지 못한 채 똑같은 방식으로 똑같은 수준에 머물러 살아가고 있다는 말이다. 이전의 당신과 똑같은 사람이라는 건 인생이라는 여정을 헤쳐 나갈 새로운 도구를 전혀 발견하지 못했다는 뜻이다. 당신은 그때나 지금이나 똑같은 방식으로 말하고 똑같은 방식으로 생각할 것이다. 자신이 옳다고 생각하는 방식을 계속 고집할 것이다. 당신을 둘러싼 모든 것이 끊임없이 변화하는데 당신은 제자리에 그대로 멈춰 있는 셈이다.

나는 다른 사람 기분을 맞춰주자고 절대 내 성장을 포기하지는 않을 것이다. 내가 이 땅에서 부여받은 소명은 다른 사람 마음을 편안하게 만들어주는 게 아니니까. 만약 변화를 멈춘 사람들이 내가 진화하고 적응하고 발전하는 모습을 보고 열등감을 느낀다면 그게 오히려 내가 옳은 방향으로 나아가고 있다는 증거 아닐까? 우리 모두는 변화하기를 바라야 한다. 더 나은 사람이 되기를 원해야 한다. 인생이 던지는 변화구에 더 잘 대처하기를 기대해야 한다. 변화가 없이는 하고 싶은 일을 할 수도, 되고 싶은 사람이 될 수도, 가고 싶은 곳에 갈 수도 없다. 그런데도 변화를 부끄러워 할 텐가?

변화와 선택은 자신을 위한 것이지 남을 위한 게 아니다. 오로지 자기 자신의 몫이다. 우리가 우리 자신을 위해 최선을 선택을 내려도 어떤 사람들은 기분 나빠할 수 있다. 자신들은 변화를 선택할 줄 모르기 때문에 당신에게 화풀이를 하는 것이다. 그건 당신 잘못이 아니고 당신이 신경 쓸 문제도 아니다. 상황이 어떠하든 성장해라. 상황이 어떠하든 어려운 일을 실천해라. 상황이 어떠하든 변화해라.

한 번 상상해 보자. 당신이 친구랑 같이 1층에서 시작해 꼭대기까지 오르려고 한다. 당신은 성큼성큼 발걸음을 옮겨 금세 7층까지 올랐다. 그런데 아래를 내려다보니 친구는 아직도 3층이다. 똑같이 시작했으니 비교가 안 될 수 없다. 격차 역시 수치로 뚜렷하게 나타난다. 하지만 기억해야 할 사실은 모두가 똑같은 속도로 계단을 오르지 않는다는 점이다. 사람마다 고유한 인생 여정이 있다. 용을 사냥하러 떠날지라도 각자 잡아야 하는 용이 다르다. 그러니 우리가 해야 할 일은 서로를 비교하는 것이 아니라 계속 앞으로 나아가라고 서로를 격려하는 것이다.

어쩌면 먼저 용을 잡고는 어떤 용이 친구를 기다리고 있는지, 내가 어떻게 용을 무찌를 수 있었는지 가르쳐줄 수도 있다. 그런데도 많은 사람들은 다른 사람의 성장을 아니꼽게 바라본다.

누군가 당신이 "이상한 행동"을 한다고 말한다면 그건 단지 그 사람이 새로워진 당신에게 익숙하지 않다는 뜻일 수 있다. 원래 조용한 사람으로 알려져 있던 당신이 최근 들어 목소리를 내기 시작한다? 이상한 행동처럼 보일 수 있다. 원래 파티라는 파티는 다 가던 당신이 요새는 클럽을 피해 다닌다? 역시 이상한 행동처럼 보일 수 있다.

원래 대출받는 걸 대수롭지 않게 생각하던 당신이 요즘에는 은행에 발도 들이지 않는다? 이상한 행동처럼 보일 수 있다. 원래 행사나 파티나 모임이 있으면 늘 주최자를 자처했던 당신이 꿈을 좇는 데 집중하기 위해 자리를 내준다? 주변 사람 눈에는 이상한 행동이다.

내가 무슨 말을 할지 예상이 되나? 그럼 이상하게 행동하면 된다. 난 단지 인생을 제대로 살려고 애쓰고 있을 뿐인데 그게 우스꽝스러워 보인다면 얼마든지 광대라 불러도 좋다!

사람들은 본인이 우리 입장이었다면 달랐을 것이라는 이유로 우리가 변했다고 생각하기도 한다. 하지만 실제로 바뀐 건 우리가 아니라 그들이 우리를 대하는 태도다. 그건 완전히 우리 손을 벗어난 문제다.

사람들이 당신에게서 변화를 목격한다는 건 사실 당신이 당신의 목표를 이루기 위해, 당신의 선을 지키기 위해 필요한 일을 하고 있다는 뜻이다. 이전과는 달리 남의 필요를 채우기 위해서가 아니라 당신 자신의 필요를 채우기 위해 노력하고 있다는 뜻이다.

변화를 경험할 때 주변 사람들이 이전의 '나'를 이용해 새로운 '나'를 공격하도록 내버려 두지 말자. 세상에는 우리가 성장하는 꼴을 죽어도 못 보는 사람들이 있다. 그들은 자꾸 과거의 '나'를 떠올리게 함으로써 미래의 '나'에게 오점을 남기려 한다.

사람들이 한참 전의 내 모습을 가지고 지금의 내 모습을 재단하려 든다면 딱히 내가 할 수 있는 일이 없다. 그저 지금의 내 모습을 당당히 드러내면서 그들의 아이폰2G급 지적 사양으로는 최신 소프트웨어 업데이트를 받기가 어려운가 보다 생각하는 수밖에 없다. 굳이 원하지도 않는 사람을 데려다가 지금의 내 모습을 알아보게 만들겠다고 개고생하지 마라.

장담하는데 사람들이 꼭 이렇게 떠볼 것이다. "혹시 너, 예전에 어땠는지 기억나?" "어머, 예전에는 자기 눈썹이 정자도 아니고 징그럽게 말려 있었는데 기억나? 끝은 또 얼마나 가늘고 말이야. 어휴, 1998년이 참 대단한 해였다니까. 그래도 지금 이 모습을 봐! 이제야 손을 좀 봤네. 나도 바꿔볼까?" 이모나 숙모는 하나같이 왜 이런 잔소리에 능한지. "어머, 옛날에 너 이불에 오줌 싸고 그랬잖아!" 아줌마, 그건 30년도 더 된 얘기인 데다가 그때 전 네 살이었다고요.

이렇게 사람들이 자꾸 과거의 '나'를 떠올리게 한다면 잘 기억난다고 말해라. 그리고 과거의 '나'가 있었기에 지금의 '나'가 더 나은 사람이 될 수 있었으니 오히려 고맙다고 말해라. 아예 한술 더 떠서 그렇게나 부족하고 서투른 사람이었음에도 다시는 그런 사람이 되지 않기 위해 계속 노력한 자신이 얼마나 자랑스러운지 모른다고 말해라. 그다음 미소를 활짝 지으면서 그들도 당신처럼 성장하기를 바란다고 말해라(내가 아직도 이렇게 속이 좁다).

가진 걸 놓아주고 변화를 받아들여라

변화 자체도 두렵지만 우리가 가진 걸 놓아줘야 한다는 죄책감마저 더해지다 보니 변화를 두 팔 벌려 반기기가 더 어렵게 느껴질 수 있다. 부디 아무런 양심의 가책 없이 성장과 변화를 받아들이기를 바란다.

첫 책이 나오고 곧바로 《뉴욕타임스》 베스트셀러 목록에 올랐을 때 나는 급격히 변화했다. 그저 블로그에 글을 끼적이던 소녀가 유명한 작가가 된 것이다. 그전에도 출장은 자주 다녔지만 강연 요청이 세 배로 뛰었고 강연료도 두 배나 올랐다. 사실상 비행기 안에서 살다시피 했다.

결과적으로 예전에 하던 대로 일주일에 세 번씩 글을 쓰기가 어려워졌다. 세상에서 벌어지는 일을 가지고 논평을 쓰는 걸로 경력을 쌓았다 해도 과언이 아닌데 갑자기 그럴 여유가 싹 사라진 것이다. 여유는 무슨, 숨 가쁘게 이곳저곳을 날아다니다 보니 내가 지금 어느 도시에 있는지도 몰랐다. 이 때문에 양심이 너무나도 찔렸다. 우리 독자들이 최근에 일어난 사건을 두고 "러비라면 이 사건을 어떻게 생각할지 궁금하네요."라고 의문을 품고 있는 동안 나는 간신히 다음 비행기를 잡느라 정신이 없었다. 내 일을 제대로 하지 못한다는 죄책감에 마음이 너무 아팠다.

하지만 그때 내가 깨닫지 못했던 건 내 일이 변했으며 그래도 아무 문제없다는 사실이었다. 잠옷 차림으로 컴퓨터 앞에 앉아 그날 소식에 바로바로 반응하는 건 더 이상 내 일이 아니었다. 이제 내 일은 무대 위에 올라 내가 인생을 살면서 어떤 교훈을 배웠고 어떤 실수를 저질렀고 어떤 승리를 거뒀는지 사람들에게 이야기해 주는 것이었다. 내 인생 철학을 담은 책이 가능한 한 많은 사람에게 닿을 수 있도록 최선을 다하는 것이었다. 그들이 나처럼 기회의 문을 열 수 있도록 돕는 것이었다.

나는 블로그 구독자들이 내게서 버림받았다는 느낌을 받을까 봐 미안해하고 두려워하느라 다가오는 변화를 기껍게 받아들이지 못했다. 과거에 나를 그 자리까지 오를 수 있게 해줬던 일들에 미련이 남았다. 하지만 알고 보니 앞으로 더 높은 곳을 향해 오르려면 과거의 일들은 뒤에 남겨둔 채 떠나야 했다.

그때는 몰랐지만 내가 "변했다"는 이유로, 내가 블로그 활동을 이전처럼 하지 않는다는 이유로 화를 내는 사람들은 애초부터 내 이야기를 들을 가치가 없는 사람들이었다. 페이스북이나 인스타그램이나 트위터에 내가 올린 글들을 보고서 앞으로의 여정을 진심으로 응원해준 사람들이 진정으로 내게 소중한 사람들이었다. 그들이 "블로그 글도 그립기는 하지만 러비가 앞으로 써 내려갈 인생의 새로운 챕터도 너무 마음에 들어요!"라고 말해준 덕분에 내 영혼에도 충만한 느낌이 들었다.

나는 더 이상 매일 블로그를 업데이트하던 소녀가 아니었다. 나는 베스트셀러 작가이자 세계를 누비는 대표 강연자이자 미디어 회사의 CEO로 진화했다. 나는 성장했고 그 성장은 내 삶에 반드시 필요한 과정이었다. 그 덕분에 내 일이 세상에 더 큰 영향을 미칠 수 있게 되었기 때문이다. 또한 내가 하는 말 역시 더 많은 관심과 감시를 끌어들이게 되었다. 그 때문에 공개적으로 망신을 당한 때도 있었지만 훨씬 더 사려 깊고 생각 깊은 사람이 될 수도 있었다.

우리가 일찍부터 변화하고 성장할 기회를 잡는다면 어떤 일이 생길까? "명심해. 넌 오늘의 너랑은 다른 사람이 되어야 해. 변해도 괜찮아. 미안해하지 않아도 돼."라는 말을 듣는다면 어떤 일이 생길까? 변화란 우리가 피해야 할 과정이 아니라 기대해야 할 과정임을 이해할 때 우리의 삶은 얼마나 자유로워질까? 주변 사람들이 "이번에 북 투어 있지? 한동안 연락두절될 거 알아. 잘 마치고 돌아올 때까지 여기서 기다릴게. 전보다 자주 출장을 가야 하는 건 다 네게 찾아온 새로운 인생을 위한 건

데 얼마든지 지지해줘야지."라고 말해준다면? 아! 얼마나 홀가분할까!

경력이 쌓일수록 사랑하는 사람과 함께할 수 없는 순간들이 종종 생겨났다. 가끔씩은 얼마나 정신을 빼놓고 다니는지 친구들이랑 브런치 시간을 잡는 것도 비서에게 맡겨야 했다. 친구들 입장에서는 "어이구? 이제 널 만나려면 한 다리를 거쳐야 된다 이거지?"라고 비아냥댈 수 있었다. 실제로 비꼬는 친구도 있었다. 하지만 정말 가까운 친구들은 "이미 회사 사람들한테 물어봐서 가능한 시간 잡아놨어. 다음 주에 봐!"라고 말해줬다. 내가 이 책을 쓸 때도 그랬다. 우리 남편은 마감 기한에 쫓기는 내게 "마감 기한 거의 다 됐잖아. 어디 일주일만 조용한 곳에 가서 일에만 집중하고 싶으면 부담 없이 말해."라고 말해줬다.

아침에 눈을 떴는데 내가 겪고 있는 변화 때문에 더 이상 예전처럼 친구랑 오래 통화할 수 없다고 해서 혹은 앞으로 친구를 만날 때 스케줄을 따로 잡아야 한다고 해서 죄책감을 느낄 필요가 없다면 얼마나 좋을지 상상해봐라. 우리 삶에 꼭 필요한 변화 때문에 다른 사람 기분을 상하게 하지는 않을까 걱정할 필요가 없다면 얼마나 좋을지 상상해봐라. 날개를 단 기분일 것이다. 우리 인생 최고의 작품을 내놓을 수 있을 것이다. 뒤에 무엇을 남겨두고 왔는지, 뒤에 누구를 남겨두고 왔는지, 사람들이 내게 얼마나 열등감을 가질지 걱정할 필요 없이 최고의 '나'로서 살아갈 수 있을 것이다. 사람들이 내가 맞이한 변화를 불쾌하게 째려보는 게 아니라 이해의 눈으로 긍정해준다면 우리는 우리의 역량을 마음껏 뽐낼 수 있을 것이다.

우리는 죄의식 없이 변화하고 성장하는 법을 배워야 한다. 그렇게 한다면 변화를 향한 두려움이 서서히 사라지면서 삶이 더 자유로워질 것이다. 변화가 인생의 기본 요소이며 우리가 꼭 거쳐야 하는 과정임을 깨달을 것이다. 물론 변화는 우리 마음을 불안하게 할지도 모른다. 하지만 우리 마음을 불안하게 만드는 일일수록 꼭 필요한 일일 가능성이 높다. 온실 속에 안주하는 것도 괜찮다고 생각할지 모르지만 때로는 그 온실이 우리가 해야 할 일을 하지 못하도록 가로막을 수 있다.

스스로가 무럭무럭 성장하도록 내버려 둬라. 변화를 받아들이자. 생각을 바꾸자. 환경을 바꾸자. 여행을 가면 자기 차례만 하염없이 기다리고 있는 옷들이 햇볕을 쬘 수 있도록 매일 세 번 옷을 갈아입자. 당신에게는 원하기만 한다면 언제든 이전의 '나'로부터 달라질 권리가 있다. 당신에게는 신념을 바꿀 권리가 있다. 당신에게는 더 많은 지식을 바탕으로 정당을 바꿀 권리가 있다.

변화는 선택할 수 있는 문제가 아니다. 변화는 인생 내내 반복해야 하는 의무다. 그러다 마음이 무너질 수도, 소리를 지를 수도, 흥분에 취할 수도 있다. 변화는 시련을 동반하며 때때로 그 고통을 이겨낼 수 있을까 의심이 들 정도로 혹독한 시련을 주기도 한다. 그럴 때면 나는 어린 시절의 할머니가 몇 번이나 인생의 고난을 겪어내야 했는지 생각한다. 그 어린 소녀가 거듭해서 변화를 견뎌냈다는 사실, 가지 않은 길을 앞에 두고 너무나 두려운데도 결국 발을 내디뎠다는 사실을 기억한다. 할머니가 가장 좋아하는 성구 중에 시편 61편 2절이 있다. "내 마음이 약해질 때에 나를 저 높은 바위 위로 이끌어 주십시오." 도저히 불가능할 것만 같은 성장을 해내야 할 때면 나는 이 성구를 주문처럼 되뇐다. 그때마다 결국 난 높은 바위 위에 오를 수 있었고 그게 얼마나 감사한지 모른다.

12장

원래 세상은
짜증 나는 일
투성이

우리는 통제하지
못하는 것을 두려워한다

나는 프로편집광이다. 평생 그랬다. 고집 센 염소자리답게 운전대를 꽉 잡고 절대 놓지 않았다. 어느 정도는 자존심 때문이고 어느 정도는 경험으로 터득한 습관이며 또 어느 정도는 생존에 꼭 필요하기 때문이다.

앞서 언급했던 것처럼 나는 내가 상황을 완벽히 통제하지 못한다는 느낌을 받거나 내가 하는 일의 결과가 다른 누군가의 기분에 달려 있다는 느낌을 받으면 안절부절못한다. 마음이 불안해진다.

당연히 이런 태도는 다른 인간과 더불어 살아가는 세상에서 썩 도움이 되지 않는다. 우리가 두 팔에 두 다리에 두뇌를 가진 존재들과 이리저리 얽혀 살아가야 하는 이상 인생은 거대한 조별 과제나 다름없으며 우리가 받을 성적 역시 상당 부분 그들의 행동에 달려 있다. 그래서 나는 내 손이 닿는 데까지라도 최대한 상황을 통제하려고 더 발악을 한다. 내가 맡은 책임을 놓치지 않으려고 꼭 끌어안고 힘을 꽉 준다. 칼릴 지브란^{Kahlil Gibran} 도 이렇게 말했다. "우리는 미래에 대해 생각할 때가 아니라 미래를 통제하기를 바랄 때 불안해한다." 진짜 맞는 말이다.

통제력을 잃을까 두려워하는 감정은 실재하며 생각보다 흔하게 나타난다. 직접 느껴보면 이만한 골칫거리가 없다. 나는 내 맘대로 통제할 수 있는 일이 그리 많지 않다는 사실을 받아들이지 못할 때 본인만 더 고통스럽다는 사실을 깨닫고 나서야 그런 결론에 이를 수 있었다. 누구도 예외는 아니다. 통제력의 한계는 우리의 아킬레스건과 같다. 삶이 이런저런 일로 끊임없이 우리를 시험하는데 우리는 한 치 앞을 못 보는 상황인 셈이다. 물론 인간에게 자유의지가 있지만 결국 최종 결과는 하늘에 달려 있기에 우리가 아무리 최선을 다해도 때로는 상황이 엉망으로 끝날 수 있다.

나는 매사에 지나치게 많은 힘을 쏟다가 늘 지쳐 있는 자신을 발견하고 나서야 이 사실을 억지로라도 받아들일 수밖에 없었다. 하지만 이는 한 번 배우면 체화해서 언제든 지킬 수 있는 그런 교훈이 아니었다. 나는 과거에도 나 자신을 해고해야 했고 지금도 나 자신을 해고해야 하며 미래에도 나 자신을 해고해야 할 것이다.

이 세상에 내가 다른 누구보다 더 신뢰하는 사람이 딱 셋 있다. 첫째는 나 자신이고 둘째도 나 자신이며 셋째도 나 자신이다. 나는 평생을 나 자신에게만 의존해서 무슨 일이 있어도 눈앞에 놓인 일을 해내고 불가능한 일마저 쉬운 일처럼 보이게 만들었다. 나만 그렇게 산 게 아닐 것이다. 이 글을 읽는 당신도 지금 고개를 끄덕거리고 있을지도 모른다. 내가 당신을 이해한다. 아니, 당신이 곧 나다. 나 같은 사람들은 일단 손에 무엇인가가 들어오면 절대 그냥 놓아주지 않는다. 우리는 우리 자신을 신뢰한 결과 너무나도 많은 승리를 거뒀기 때문에 스스로를 더 많이 신뢰할 수밖에 없다. 그렇기 때문에 나는 스스로에게 굉장히 엄격하다. 온 힘을 다한다면 어떤 산이라도 넘을 수 있다고 확신한다. 내가 이 책을 쓴 것도 그런 마음가짐 덕분이다. 나는 스스로를 온 마음을 다해 신뢰한다. 그게 내 자부심이다.

뭐든 마찬가지겠지만 자기 의존적인 태도 역시 지나치면 화를 부른다. 사실 독립심과 자립심은 많은 경우 혼돈을 회피하려는 마음에 기반을 두고 있다. "다른 사람한테 의지했다가 그 사람이 날 실망시키면 어떡하지?" "다른 사람에게 책임을 맡겼다가 그 사람이 일을 그르치면 어떡하지?" "소중한 무언가를 다른 사람에게 넘겨줬다가 그 사람이 그걸 잃어버리면 어떡하지?" 우리는 끊임없이 머릿속에 최악의 시나리오를 그려보고는 차라리 혼자 힘으로 모든 문제를 해결하리라 마음먹는다. 그런데 그때마다 결과는 어떨까? 혼자 공 열 개를 가지고 저글링을 하려다 무엇을 잃게 될까?

아주 많은 걸 잃는다. 자기 자신을 지나치게 신뢰하고 의지하는 바람에 너무 많은 책임을 떠맡으면 결국 한계를 벗어나고 만다.

어느 날 잠에서 깨 거울을 보니 다크서클이 눈 밑에 한 자리를 아주 제대로 차지하고 앉았다. 가끔 찾아오던 두통이 요새는 시도 때도 없이 머리통을 꽝꽝 두드린다. 기운이고 나발이고 하나도 남지 않았고 스트레스만 잔뜩 쌓였다. 그런 당신에게 손 하나 보태주지 않는 주변 사람들이 너무 미워서 원망을 입에 달고 산다. 망할 놈의 인간들이 죄다 보란 듯이 당신 신경을 툭툭 건드린다. 아, 나만 꺼져주면 되는 건가?

그런데 잠깐. 혼자 모든 책임을 짊어지고 삶을 살아봐야 그 결과가 어떤가? 일단 겁나게 지친다. 더 큰 문제는 지친 상태에 익숙해져서 이게 얼마나 끔찍한 일인지 인지조차 못하게 된다는 점이다. 삶이란 게 원래 그런 줄 안다. 무한 경쟁 사회에서 지쳐 쓰러지는 건 숙명이라고 생각한다.

일상의 모든 것을 통제하려고 애쓰다가는 필연적으로 무언가를 놓칠 수밖에 없을 뿐만 아니라 오히려 더 큰 대가를 치를 수 있다. 계획표나 시간 관리 어플을 써가며 안간힘을 써봐야 혼자 힘으로 모든 일을 해치울 수는 없다. 너무 많은 책임을 떠안으면 한 가지 일에도 제대로 집중할 수 없으며 그렇게 생긴 빈틈 사이로 모든 걸 흘려보내고 만다. 머릿속으로 끊임없이 체크리스트를 확인하느라 매분매초 긴장을 놓지 못한다.

나 같은 통제광은 결국 노화나 사고나 건강 문제 등 통제력을 벗어나는 상황에 맞닥뜨리고 나서야 어쩔 수 없이 책임을 내려놓는다. 그리고는 마치 화성 위에 불시착한 것처럼 이질감을 느낀다. 스스로 아무 것도 할 수 없는 상황, 아주 사소한 일이라도 다른 사람에게 의존해야 하는 상황에 크게 당황한다.

문득 우리 할머니가 떠오른다. 할머니만큼 독립적인 사람이 없었다. 그런 분이 책임을 내려놓는다고? 말도 안 된다. 할머니는 심지어 할아버지한테 무슨 일이든 알아서 해결할 수 있으니 도움 따위 필요 없다고 말씀하시기까지 했다. 그럴 때면, 말수가 적으셨던 할아버지는 그저 할머니를 멍하니 바라보며 할머니가 제풀에 지칠 때까지 기다리셨다.

할머니는 1991년 12월에 할아버지를 떠나보내셨다. 화려했던 예순 번째 생신 파티 이후로 네 달 만의 일이었다. 나이가 든 할머니는 점점 자식들과 손주들에게 의지하실 수밖에 없었다. 예순네 살이 되던 해에는 당뇨를 진단받아 난생처음 약을 챙겨 드시기 시작했다. 해가 갈수록 몸도 오그라드셨고 이전처럼 활발히 동네를 누비고 다니실 수도 없었다. 몇 년 뒤에는 뇌졸중이 오셨다. 결국 이모가 할머니를 나이지리아에서 미국으로 데려와 치료를 받게 하셨다. 가고 싶은 곳이 생기면 언제든 비행기에 올라타시던 분이 이제 동행 없이는 멀리 이동하실 수도 없었고 말도 제대로 못 하셨다.

어느 날 할머니 병문안을 갔다가 한없이 무기력하고 연약한 모습에 깜짝 놀랐던 기억이 난다. 쌩쌩한 건전지 같던 분이 혼자 힘으로 끼니도 해결하시지 못했다. 의식할 새도 없이 눈물이 뚝뚝 흘렀다.

의사는 할머니가 다시는 말씀을 하시지 못할 수도 있다고 말했다. 근데 할머니는 그걸 도전으로 받아들이신 것 같다. 몇 달 후에 할머니는 100퍼센트 평소처럼 얘기하실 수 있었다. 회복하기 어려울 것 같다던 뇌졸중도 조금 긴 딸꾹질처럼 지나갔다. 걸음이 살짝 둔해지시긴 했지만 그걸 제외하면 멀쩡하셨다. 하지만 그때 이후로 변한 게 있었다. 할머니가 다른 사람의 도움을 기꺼이 받아들이기 시작하셨다는 점이다. 할머니로서는 굉장히 어색한 경험이셨을 것이다.

미국에서 1년 간 요양하신 후에 할머니는 집으로 돌아가 자기 할 일을 하시기를 원했다. 나이지리아로 가신 뒤에도 할머니는 가사도우미랑 같이 지내셨고 다른 사람들에게 잡일을 부탁하셨으며 일상적인 일을 하나하나 통제하려는 욕심도 내려놓으셨다. 엄마는 종종 할머니에게 안부 전화를 걸어 요새 식사는 어떻게 하시는지, 약은 잘 챙겨 드시고 계신지 여쭤봤다. 예전 같으면 할머니는 웬 유난이냐며 짜증을 내셨겠지만 이제는 그게 사랑의 표현인 걸 깨달으신 것 같았다.

그로부터 12년 뒤에 할머니가 돌아가셨다. 할머니가 돌아가시기 전 종종 미국에 오셔서 우리가 사는 작은 아파트에 같이 지내실 때면 엄마는 할머니의 식단을 철저히 관리하셨다. 할머니는 이전처럼 여기저기 쇼핑을 다니시지도 못했다. 할머니 양쪽 눈에 백내장이 생겨서 수술이 가능할 만큼 커질 때까지 기다려야 했을 때는 약병을 정리하는 것마저 엄마가 도와드려야 했다.

언젠가 할머니가 내게 와서 이렇게 말씀하셨다. "너희 어머니한테 내가 정말 고마워하고 있다고 말해드리렴. 너희 어머니가 이 할미를 정말 잘 돌봐준다. 하느님께서 꼭 축복해 주실 거야." 말씀 한 마디 한 마디에 고마움이 묻어났다. 멍청하게도 내가 그 메시지를 엄마한테 전해드리지는 못했던 것 같지만. 어쨌든 할머니가 엄마한테도 직접 말씀하신 적이 있었으니 엄마도 할머니 마음을 잘 알고 계셨을 거다. 평생을 강인한 군

인처럼 살아오셨던 할머니가 마침내 힘을 빼고 스스로를 다른 사람의 손에 온전히 내맡기신 것이다. 하지만 취약한 순간에도 자신의 손을 놓지 않아줄 사람에게 스스로를 내맡긴 것, 그게 오히려 할머니가 강인한 사람이라는 증거였다.

사랑이 단순한 감정이 아니라 행동이라면 자신의 존재 자체를 자신이 길러준 사람에게 양도하는 것보다 더 큰 사랑의 표현이 있을까? 자존심만 내려놓는다면 사랑을 끌어안을 수 있는데 자존심 따위가 무슨 의미가 있을까?

언젠가는 우리 주변에 통제력을 포기해도 괜찮겠다고 안심할 수 있을 만큼 믿을 만한 사람들만 가득했으면 좋겠다. 내가 인생을 기가 막히게 잘 살아서 내 곁에 좋은 사람들만 남아 있었으면 좋겠다. 필요하다면 나는 그 사람들에게 내 인생 자체를 믿고 맡길 수 있을 것이다. 내가 그런 축복을 받아 마땅한 삶을 살 수 있기를 바란다.

의지할 수 있는 사람을 찾는 67가지 방법

혼자 1인 기업처럼 일하면 어떤 결과가 있는 줄 아는가? 제때 쉬지를 못한다. 아직 체크 표시를 못한 일, 아직 답장하지 못한 메일, 아직 발표하지 못한 프로젝트를 끊임없이 되새기느라 어느 어떤 순간에도 제대로 집중하지 못한다.

그럼 어떻게 하라고? 우리는 '책임자' 위치에서 스스로 물러나야 한다. 스스로를 해고한다는 건 의지할 수 있는 사람을 찾아서 해야 할 일을 해달라고 부탁하는 것이다. 이제 그 방법을 자세히 알아보자.

못 미더운 사람을 걸러낼 수 있는 시스템을 구축하자

자기 자신을 해고하려면 우선 도움이 필요할 때 도움을 요청할 줄 알아야 한다. 하지만 더 중요한 것은 몇 번이고 당신 곁에 나타나주는 사람에게 주의를 기울임으로써 도움을 요청할 만한 대상을 파악하는 일이다. 당신에게 딱히 많은 것을 바라지 않는 사람을 찾아라. 당신에게 도움이 필요할 때 대가를 바라지 않으면서도 기꺼이 도움을 주는 사람을 찾아라. 당신이 빈민가 출신의 제니든 슈퍼스타 제니퍼 로페즈든 신경 쓰지 않는 사람을 찾아라.

분명 우리 곁에는 우리의 신뢰를 얻은 사람들, 우리에게 사랑을 표현할 자격이 있는 사람들이 존재한다. 그들은 우리 바로 옆에서 우리가 도움을 청하기만을 기다리고 있다. 그럼에도 우리는 혼자 일을 처리하느라 정신이 없는 나머지 그들을 못 보고 지나치고는 한다.

직업인으로서는 무능력하고 게으른 사람을 걸러낼 수 있는 채용 과정을 구축해라. 누군가를 채용하는 과정은 글로 배울 수 있는 지식이 아니라 직접 익혀야 하는 기술인만큼 무지막지하게 어렵다. 요즘에는 면접을 보는 법을 배워 온 사람도 많아서 말로는 다 그럴듯해 보일지도 모른다. 하지만 우리가 정말 집중해야 할 것은 우리가 하는 일에 열정적인 사람, 기꺼이 노력을 투자하려는 사람, 솔선해서 책임을 맡고 언제나 배우려는 자세를 갖춘 사람을 찾는 것이다.

물론 믿을 만한 사람을 찾는 데 익숙하지 않은 사람이라면 쉽지 않을 것이다. 그래서 준비했다.

믿을 만한 사람을 찾는 데 뒤지게 애를 먹더라도 당황하지 말자

내 첫 시도는 메일을 관리해줄 비서를 구한 것이었다. 그 친구는 직장을 옮기기 전까지 나랑 4년을 같이 일했다. 그 뒤로는 매년 비서를 다섯 명씩은 알아본 것 같다. 왜냐고? 사람 뽑는 실력이 여전히 형편없었기 때문이다. 원래 일하던 비서는 할 일을 알아서 찾을 줄 알았고 내가 놓치는 부분을 정확히 파악해 빈틈을 채울 줄 알았다. 하지만 그처럼 주도적이지도 못하고 직관력이 있지도 않은 사람과 함께 일해야 하는 상황에 맞닥뜨리니 완전히 죽을 쑤고 말았다. 나는 상사로서는 완전 꽝이었다. 무엇을 언제까지 해주기를 바라는지 제대로 알려주는 법을 몰랐다. 사람을 고용하고도 "혼자 알아서 처리하는 더 편해."라는 마음가짐으로 일하다 보니 고용된 사람 입장에서는 일을 제대로 할 수가 없었다. 정말 절망적인 상황이었다.

누구든 "다른 사람한테 일을 가르치느니 그냥 내가 하는 게 낫지."라는 착각에 빠질 수 있다. 하지만 어떤 일을 직접 처리하느라 매일 1시간(매주 5시간)을 쓰는 것과 그 일을 처리하는 법을 누군가에게 가르치는 데 5시간(딱 한 번)을 쓰는 것 중 어느 쪽이 낫겠나? 후자의 경우에는 매달 20시간을 절약할 수 있다.

다른 사람에게 통제력을 내주는 게 쉬운 일이 아님을 인정해라. 심지어 자기 책임을 저버리는 것 같아 이런 찝찝한 생각이 들지도 모른다. "이 일은 내가 해야 하는 건데." 왜 그래야 하는가? 정말 그 일을 할 기술을 갖춘 사람이 당신밖에 없는가? 자존심에 매몰된 건 아닌지 점검해라. 당신의 능력이 반드시 필요한 일이 아니라는 건 그 일을 할 수 있는 사람이 또 있다는 뜻이다. 그렇다면 그 일이 꼭 당신 책임이어야 할 이유는 없다.

나 같은 사람이라면 다른 이에게 책임을 맡기더라도 자신이 원하는 구체적인 일처리 방식이 존재하기 때문에 하나하나 간섭을 하다가 그 사람 신경을 긁을지도 모른다. 다른 이에게 책임을 맡긴다고 통제력을 잃는다는 두려움이 자연히 사라지는 건 아니기 때문에 그 사람에게 자로 잰 듯이 세세하게 지시를 하면서 통제력을 행사하려 할지도 모른다.

그럴 때 이런 자문을 해보자. 내가 원하는 건 일을 끝내는 것 아닌가? 혹시 그 과정이 완벽하기를 기대하는가? 애초에 완벽이란 게 자의적인 거 아닌가?

책임을 넘겨받은 사람이 일을 망칠 수 있음을 인정하자

우리가 반드시 인정해야 하는 또 다른 사실은 사람들이 어떤 식으로든 우리를 실망시키거나 일을 망칠 수 있다는 점이다. 남편이 세탁소에서 옷을 찾아오는 걸 깜빡할지도 모른다.

비서가 메일을 보내다가 상대방 이름을 잘못 쓸지도 모른다. 아이들이 설거지를 뽀득뽀득 소리가 나게 꼼꼼히 해내지 못했을지도 모른다. 이렇듯 사람들이 당신 기대에 못 미치는 일이 무조건 발생할 것이다. 이는 불가피한 상황이며 이를 해결하기 위해 당신이 마땅히 할 수 있는 일도 없다. 왜냐고? 당신이 사장이든 부모든 배우자이든 별개의 인격체인 상대를 통제할 수는 없기 때문이다. 아무리 완벽하게 지시를 내렸다 해도 상대가 내놓은 결과물을 보면 당신은 돌아버리고 말 것이다.

주의할 점은 이런 일이 발생한다고 해서 곧바로 통제력을 되찾아올 필요가 없다는 것이다. 사람 자체는 믿을 만하고 이번 일이 한 번뿐인 실수라는 판단이 선다면 그 사람에게 다시 기회를 줄 수도 있고 그렇지 않다면 새로운 사람에게 책임을 맡길 수도 있다. 만약 책임을 맡긴 사람이 똑같은 실수를 반복해서 저지르는 것 같다면 그 사람을 잘라도 좋다. 하지만 본인이 직접 그 자리를 채우는 대신 다른 유능한 사람을 찾아라. 그리고 사람을 자르기 전에 이렇게 자문해 보자. 이 사람이 이전에도 큰 사고를 친 적이 있는가? 이런 일이 습관처럼 벌어지는가? 아니면 지극히 이례적으로 벌어진 일인가?

용서하고 다시 훈련시키자

용서, 훈련, 해고라는 선택지가 있음을 기억하자. 여기에 "내가 알아서 해야지."라는 선택지가 끼어들 자리는 없다. 데드라인이 닥쳤다고? 그럼 어쩔 수 없지. 이번에만 직접 해결해라.

하지만 그다음에는 반드시 사람을 찾아라! 당신만큼 잘하지 않아도 그 사람에게 일을 맡겨라. 충분한 시간을 준다면 그 사람도 연습을 통해 성장할지도 모른다. 기회를 주기도 전에 내치느니 실패할 기회라도 주는 게 낫다.

게다가 실수를 할 때마다 하늘이 무너지는 것도 아니다. 실수 하나하나가 당신이 이룬 모든 것을 지워버리지는 않는다. 실수에도 경중이 있다. 그러니 생각해 보자. 실수가 초래한 실제 결과가 어떠한가? 돈을 잃었나? 어마어마한 기회를 잃었나? 정확히 무엇을 잃었나?

그것이 충분히 회복 가능한 손실인지 아니면 치명적인 손실인지 판단해라. 그리고 실수를 저지른 사람이 진지하게 책임을 통감하고 있는지 확인해라. 그 사람은 다시 똑같은 실수를 반복하지 않도록 이번 일에서 얻은 교훈을 마음속에 확실히 새기고 있는가?

죄책감을 버리자

스스로를 해고하는 과정에서 가장 어려운 일은 죄책감을 극복하는 것이다. 우리가 죄책감을 느끼는 이유는 자신의 정체성과 가치를 자신이 다른 사람을 위해 얼마나 많은 일을 할 수 있는가에서 찾기 때문이다. 하지만 그런 생각은 우리 자신에게 전혀 공평하지 못하다. 당신에게도 도움이 필요하다. 당연한 일이다. 당신 혼자서 모든 일을 도맡아 할 수는 없다. 역시 당연한 일이다. 당신이 지금 어떤 모습으로 존재하든 당신이 슈퍼맘이라는 사실은 변하지 않는다. 슈퍼맘이라고 팔이 다섯 개가 달려서 동시에 청소기도 돌리고 요리도 하고 애들 숙제도 도와주고 애들이랑 놀아줄 수도 있는 건 아니다. 아, 당신 어머님은 그렇게 하셨다고? 한번 어머님한테 가서 창문을 부수고 뛰쳐나가 풀밭에 가만히 누워 있고 싶었던 적이 얼마나 많으셨는지 여쭤봐라. 당신도 꼭 그런 삶을 살아야 한다는 법은 없다.

회사 운영과 관련된 일을 모조리 다 해야만 당신에게 보스 자격이 있는 것도 아니다. 일을 잘 분담하는 팀을 마련한다면 그게 더 보스다운 것 아닐까?

게다가 책임을 맡긴 사람이 일을 그르치거나 성과를 내지 못하거나 아예 노력조차 하지 않는다 해서 곧바로 스스로를 꾸짖을 필요는 없다. 그래, 그 사람이 일을 제대로 망쳐놓았다. 혹시 거기에 당신이 기여한 바가 있는가? 제대로 된 지침을 주지 못했나? 우선순위를 정확히 짚어주지 못했나? 상관없다. 우리는 아무리 애정을 가지고 상대에게 노하우를 가르쳐줘도 결과를 통제할 수 없다는 사실을 인정함으로써 통제력을 향한 집착을 내려놓아야 한다.

나에게도 다른 사람을 믿고 일을 맡겼는데 그 사람이 일을 제대로 처리하지 않은 경우가 종종 있었다. 그럴 때마다 나는 모든 일을 스스로 처리해야 한다는 강박을 더 합리화했다. "거봐! 다른 사람에게 기회를 줬더니 실망만 시키잖아. 내가 알아서 처리해야 했어." 그러면서 내가 그 상황에 개입조차 하지 않았다는 사실에 스스로를 마구 자책했다. 게으름을 피우지 말고 혼자 힘으로 일을 해냈어야 한다며 스스로에게 화를 냈다. 근데 사실 내가 게으르다는 게 말이 되나? 야, 러비. 네가 무슨 〈엑스맨〉 시리즈에 나오는 스톰이라도 되는 줄 알아? 넌 게으름을 피운 게 아니야. 그냥 할 일이 과하게 많았던 거지. 죄책감에 사로잡히면 자신이 어떻게 했어야 하는지 후회하느라 앞으로 나아가지를 못한다. 그건 인생 낭비일 뿐이다.

하늘의 뜻을 신뢰하자

내가 신을 믿는 중요한 이유 한 가지는 인생을 우연이 마구잡이로 뒤섞인 혼돈이라고 생각하고 싶지 않기 때문이다. 그렇게 생각하다가는 제정신으로 못 버틸 것이다. 그래서 나는 세계관의 기반을 고차원적인 존재에게서 찾기로 선택했다. 모든 일이 하늘의 뜻대로 해결될 것임을 확신하기로 결심했다. 그 덕분에 나는 우울한 날에도 침대를 박차고 일어날 힘을 얻는다.

모든 걸 통제하고 싶은 욕망이 신기루처럼 당신을 유혹한다면 하늘이 당신의 발걸음을 인도할 것임을 확신해라. 당신이 가는 길에 알맞은 조력자를 보내줄 것임을 확신해라. 내가 새로운 자리에 갈 때마다 되뇌는 기도가 하나 있다. "제 조력자가 저를 찾을 수 있도록 이끌어주십시오. 내가 꼭 맺어야 하는 관계를 놓치지 않도록 이끌어주십시오. 내가 여기 온 이유를 잊어버리지 않도록 이끌어주십시오."

실수나 문제를 맞닥뜨리더라도 그것이 전부 당신이 앞으로 나아갈 수 있도록 준비시키는 과정임을 기억하자. 나는 내가 누군가를 채용했는데 그 결과가 좋지 못하더라도 그게 최선이었다고 확신한다. 그런 경험을 통해 나는 스스로를 돌아보면서 "다음 직원에게 더 나은 상사가 되려면 어떻게 해야 할까?"라고 고민할 수 있기 때문이다. 결과적으로 나는 훨씬 더 똑똑한 상사가 될 수 있다. 책임을 덜기 위해 새로운 사람을 뽑고 또 그 사람이 실수하는 걸 반복해서 목격하면서 나는 오히려 스스로를 되돌아볼 수 있었다. 나는 여태까지 믿을 만한 사람을 찾아 책임을 맡기는 법을 연습하지 못했다. 하지만 내가 원하는 제국, 내가 바라는 회사를 쌓아올리려면 나는 그 기술을 새로이 익혀야만 했다.

혹시라도 스스로를 해고하는 데 서툴다면 그 과정을 도와줄 수 있는 사람을 구해라. 그런 일에 특화된 온갖 부류의 전문가가 존재하니까 말이다. 자기 자신을 해고하는 책임마저도 내려놓을 수 있는 셈이다!

운전대를 맡기고 쪽잠을 자라

계속해서 믿을 만한 사람을 찾아라. 그런 사람이 분명 존재한다. 당신의 스케줄 관리를 완벽히 해낼 비서, 회계 감사 받을 일 없게 똑 부러지게 세금 신고를 해줄 회계사, 방 한 칸짜리

아파트라도 깔끔하게 청소해 줄 가사도우미, 아이들이 집을 엉망으로 만들어놓지 않도록 돌보면서 당신에게 낮잠 잘 시간을 내어주는 배우자, 당신에게는 외계어 같은 기초 수학마저 아이들에게 척척 가르치는 보모가 분명 존재한다.

스스로를 해고한다는 것은 옆에 보이는 아무나에게 열쇠를 넘겨줘서 우리 차를 벽에다 갖다 박도록 만드는 것이 아니다. 해야 할 일에 적합한 사람을 찾아 자리를 비켜주고 그 사람이 핸들을 잡도록 허락하는 것이다. 지금까지 우리는 운전대를 놓는 법을 몰랐다. 중간에 오줌이 마려워서 한 번쯤은 차를 세웠을지도 모르지만 그게 다였다. 결국 우리 눈은 잔뜩 충혈이 됐고 어깨는 제대로 뭉쳤으며 배에서는 꼬르륵 소리가 시도 때도 없이 났다.

이때 자기 자신을 해고한다는 것은 운전을 정말 안전하게 잘하는 사람 집 주차장에 차를 세우는 걸 의미한다. 그 사람이 차에 오르면 우리는 조수석으로 자리를 비켜준다. 그 사람이 운전을 하는 동안 우리는 밀린 쪽잠을 잔다. 눈을 떠서 보니 아무런 문제가 없다. 우리는 그저 계속 간식을 꺼내고 신나는 음악을 골라주면 된다. 마침내 우리는 원하는 목적지에 다다랐다. 충분히 체력을 비축한 덕분에 곧장 모험을 떠날 준비도 돼 있다. 사실 뻥 뚫린 도로를 따라 달려온 시간조차도 온전히 집중해 즐길 수 있었다.

스스로를 해고해라. 자리를 비켜줘라. 운전대를 맡겨라.

내가 지금까지 이런 커리어를 쌓을 수 있었던 이유 한 가지는 꾸준히 노력을 갈아 넣었기 때문이다. 나는 스스로를 몇 번이고 몰아세워서 마감 기한에 맞춰 글을 써냈으며 특히 내 블로그에 올리는 글은 절대 거르지 않았다. 하지만 이제는? 더 이상 그렇게 살 수 없음을 잘 안다. 더 이상 마감 기한을 맞추겠다고 일상을 포기할 수 없음을 잘 안다. 이제 나는 늘 연락을 받을 수 있는 상태로 대기해야 한다는 압박감을 내려놓고 느긋하게 시간을 보낸다. 여태까지 뼈 빠지게 고생해 성공을 이뤘으니 이제는 나를 보조할 사람들로 팀을 꾸린다. 한 개인으로서나 직업인으로서나 1인 제국은 이제 끝났다.

나는 도움이 필요하다. 그래도 괜찮다. 당신도 도움이 필요하다고? 역시 좋은 일이다. 혹시 도움이 필요하지 않다고 생각해도 도움을 구하라.

물론 어쩔 수 없이 혼자 팀을 이뤄야 하는 사람도 있을 것이다. 1센트를 벌어도 1달러를 번 것처럼 기적적으로 생계를 해결하고 공과금을 내고 남은 돈으로 이따금 신발도 사야 하는 상황일지도 모른다. 책임을 내려놓고 싶지만 그럴 여건이 안 될 수도 있다. 나도 그랬다. 부디 언젠가 당신도 이 불공정한 자본주의 사회 속에서 충분히 많은 돈을 벌 기회를 얻길 바란다. 그리하여 당신이 필요로 하는 도움을 얻길 바란다. 그때까지는 혼자서 매번 모든 일을 해결할 수는 없다는 사실에 죄책감을 느끼지 않기를 바란다. 설령 일을 망치더라도 스스로를 따뜻하게 안아주자. 자신 앞에 놓인 일을 죄다 해내지 못하더라도 스스로에게 자비를 베풀자.

슈퍼우먼이나 토르가 되어야만 한다는 기대로부터 스스로를 해방시키자.

쪼그만 사고뭉치들을 데리고 매일을 무사히 넘기는 슈퍼맘이 되어야 한다는 죄책감으로부터 스스로를 해방시키자.

은행 계좌에 찍힌 숫자가 원하는 길이가 아닐 때마다 스스로에게 호되게 내뱉던 꾸지람으로부터 스스로를 해방시키자.

종종 사람들은 더 열심히 살라고 "영감"을 주는 문구를 서로 공유하고는 한다. 예컨대 이런 식이다. "비욘세의 하루도 당신의 하루랑 똑같이 24시간이다." 아니, 현실은 그렇지 않다. 비욘세 본인조차 그렇게 말하지는 않을 것이다. 비욘세의 하루는 240시간일지도 모른다. 그녀의 삶이 매끄럽게 굴러가도록 갖가지 일을 처리해 주는 사람이 10명은 있을 테니까.

일상의 하이라이트만 모아놓은 소셜미디어 피드를 보고서 혼자 죽도록 일하고 있다는 사실을 슬퍼하지 말자. 혼자 모든 일을 해결하려 하루 종일 애를 써도 시간이 모자랐던 것뿐인데 별 노력 없이 일을 척척 해내는 사람들을 보며 괜한 죄책감을 느끼지 말자. 1퍼센트의 기득권을 제외하면 무슨 일 하나 쉬운 게 없는 세상에서 자신이 더 생산적인 사람이 되어야 한다는 압박감을 느끼지 말자.

우리는 언제든 취약해질 수 있으며 상처를 받거나 지쳐 쓰러질 가능성도 늘 열려 있다. 그럼에도 우리는 앞으로 나아가야만 한다. 하지만 우리에게 주어진 시간은 한정적이므로 우리는 반드시 다른 사람의 도움을 구해야 한다. 일부 책임을 내려놓고 다른 사람들에게 시간과 도움을 베풀 기회를 내줘야 한다.

당신 묘비에 이런 글귀가 써 있으면 찝찝하지 않을까? "그녀는 악착같이 노력을 갈아 넣었고 그러는 내내 혼자였다." 우리는 누구에게 그 무엇도 증명할 책임이 없다. 우리가 오래도록 일군 우리 자신이 곧 증거 아닐까? 굳이 다른 무언가를 보여줘야 할까? 지금 모두를 위해 모든 일을 도맡아 하느니 앞으로 더 쩌는 사람이 될 수 있도록 여유를 갖자.

이제는 정말 때가 됐다. 당신의 팀을 구축해라. 조력자를 찾아라. 그리고 잠을 좀 더 자라.

13장

정작 친절하게
대해야 할 사람은
나 자신이야

우리는 다른 사람을
불편하게 할까 두려워한다

우리는 주변 사람들에게 어떤 식으로든 소외당하는 걸 극도로 두려워하며 따라서 까다로운 사람처럼 보이기를 원치 않는다. 인간은 본질적으로 공동체에 속하기를 원하기 때문이다. 우리는 사랑받기를 바라고 고분고분한 사람으로 비춰지기를 기대한다. 어린아이든 다 자란 성인이든 우리 모두는 사람들이 자신을 받아줬으면 하는 욕구를 가지고 있다. 그게 인간의 타고난 본성이다. 그래서 우리는 다른 사람들 마음에 들 만한 일을 하려고 최선을 다한다.

결과적으로 우리는 소리를 꽥 지르고 싶은 상황에도 얼굴에 억지 미소를 띠고는 입을 닫고 감정을 삭인다. 가치를 인정받지 못하고 의견을 존중받지 못해도 사람들 생각에 맞춰 묵묵히 살아간다. 사람들이 자신을 받아주기를 바라면서 억지 친절을 베풀다가 정작 자기 자신에게는 해를 끼치고 있는 셈이다. 다른 사람이 원하는 바를 이뤄주려다 정작 자신이 원하는 바는 뒷전으로 밀린다.

우리는 상냥한 사람이 되려고 너무 많은 시간을 낭비한다. 그게 왜 낭비냐고? 인간은 변덕스러운 존재기 때문이다. 사람들이 원하는 건 수시로 바뀐다. 따라서 사람들 마음에 드는 걸 최종 목표로 삼아 행동하다가는 죽도 밥도 안 되는 수가 있다. 모두가 당신을 좋아하게 만들 수는 없다. 엘리아나 라우사Elyana

^{Rausa}도 이렇게 말했다. "다른 사람들이 추위에 떤다고 자기 몸에 불을 지피면서까지 희생할 필요는 없어요." 당신 인생에 당신이 없으면 아무리 열심히 산다고 한들 무슨 소용일까?

다른 사람 기분을 맞춰주려고 애를 쓰는 건 일종의 트라우마 반응과 같다. 사람들에게 사랑과 인정을 받겠다고 가능한 한 상냥한 사람이 되는 것을 인생 목표로 삼는 셈이다. 사실 이건 자기 자신을 배신하는 태도이다.

물론 "상냥한 사람"이 되고 싶은 건 아무 문제가 없다. 하지만 그게 인생 목표가 되어서는 안 된다. 작정하고 얼간이 같이 굴라는 말도 아니다. 고분고분한 사람이 되는 게 행동의 주된 동기가 되어서는 안 된다는 것이다.

우리는 진정으로 친절한 사람이 되기를 열망해야 한다. 친절한 사람은 관대하고 공정하고 정직하고 도움과 자선을 베풀 줄 알며 감사할 줄 알고 참을성과 이해심이 있고 늘 겸손하며 솔직한 감정을 드러낼 줄 알고 용서를 베풀 줄 안다. 상냥한 사람은 낯선 사람을 만나도 잘 웃고 말을 잘 거는 게 전부다. 상냥한 사람은 대화 흐름을 맞추겠다고 날씨 얘기를 꺼낸다. 반면 친절한 사람은 비가 올 것 같을 때 상대가 우산을 챙겨왔는지 세심히 살핀다.

사람들은 이 두 개념을 자주 혼동한다. 하지만 상냥함이 좋은 말을 하는 것으로 그치는 데 반해 친절함은 좋은 행동을 하는 데까지 나아간다. 사려 깊이 다른 사람의 필요를 살피고 인간애를 다른 무엇보다 앞자리에 두는 태도인 셈이다.

내가 없는 자리에서 사람들이 내 얘기를 할 때 내가 그저 "상냥한 사람"으로 거론되지는 않았으면 한다. 사실 상냥함이라는 특성은 공허하고 얄팍하며 수동적이다. 누군가가 상냥하다고 한들 그걸 가지고 그 사람에 대해 알 수 있는 건 전혀 없다. 다른 사람에게 당신이 어떤 사람인지 물어봤는데 제일 먼저 나오는 말이 "걔 그냥 착해."라면 나는 당신이 호구라고 생각할 것이다. 혹은 당신이 무슨 일을 당해도 억지웃음을 짓는 솔직하지 못한 사람이라고 생각할 것이다. 어쩌면 당신 진짜 감정이 어떤지 물어봐야겠다고 다짐할지도 모른다. 착하다는 말만 가지고는 알 수 있는 게 하나도 없기 때문이다. 상냥함은 소금 친 크래커나 마찬가지다. 무미건조하다.

항상 고분고분한 사람이 되려고 애쓰다가는 사람들에게 온갖 엄한 일을 당하고도 말 한 마디 쏘아붙이지 못한다. 예의를 차리느라 우리 감정 따위는 쓰레기통 밑바닥에 처박아놨기 때문에 굳이 불공정의 표적이 되고야 만다.

사랑받기 위해 그런 일을 겪어야 할 필요는 없다. 소중한 사람들이 우리에게 관심을 가지고 사랑을 주기를 바라면서 스스로를 혹사시킬 필요는 없다. 당신이 좀 퉁명스러운 사람일지라도 당신 곁에는 당신을 지지할 사람이 분명 존재한다.

할머니는 내가 여태까지 만나본 사람 중 가장 친절한 분이셨다. 하지만 동시에 아주 화끈하신 분이라 절대 헛짓거리를 눈감아주시지 않았다. 사람들도 그 사실을 잘 알고 있었다. 혹시라도 누가 할머니를 함부로 건드리면 할머니는 여왕벌처럼 날아올라 호되게 쏘아주셨다. 그러면서도 마음이 바다처럼 넓으셔서 모두를 소중한 이웃처럼 대하셨다. 사람들은 곤경에 처할 때면 할머니네 집 문을 두드렸고 그때마다 할머니는 고민에 귀를 기울이셨고 힘이 닿는 데까지 도움을 베푸셨다. 그 사람이 집으로 돌아갈 때는 "얘야, 하느님께서 꼭 축복해 주시길 바란다."라는 진심어린 기도와 함께 손에 음식을 쥐여 주시는 것도 잊지 않으셨다.

내가 태어나기도 전, 할머니가 젊으셨을 때 이야기는 가히 전설적이었다. 한 번은 초등학생이었던 엄마가 숙제를 안 한 벌로 선생님한테 머리를 잘렸다고 한다. 당연히 할머니는 제대로 뒤집어지셨다. 바로 다음 날 할머니는 엄마를 데리고 직접 학교를 찾아가셨다. 손에는 가위를 든 채 말이다. 학교에 도착해서는 머리를 자른 선생님을 호출하셨다. 아, 가위는 왜 들고 가셨냐고? 내 새끼 머리를 잘랐으니 나도 당신 머리를 자르겠노라고 쏘아붙이셔야 했으니까. 완전 진심이셨다. 결국 교직원 열 명이 할머니 앞에 무릎을 꿇고서 제발 용서해달라고 빌었다. 할머니가 마음을 접고 집으로 돌아가시도록 하느님께 기도하는 사람도 있었다. 사고를 친 선생님은 그 뒤로 다시는 팔로인 가문 아이들을 건들지 않았다고 한다.

물론 할머니는 그 일을 눈감고 지나가실 수도 있었다. 하지만 그랬다면 어떤 일이 일었을까? 그 선생은 앞으로도 그처럼 심한 벌을 줘도 괜찮다고 생각했을 것이다. 나는 피해를 입었을 때 무작정 순탄한 방식으로 문제를 해결해야 한다는 유혹을 이겨내려 애쓴다. 때로는 보수 공사가 필요할 때도 있다.

말이 나온 김에 순탄한 방식으로 문제를 해결하는 일에 관해 더 얘기해 보자. 흔히 사람들은 더 나은 사람이 되려면 문제가 생겼을 때 "좋은 게 좋은 거지."라는 식으로 접근해야 한다고 생각한다. 내 생각은 다르다. 비슷한 맥락에서, 내가 존경해 마지않는 미셸 오바마의 의견에 동의할 수 없었던 적이 딱 한 번 있다. 그녀가 "그들이 비열하게 굴더라도 우리는 품위를 지켜야 합니다."라고 말했을 때였다. 솔직히 말해, 상대가 비열하게 굴면 때로는 우리도 거기 맞춰줄 필요가 있다. 상대가 바닥을 드러내 보인다면 난 시궁창이 뭔지 보여줄 자신이 있다.

꼭 그래야 한다는 느낌이 들지 않는 이상 한쪽 뺨을 맞았다고 다른 쪽 뺨을 내주지는 마라. 어떤 경우에는 순탄하게 문제를 해결하려 고집하다가 오히려 상황을 악화시킬 수도 있기 때문이다. 공정함보다 조화로움을 앞자리에 두는 풍조, 상황을 바로잡는 것보다 예의를 차리는 것을 더 중시하는 풍조는 큰 문제를 초래할 수 있다. 사람들이 스스로를 변호하지 않도록, 잘못된 것을 지적하지 않도록 강요할 수 있기 때문이다. 난 우리가 매번 〈손에 손 잡고〉를 불러야 한다고 생각하지 않는다. 물론 예수께서는 다른 쪽 뺨도 내주라고, 네 이웃을 사랑하라고 가르치셨다. 하지만 바로 그런 분조차 사람들이 선을 넘었을 때는 성전에 있는 탁자를 엎어버리셨다는 점을 잊지 말자.

어떻게 예쁜 말만
하고 살아요

우리에게 피해를 주는 악당들에 관해 기억해야 할 점이 있다. 누군가가 존중심이 없는 수준을 넘어서 당신에게 피해를 주는 행동까지 한다면 이미 서로 예의를 차릴 단계는 지난 것이다. 그 사람은 당신을 하나의 인격체로 바라보고 있지 않다. 거기다 대고 아무리 상냥하게 굴어도 바뀌는 것은 없다. 그러므로 어떤 상황에도 예의만을 고집하는 사람은 맥을 완전히 잘못 짚은 것이다. "우리 모두 서로를 더 부드럽게 대해야 해."라는 접근법은 어떤 해결책도 제시하지 못한다. 일단 우리한테 반감을 품은 사람은 우리가 어떤 식으로 말하든 트집을 찾아내고야 말 것이기 때문이다. 난 절대 그런 사람을 상냥하게 대할 생각이 없다. 그 사람의 헛소리와 헛짓거리를 정면으로 반박할 것이다.

당신이 당신의 인생을 지키기 위해, 세상을 더 나은 곳으로 만들기 위해, 인종차별 같은 악에 맞서기 위해 격렬히 싸운다고 해보자. 그때 당신의 목소리가 얼마나 부드러운지가 기본적인 인권을 쟁취하는 데 조금이라도 도움이 될까? 예의만 가지고는 정의를 향해 나아갈 수 없다.

우리는 세상 사람들이나 시스템이나 권력구조를 통해 세뇌당한 결과 예의 바르게 행동한다면, 존중을 보인다면, 단정하게 옷을 차려입는다면 더욱 많은 사랑과 더욱 공정한 대우를 받을 수 있으리라 확신하게 되었다. 하지만 사실 우리는 지금 당장 그런 사랑과 대우를 받아 마땅한 사람들이다. 상스러운 말을 입에 달고 살고 문장 하나 제대로 완성할 줄 모른다 해도 상관없다. 말끔한 정장을 차려입지 않았다 해도 상관없다. 때로는 엉망인 사람일지라도 상관없다.

우리는 공손함이나 상냥함이 해답이라는 통념에서 벗어나야 한다. 싸움에서 예의를 차릴 틈이 어디 있나? 물론 모두에게 싸가지 없게 굴어야 한다는 뜻은 아니다. 매 순간 씩씩거리면서 길을 다녀야 한다는 뜻도 아니다. 다른 사람에게서 혹은 사회 시스템에서 문제를 발견해 그 문제를 지적할 때 우리가 말하는 방식이 상냥하지 못하다고 해서 우리가 말하는 내용마저 정당성을 잃을 수는 없다는 뜻이다. 문제를 지적하는 방식은 친절한 것으로 충분하지 상냥할 필요는 없다. 우리가 원하는 바나 필요한 바를 밝힐 때 표현 방식이 정갈하지 못하다고 해서 기대나 욕망 자체가 없는 것이 되지는 않는다.

어떻게 받아들일지는 상대의 몫이다

우리는 어떤 지랄도 그냥 참고 넘어가서는 안 된다. 화를 터뜨려도 되는지 의심이 든다면 내가 보장한다. 절대 참지 마라.

헛소리를 지껄이거나 뒷담화를 하는 사람을 일일이 상대해야 한다는 뜻은 아니다. 그건 시간적으로 불가능하다. 누가 싸움을 걸 때마다 일일이 응해야 한다는 뜻도 아니다. 역시 불가능한 일이다. 내가 하고 싶은 말은, 어쩔 수 없이 상대를 굴다리 밑으로 불러 담판을 지어야 하는 상황이라면 죄책감 따위는 느끼지 말라는 것이다. 그런다고 당신이 나쁜 사람이나 유치한 사람이 되는 건 아니다. 단지 상대방 요구대로 일전을 불사하기로 결심했을 뿐이다. 당신도 건들면 가만히 있지 않는다는 사실을 상기시켜줄 필요가 있다. 그걸 어떻게 받아들일지는 상대 몫이다. 어떻게든 당신 관심을 끌려는 관심종자에게는 오히려 침묵과 무시로 일관하는 게 불쾌함을 드러내는 방법일 수 있다.

늘 정중하고 상냥해야 한다고 가르침을 받다 보니 끊임없이 시비를 거는 세상으로부터 우리 자신을 지키기가 너무 힘겹게 느껴질 수 있다. 하지만 누군가 당신에게 트라우마를 안겨줬다면 그 사람에게 예의를 갖춰야 할 이유는 하나도 없다. 인사조차 할 필요 없다. 우리가 대놓고 쏘아보더라도 그 사람은 할 말이 없다.

마음속에 하고 싶은 말이 있다면 있는 그대로 거침없이 내뱉어라. 친절하게 말하되 목소리를 높여라. 사람들이 당신을 무례하거나 상스럽다고 생각할까 봐 침묵을 지키지도 죄책감을 느끼지도 마라. 약자를 위해서도 목소리를 내라. 권리나 목소리나 돈이나 힘이 없어서 싸우지 못하는 이들을 위해 기꺼이 불편해해라. 안락한 울타리를 벗어나 그들을 대신해 불의에 맞서 싸워라. 그게 바로 친절을 나타내는 길이다.

우리 할머니는 누가 함부로 대하는 걸 참고 넘어가는 분이 아니셨다. 할머니는 어린 시절 교회에서 승급 자격을 얻기 위해 성경 세미나에 참석하신 적이 있다. 여성이 세미나에 참여한 건 처음이었으니 정말 대단한 일이었다. 마침내 자격 요건을 다 충족하셔서 교회에 연락해 명패를 가지러 가겠다고 말씀하셨는데 목사가 명패를 주지 않을 거라고 답했다. 대답을 듣는 순간 할머니는 화가 잔뜩 올라 바지를 챙겨 입고는 교회로 향하셨다. 사실 할머니는 바지를 자주 입으시는 편이 아니었다. 보통은 드레스나 로브를 입으셨다. 바지를 입으시는 경우는 딱 두 가지였다. 감기에 걸리셨을 때 혹은 싸우러 가실 때였다.

할머니가 교회에 모습을 드러내자 괜한 화를 피하고 싶었던 목사는 집무실로 들어가 문을 잠갔다. 할머니가 자신이 얻은 자격을 당당히 가지러 가시는데 감히 누가 안 된다고 말할 수 있겠는가?

할머니는 어떻게 하셨을까? 집무실 앞에 가만히 서서 한 발짝도 움직이지 않으셨다. "목사님 하루 종일 거기 계셔 보세요. 저도 여기 가만히 기다릴 거니까. 자격 증서를 주실 때까지는 절대 안 물러납니다." 보통은 상황을 중재하는 편을 택하던 할아버지도 할머니를 지지하며 이렇게 말씀하셨다. "어서 주시는 게 좋을 겁니다. 아내는 여기 하루 종일 있을 거고 저도 여기 바로 뒤에 서 있을 거니까요." 아내에게 힘을 보태주는 남편이라니! 결국 할머니는 원하는 바를 쟁취하시고 나서야 교회에서 걸어 나오셨다. 이런 상황에 익숙하지 않던 목사는 바로 그

날 푼밀라요를 건드려서는 안 된다는 사실을 확실히 깨달았다.

교회 사람들은 할머니를 굉장히 아꼈다. 혹시 할머니가 여러 주 교회에 모습을 보이시지 않으면 교회 측에서는 할머니 안부를 알아보기 위해 혹은 할머니가 교회에 불만이 있으신 건 아닌지 확인하기 위해 대표단을 파견했다. 그냥 눈치를 보는 게 아니라 진심으로 할머니를 아꼈다.

2011년에 할머니가 나이지리아에서 숨을 거두셨을 때 교회의 고위 사제 한 분은 장의사 대신 본인이 할머니 수의를 입히겠다고 고집했다. 교회 측에서는 최선을 다해 장례 절차를 준비했다. 사랑을 가득 담아 할머니를 보내드리기를 원했다.

미국에 있던 우리 가족도 할머니 가시는 길을 배웅하기 위해 나이지리아로 떠났다. 덕분에 나는 장례를 위해 할머니 몸을 씻기는 광경을 지켜볼 수 있었다. 할머니 모습을 하나도 놓치고 싶지 않았기 때문에 준비 과정에서 일어나는 일 하나하나를 똑똑히 새겨 넣었다. 성스러운 공간에서 성스러운 의식을 목격하고 있음을 뚜렷이 인식했다. 방 구석구석 화약약품 냄새가 퍼져서 숨을 쉬기가 어려웠지만 감히 한 발자국도 움직이지 않았다. 매캐한 냄새가 코를 찌르자 눈물이 주르륵 흘러내렸다. 물론 그 눈물은 애도와 감사가 담긴 눈물이기도 했다.

나는 참된 인생의 표본이셨던 할머니의 몸을 가만히 바라보았다. 사람들은 할머니에게 수의를 입히기 전에 기도를 올렸다. 이모는 할머니가 교회에서 자주 입으셨던 하얀 가운을 수의로 골랐고 사람들은 최대한 세심하게 주의를 기울여 수의를 입혔다. 그리고 할머니가 특히 좋아하셨던 보라색 띠를 수의 위로 성스럽게 둘렀다. 아, 솔직하고 자유로운 삶을 충만히 사시고도 저렇게 사랑받고 존중받으실 수 있다니.

할머니는 궁지에 몰리는 순간에도 자기 방식대로 상황을 헤쳐 나가셨다. 투지로 불타오르는 가운데 진심을 다해 삶을 즐기셨다.

참된 인생을 산다는 건 마찰이나 갈등을 회피하는 삶이 아니다. 얼굴에 억지미소를 띤 채 살아가는 삶이 아니다. 사람들 심기를 건드리지 않으려고 애쓰는 삶이 아니다. 참된 인생이란 다른 인간을 위해 최선을 다해 친절을 베푸는 삶이다. 일상 곳곳에서 다른 사람들과 인간애를 나누는 삶이다. 우리가 살아야 하는 인생이 바로 그런 삶이다.

그러는 과정에서 때때로 누군가의 심기를 건드릴 수밖에 없을 것이다. 어떤 사람들의 인생에서는 우리가 악역을 맡게 될 것이다. 완전히 파국으로 치닫는 관계도 있을지도 모른다. 하지만 '나'라는 인간의 가치는 주변 사람들에게 고분고분 순종하는 데 달려 있지 않다. 우리는 자기 자신을 등져서는 안 된다.

그러니 친절을 베풀어라. 하지만 절대 참지 마라.

14장

곁에 있어줄
사람이 필요해

우리는 배신당하기를
두려워한다

우리는 다른 사람들의 인정을 갈구하면서도 동시에 가족이라는 테두리 밖에서 공동체를 형성하기를 두려워한다. 실제로 세상에는 패거리 없이 혼자 힘으로 삶을 살아간다는 사실을 뿌듯해하는 사람이 굉장히 많다. 당신도 그런 사람을 본 적이 있을 것이다. 아니, 바로 당신이 그런 사람일지도 모른다. 하지만 중요한 사실은 우리의 삶에 다른 사람이 꼭 필요하다는 점이다.

인간은 혼자 삶을 살도록 설계되지 않았다. 아무리 내향적이고 무뚝뚝한 사람일지라도 모두를 등진 채 은둔자로 살아갈 수는 없다. 교도소에서 수감자에게 내리는 가장 엄중한 형벌이 독방 감금인 것도 괜히 그런 게 아니다. 다른 인간과의 접촉을 완전히 차단하는 게 고문이나 마찬가지인 셈이다.

우리에게는 우리를 응원할 사람, 우리를 격려할 사람, 우리를 긴장시킬 사람, 우리를 꾸짖을 사람, 우리를 사랑할 사람, 우리 곁에 있어줄 사람이 필요하다. 그럼에도 우리는 우리 인생에 다른 사람을 들이기를 두려워한다. 공동체를 형성하기를 두려워한다. 정확히 뭐가 두려운 것일까?

다른 사람에게 속아 넘어가거나 배신을 당할까 봐 두려워한다. 배신이 남기는 상처가 두려운 나머지 무리를 형성하는 과정 자체를 포기해버린다. 또한 우리는 다른 사람에게 거절당하기를 두려워한다. 사실 그것도 일종의 배신 아니겠는가? 우리는 괜히 사람들을 바로 곁에 뒀다가 우리 뒤통수를 갈길 기회를 주는 건 아닐까 겁먹는다. 어릴 때부터 부모님한테 아무도 믿지 말라는 소리를 귀에 못이 박히도록 듣고 자란 사람들도 있다. 직접 세상을 경험하기도 전에 부모님의 두려움을 그대로 물려받은 셈이다.

패거리를 이룬다는 건 혈육이 아닌 사람들과 공동체를 형성하는 과정을 가리킨다. 다른 사람들과 면식을 쌓고 우정을 쌓음으로써 그들을 우리 삶에 들이는 과정을 가리킨다. 이 관계의 근간에는 오로지 자유의지밖에 없기 때문에 당사자가 원하기만 한다면 언제든 끊길 수도 있다. 바로 이 지점이 우리를 두렵게 만든다. 가족이라면 우리가 아무리 지랄맞아도 우리 곁에 남아 있을 수밖에 없지만 남이라면 그럴 의무가 전혀 없다. 다시 말해, 우리가 가족이 아닌 누군가와 애착을 형성하면 그 사람 변덕에 얼마든지 휘둘릴 수 있다는 뜻이다.

여느 두려움과 마찬가지로 관계의 두려움 역시 타당한 근거가 있다. 인간은 얼마든지 겉과 속이 다른 존재, 이기적이고 자기중심적인 존재가 될 수 있기 때문이다. 그런 인간에게 몇 번 당해보면 어두운 골방에 틀어박혀 아무하고도 얘기하기 싫어진다. 그러니 새로운 친구를 사귀지 않거나 아예 친구를 사귀지 않으려는 사람이 존재하는 것도 충분히 이해한다. 때때로 큰맘 먹고 우리 삶에 들인 사람이 깽판을 치고 떠나면 "그냥 다

꺼져. 혼자 살래."라는 마음이 드는 것도 당연하다.

하지만 그런 마음에 굴복해서는 안 된다. 우리는 반드시 혈연 밖에서 패거리를 만들어야 할 필요가 있다. 물론 불확실한 도박이다. 운이 좋아서 정말 괜찮은 사람을 얻을 수도 있고 운이 나빠서 뒤통수를 맞을 수도 있다. 그러나 혈육과 달리 패거리는 우리가 선택할 수 있다. 그리고 바로 그 선택된 가족이 우리 인생 여정의 소중한 길잡이가 될 수 있다.

우리가 어느 공동체에 속하는가는 우리의 정체성을 구성하는 핵심적인 요소 중 하나이다. 우리는 우리가 속한 공동체로부터 우리가 받아들일 만한 것이 무엇인지, 존중할 만한 것이 무엇인지 학습할 뿐만 아니라 어떤 옷을 입고 어떤 음악을 들으며 어떤 가치관을 따를지 배운다. 친구들이 전부 비흡연자인가? 그렇다면 당신도 비흡연자일 가능성이 높다. 석사 과정을 밟은 친구가 하나도 없나? 그럼 석사 과정을 밟고 싶어도 어디서부터 시작해야 할지 감도 잡기 어려울 것이다. 친구들이 〈아담스 패밀리〉 캐릭터처럼 우중충한 패션 감각을 지녔나? 그렇다면 당신도 세련된 시어서커 반바지를 입고 다니기가 민망할 것이다.

우리가 아무리 다른 사람 영향을 받지 않는 척 애쓰려 해도 우리 인생은 거대한 집단 의사결정 과정이다. 우리는 자신의 정체성에 따라 누구랑 어울릴지 선택하는 걸까? 아니면 누구랑 어울리는지에 따라 우리의 정체성이 결정되는 걸까? 이건 마치 닭이 먼저냐 달걀이 먼저냐 하는 문제와 같다. 어쨌든 중요한 건 둘 사이에 밀접한 관련이 있다는 점이다. 물론 다른 사람들이 우리 삶에 그렇게나 큰 통제력을 행사한다는 게 겁이 날지도 모른다. 그럼에도 우리는 현실을 인정하고 최대한 우리에게 이익이 되는 방식으로 상황을 이용할 필요가 있다.

우리 할머니는 어느 모로 보나 '알파' 그 자체였다. 할머니는 본인이 원할 때 본인이 원하는 사람과 결혼하셨으며 누군가의 아내로 살아가느라 자아를 잃어버리지 않으셨다. 당시에는 아내가 남편에게 맞고 사는 게 괜찮은 정도가 아니라 일상처럼 여겨지는 분위기였지만 할머니에게는 어림도 없었다. 물론 할아버지가 절대 그럴 분은 아니셨겠지만 혹시 그런 마음이 드시더라도 곧장 털어내셨을 것이다. 싸움꾼 집안에서 자란 할머니는 힘 싸움도 불사하시는 분이셨으니까. 내가 들은 바로는 일단 할머니가 열이 받으면 할아버지는 그저 고개를 절레절레 흔들면서 자리를 피하셨다고 한다.

한 번은 나이지리아에서 이모부가 이모를 조수석에, 할머니를 뒷좌석에 태운 채 운전해 가고 있었다. 그런데 다른 차 한 대가 앞으로 확 끼어들더니 되레 뻔뻔하게 성을 냈다. 이모부는 차를 세우고 밖으로 나갔다. 혹시 할머니가 싸움을 말리셨을 거라고 생각하나? 어림도 없지. 할머니는 자리를 박차고 나가 상대 운전자 멱살을 잡고는 뺨을 후려갈겨주겠다고 윽박지르셨다. 결국 상대 운전자랑 동승자는 할머니 앞에 몸을 바짝 엎드리고는 버릇없이 굴어 죄송하다고 사과했다.

할머니가 어쩌다 이런 쌈닭이 되셨냐고? 아마 열여덟 살부터 본인 힘으로 스스로를 지켜야만 했던 현실이 할머니를 그런 강심장으로 만든 게 아니었을까. 한편 그 와중에 할머니는 본인만큼 억센 나이지리아 여성들을 패거리로 모아 이끌기도 하셨다. 결혼을 했든 안 했든 이 여성들은 아주 충만한 삶을 살았다. 그들은 할머니가 당당히 존재감을 뽐내시는 걸 가로막지 않았다. 오히려 프로불평러 패거리답게 할머니를 치켜세워줬고 할머니가 바지를 입고 나서야만 하는 상황에도 지지를 보냈다. 그들은 할머니의 예순 번째 생신날에도 할머니 사람인 걸 자랑스럽게 드러내는 특별한 원단으로 옷을 차려입고는 할머니 곁에서 함께 시간을 보냈다. 밤에도 선글라스를 벗지 않을 멋쟁이들이셨다.

당당한 인간은 다른 당당한 인간과 어울리기 마련이다. 우리는 서로가 스스로를 선보일 수 있는 자리를 마련해 주고 사회가 비난하는 우리의 정체성을 인정해 주기 때문이다. 우리는 서로가 지닌 호기로운 태도를 당연한 것으로 받아들임으로써 우리 각자가 자신감을 가지고 세상에 나설 수 있도록 힘을 불어넣는다. 오히려 우리 패거리 사이에서는 고개를 치켜들고 당당히 걷지 않는 게 더 어색하게 느껴질 정도다. 나도 내 친구들의 터프하고 당당한 모습을 보면서 내가 어떤 사람인지 되새기고 나 역시 고개를 똑바로 들고 다녀야겠다고 다짐한다. 그런 의미에서 우리 패거리는 내게 얼마나 소중한 선물인가.

우리 곁에 있는 사람들은 실제로 우리의 인생과 우리의 결정에 힘이 된다. 우리는 그들의 본보기를 가까이서 접하면서 우리의 잠재력을 확인하며 더 나은 사람이 되겠다는 자극을 받는다. 예를 들면 난 운동을 싫어한다. 운동하는 중에도 기분이 엿 같고 끝나고는 더 엿 같다. 운동하면 기분이 좋다는 사람들은 순 사기꾼이다. 하지만 그처럼 확고한 신념을 가진 나도 이따금 빡세게 운동을 할 때가 있다. 내 친구들이 운동을 하기 때문이다. 물론 운동을 하면 심장에도 좋고 어디에도 좋고 하겠지만 때로는 혼자 뒤처지고 싶지 않기 때문에 기어코 줄넘기 1,000번을 뛰고야 만다.

혼자 힘으로 버티지 못할 때를 위해서도 패거리가 꼭 필요하다. 세상 사람들이 전부 당신을 깔보고 당신의 자존감을 무너뜨리더라도 당신 패거리만큼은 당신이 얼마나 대단한 존재인지 알려주고 또 알려준다. 당신 자신조차 당신이 이룬 모든 것을 의심할 때 그들은 당신을 원위치로 되돌려놓는다. 진짜 친구는 당신이 엎어진다고 해서 멀리 달아나지 않는다. 오히려 손을 내밀어 당신을 다시 일으켜 세우는 사람, 그런 사람을 기억해라.

기업가 짐 론Jim Rohn은 "우리에게 가장 가까운 사람 다섯 명을 더한 결과가 바로 우리"라는 개념을 널리 퍼뜨렸다. 맞는 말이라고 본다. 꼭 다섯 명은 아닐지라도 평생 내 곁에 함께한 사람들의 총합이 곧 '나'이다. 내가 여기까지 올 수 있었던 건 모두 그 사람들 덕분이다. 내 여정이 순탄했던 것도 삐걱했던 것도 전부 그들의 영향이 크다. 내가 이만큼 큰 꿈을 꿀 수 있는 건 그들이 지닌 자신감이 내게도 전해졌기 때문이다.

내 패거리가 무척이나 소중한 이유는 물론 그들이 내게 자신감을 불어넣기 때문이기도 하지만 그들이 나를 감시하고 감독하는 데에도 탁월하기 때문이다. 우리는 말 그대로 서로의 "보호자"나 다름없다. 우리가 보호자 역할을 자처하는 이유는 우리가 속한 패거리의 평판이 곧 우리의 평판이기 때문이다. 우리 각자가 우리가 속한 곳을 대표하기 때문이다.

우리가 서로를 지켜주기로 한 이상 나는 당신이 속치마를 드러내고 다니는 꼴을 지켜만 보지 않을 것이다. 당신이 저지르는 실수를 꼼꼼히 확인할 것이다. 그러지 않는다면 서로의 뒤를 봐주겠다는 약속을 지키지 않는 것이나 다름없다. 우리는 서로를 책임지고 있으며 누군가 큰 실수를 저지를 때 쫓아내는 게 아니라 곧장 불러들여 문제를 지적해준다. 만약 내가 허접한 판단을 내리고 있다면 내 친구들에게는 내 멱살을 잡고 정신 차리라고 말해줄 의무가 있다. 그런 패거리가 있다는 건 큰 축복이다. 그들은 내가 자랑스러워할 만한 나 자신으로 살아갈 수 있도록 늘 뒤를 봐줄 것이다. 나답지 못한 삶을 살면서 그들에게 변명하는 상황은 절대 마주치고 싶지 않다.

훌륭한 패거리를 구축할 때 얻을 수 있는 수많은 이점에 비하면 관계의 두려움 따위는 아무것도 아니다. 물론 나도 믿었던 사람에게 배신도 당해보고 버림도 받아보고 거절도 당해봤다. 다들 그런 경험이 있을 것이다. 어떤 때는 그대로 주저앉을 만큼 고통스럽기도 했다. 하지만 가까운 사람의 말이나 행동 덕분에 기운을 내거나 앞으로 나아갈 수 있었던 적도 수없이 많다. 그런 순간들을 떠올리면 배신당한 경험은 아무것도 아니다. 그런 순간들을 생각하면 절대 혼자 골방에 틀어박혀 벽을 세워서는 안 되겠다고 다짐하게 된다.

인생에 꼭 필요한 다섯 종류의 패거리

패거리를 만들라고 해서 세상 사람 모두를 절친으로 만들 필요는 없다. 우리는 목적이나 친밀도에 따라 여러 종류의 패거리를 구축할 수 있다. 나 역시 서로 다른 시기에 서로 다른 공간에서 서로 다른 목적을 가지고 만든 친구들 무리를 여럿 가지고 있다. 어떤 친구들은 여러 패거리에 동시에 존재할 수도 있다. 그래도 괜찮다.

사람들이 관계를 맺기 힘들어하는 이유는 상대방이 모든 필요를 채워주기를 기대하기 때문이다. 우리는 친구들이 우리에게 조언해 주고 우리랑 신나게 놀아주고 우리를 감시해 주고 슬플 때 우리에게 어깨를 내어주기를 바란다. 물론 그러라고 있는 게 친구겠지만 한두 사람이 그런 역할을 동시에 다 해줄 수는 없다. 따라서 그처럼 다양한 역할을 여러 패거리에 분산시킬 필요가 있다.

사람들이 각자 서로 다른 목적을 수행하며 따라서 모두가 똑같은 역할을 해주기를 기대할 수 없음을 이해한다면 극심한 배신감이나 소외감을 느낄 일도 줄어들 것이다.

우리에게 꼭 필요한 패거리는 크게 다섯 종류가 있다.

죽마고우

죽마고우란 당신이 날개를 펼치고 지금의 당신 자신으로 거듭나기 전에 알고 지내던 어린 시절의 친구들을 가리킨다. 그들은 언제든 당신의 흑역사 사진을 꺼내들 수 있는 친구들이다. 그들은 당신이 덧니를 달고 다니던 올챙이 적 얘기를 떠올리면서 금방이라도 당신을 겸손하게 만들 수 있다. 당신 얼굴이 여드름투성이던 중학교 시절이 기억나나? 그 친구들은 기억한다. 걔네가 곧 증인이다. 그들은 아무도 모르는 별명으로 당신을 부를지도 모른다. 전부 학교를 같이 다녔거나 같은 동네에서 자란 친구들이다. 가치관이 자리 잡기도 전에, 멋모르고 막 나가던 때에 알고 지내던 친구들이다. 그들은 지금 당신이 무슨 일을 하든 개의치 않는다.

이런 패거리를 갖는 게 왜 중요할까? 그들은 당신이 과거에 어떤 사람이었는지를 보여주는 거울과 같다. 컨퍼런스에 참여하거나 새로운 사람들을 만나거나 더 높은 자리에 오를 때면 당신은 그 친구들을 보면서 꿈이 현실이 되기 전의 당신이 어떤 사람이었는지, 그랬던 당신이 얼마나 먼 길을 걸어왔는지 기억하게 된다. 아무리 큰 성공을 거두고 높은 위치에 올랐다

한들 죽마고우 패거리끼리 모이면 다들 옛 이야기를 나누면서 숨이 넘어갈 정도로 웃음을 터뜨릴 수 있다. 당신이 가진 것도 없이 추리닝이나 입고 다닐 때부터 알고 지낸 친구들은 당신이 붕 떠다니지 않도록 붙들어 주는 중력과도 같다.

직장동료

당신이 직업적인 환경에서 만나 유대감을 형성한 사람들을 가리킨다. 그들은 당신이 인턴으로 일하거나 프로젝트를 진행하다가 만난 사람일 수 있다. 당신은 그들과 커피를 마시면서 대화를 나누거나 퇴근 후에 술집을 가기도 한다. 그들은 당신이 중요한 회의를 놓쳤을 때 땜빵을 해줄 수도 있고 중요한 프로젝트 소식을 미리 알려줄 수도 있다.

이 패거리랑 함께 보내는 시간은 굉장히 중요하다. 이들은 직업 전선 최전방에서 당신을 돌봐줄 수 있기 때문이다. 일터에서 함께 오랜 시간을 보낸 만큼 당신은 직장 밖에서는 나누기 어려운 업무 이야기를 그들에게 털어놓을 수 있다. 그들은 다른 패거리 친구들과 달리 당신이 일하는 분야에 관한 통찰력을 가지고 있으므로 당신이 직업적으로 성장하는 데 중요한 지원군이 될 수 있다. 그것만으로도 우리 삶에 꼭 필요한 사람들이다.

멘토

이들은 만만한 소꿉친구가 아니다. 멘토는 또래 친구는 아닐 수 있지만 당신이 위급할 때 구명보트 같은 존재가 될 수 있다는 점에서 아주 중요하다. 그중에는 당신의 사상적 스승님이 된 대학교수, 당신의 성과를 칭찬해 주고 당신이 새로운 직책을 맡을 수 있도록 도와준 직장 상사, 강연회에서 만나 번뜩이는 대화를 나누면서 친분을 쌓은 전문가 등이 포함될 수 있다. 멘토는 일터 밖에서의 당신의 삶에도 관심이 많기 때문에(당신의 일상은 당신의 커리어에 영향을 미칠 수밖에 없다) 당신은 그들에게 속마음을 털어놓을 수 있다. 그들은 친구인 동시에 조언자이기도 하다.

멘토는 당신 인생 곳곳에 숨겨진 기회의 문을 열어준다는 점에서 정말 소중한 존재다. 그들은 시간과 노력을 투자해 당신을 성공으로 이끎으로써 당신이 꿈을 향해 나아가도록 돕는다. 새로운 직장을 찾고 있나? 어쩌면 그들이 연락망을 사용해 면접 자리를 알아봐줄지도 모른다. 그들은 딱히 바라는 것 없이 "내가 도와줄 게 있니?"라고 먼저 물어봐준다.

멘토는 당신이 무럭무럭 성장하는 데 필요한 첫 단추를 끼워줄 수 있다. 실제로 내 커리어는 나의 멘토 바버라 앨런Barbara Allen이 나를 '새 지도자 위원회New Leaders Council'의 시카고 지부에 추천한 것으로부터 시작되었다. 그 덕분에 나는 원래 다니던 직장에서 잘리기 세 달 전 미래일기를 써볼 기회를 가질 수 있었고 내 꿈이 무엇인지 똑똑히 확인할 수 있었다. 그때 적은 꿈은 대부분 이루어졌다. 바버라는 단지 지도자를 꿈꾸는 사람들과 함께 시간을 보내면 도움이 될 거라 판단해 나를 추천해줬고 그 여파는 정말 대단했다. 그처럼 내 멘토들은 주변 사람들에게 내 이름을 거론해 주는 것은 물론 나로서는 생각지도 못한 기회를 얻어다 주기도 한다. 그들 덕분에 열린 기회의 문이 얼마나 많은지 모른다.

유희집단

유희집단은 같이 여행을 다니고 파티를 즐기는 패거리다. 이 친구들과는 긴장을 풀고 놀면서 모험을 즐길 수 있다. 대부분의 경우 이런 패거리는 클럽에서 몸을 흔들어 재끼는 게 최고의 낙인 20대에 파티 자리가 잦은 대학에서 형성될 가능성이 높다. 웬 균형도 못 잡는 애한테 몸을 비비다 넘어질 뻔한 걸 붙들어준 게 바로 이 친구들일지도 모른다.

이들은 당신이 스스로를 돌보는 과정에서 아주 중요한 자리를 차지하고 있다. 재미가 없는 삶이 소용없다는 사실을 기억나게 해주기 때문이다. 물론 지금 나이에는 주말에 클럽을 쏘다니거나 친구 집에서 술로 밤을 새우는 일이 자주 없을지도 모른다. 하지만 눈치 안 보고 화끈하게 열기를 식히고 싶을 때는 역시 이만한 친구들이 없다. 삶의 균형을 잡으려면 꼭 이들이 필요하다.

절친

평생 갈 친구 두세 명만 있어도 성공한 인생이라는 말을 들어봤을 것이다. 완전 동의한다. 절친은 당신에게 꼭 필요한 패거리이며 여기에는 아무나 들어올 수 없다.

절친은 당신이 사고를 쳤을 때 같이 삽을 들고 시체라도 묻어줄 사람들을 가리킨다. 그들과 함께 시간을 보낼 때면 당신은 가식이나 불안 없이 당신의 진정한 모습 그대로 임할 수 있다. 그들은 당신 밑바닥을 목격하더라도 당신이 제 모습을 찾을 때까지 묵묵히 기다려준다. 당신이 뭐라 말하기도 전에 먼저 발 벗고 나서서 당신을 위해 싸워준다. 당신 집에 놀러오면 마치 자기 집에 온 것처럼 편하게 냉장고를 뒤적인다. 당신 어머니도 한 달에 한 번은 그들이 잘 지내는지 안부를 물어보실 것이다. 물어보시지 않는다면 그건 친구들이 먼저 연락을 드렸기 때문일 것이다. 패거리끼리만 알아듣는 농담이 넘쳐나고 눈곱도 안 뗀 생얼도 서로 다 알고 있다.

오래 봤다고 해서 저절로 절친이 되는 건 아니다. 절친은 언젠가 어떤 식으로든 당신 마음을 송두리째 훔친 적이 있었을 것이다. 그들은 당신 편임을 몇 번이고 증명했기 때문에 오히려 그들을 믿지 못하는 것이 더 어려울 것이다. 물론 완벽한 인간은 없으므로 그들도 때때로 당신을 실망시키거나 화나게 만들지도 모른다. 하지만 완벽한 우정은 우정이 아니다.

앞서 소개한 패거리 하나하나는 균형 잡힌 공동체를 구축하는 데 필수적이며 우리의 윤택한 삶을 위해서도 꼭 필요하다. 패거리를 형성했다고 해서 그것이 고정불변한 것은 아니다. 이쪽 패거리에서 관계를 맺었던 사람이 다른 패거리로 옮겨갈 수도 있다. 나 역시 직장 동료로 만났다가 시간이 지나면서 절친이 된 사람들이 있다.

각각의 패거리가 서로 다른 역할을 하면서 서로 다른 필요를 채워준다는 점을 기억해야 한다. 예컨대 우리는 배우자랑 생긴 문제를 직장동료 패거리에게 털어놓지는 않을 것이다. 유희집단 친구들에게 직장을 관두고 싶다고 하소연하지도 않을 것이다. 절친 무리를 만나면서 매번 파티를 즐길 기대를 해서도 안 된다. 물론 어떤 사람은 동시에 둘 이상의 패거리에 속할지도 모른다. 그건 진짜로 소중한 인연이다. 죽마고우랑 같은 직장에서 일하게 됐는데 그 친구가 나만큼 노는 걸 좋아하는 데에다가 심지어 나보다 경험이나 연륜도 살짝 더 많다면?

다만 각각의 패거리에 속하는 사람에게 어울리지 않는 역할을 강요해서는 안 된다. 다 똑같은 친구라 할지라도 모두가 우리의 인생과 복지에 동일한 관심과 자원을 투자할 수 있는 것은 아니다. 한 패거리가 이해하지 못하는 문제라면 다른 패거리를 찾아가면 그만이다.

때로는 패거리 내에 갈등이 생길 것이다. 하지만 우정은 불협화음이 전혀 없는 완벽한 관계를 가리키지 않는다. 좋을 때나 궂을 때나 서로에게 힘이 되겠다는 다짐은 혼인 관계는 물론 친구 관계에도 꼭 필요한 마음가짐이다. 인생이라는 녀석이 우리를 괴롭히는 이상 때로는 사고를 치고 잠수를 타버리는 상황이 있을지도 모른다. 하지만 실수 한 번에 우리가 친구 자격을 잃어버리는 것은 아니다. 그리고 이건 친구 입장에서도 마찬가지다. 쉽게 해결되지 않는 갈등이 있다면 불편하더라도 대화를 통해 갈등을 풀어라. 결과는 좋을 수도 나쁠 수도 있다.

혹시 더 이상 연락하지 않는 죽마고우가 있냐고? 물론이다. 직장동료 패거리에 속하던 사람이 공공연한 원수가 된 적은 없냐고? 몇몇 있다. 내가 더 이상 손이 닿지 않는 곳까지 성장한 바람에 서먹서먹해진 멘토는? 역시 존재한다. 그럴 때면 나는 내 쪽에서 잘못한 것은 무엇일지 면밀히 살펴본다. 관계에 있어서는 문제의 원인이 일방적인 경우가 없기 때문이다. 그다음에는 앞으로 어떻게 더 나은 사람이 될 수 있을지 고민한다. 물론 그냥 모든 관계를 깔끔히 정리하고 독불장군으로 살고 싶은 마음도 든다. 하지만 2006년에 가까운 친구 하나가 절교하자는 메일을 보냈을 때 내가 그런 식으로 대응했다면 난 도움이 필요할 때 산이라도 옮겨줄 절친을 다시는 얻지 못했을 것이다.

하지만 이따금 관계를 완전히 놓아줘야 하는 경우도 분명 존재한다. 관계를 끊어야겠다는 판단을 어떻게 할 수 있을까? 그 사람 생각만 해도 스트레스를 받는다면 관계를 정리할 때가 됐다는 신호일 수 있다. 당신이 당신이라는 존재 자체를 부끄러워하게 만드는 사람이라면 역시 패거리 밖으로 쫓아내야 할지도 모른다. 그런 사람은 당신이 실수를 바로잡을 수 있도록 충고를 하는 게 아니라 당신의 인격 자체에 문제가 있는 것처럼 당신을 비난한다. 그런 사람을 곁에 두어서는 안 된다. 위기가 닥쳤을 때 그런 사람에게 의지할 수는 없을 것이며 잠깐 거리를 두더라도 전혀 잘못하는 게 아니다.

나는 관계에 진심으로 충실한 사람이라 사람을 끊어내는 게 쉽지가 않다. 그럼에도 상대가 더 이상 나의 행복을 바라지 않거나 속내를 털어놓기에 의심스러운 사람처럼 느껴진다면 관계를 끊을 수밖에 없다. 때로는 자연스럽게 관계가 멀어지기도 한다. 모두가 우리의 인생 여정에 함께할 수는 없다. 오늘의 친구가 반드시 내일의 친구가 되리라는 법도 없다. 나이가 듦에 따라 우정도 변화한다. 어떤 친구들은 뒤에 남겨둔 채 떠나는 수밖에 없다.

친구도 잃어보고 배신감도 느껴봤지만 결국 내가 오늘 이 자리까지 올 수 있었던 이유는 가족 같은 친구들 덕분이었다. 유리천장을 뚫고 올라갈수록 하늘 높이 숨을 헐떡이며 떠 있는 것만 같은 기분이 들 때가 있다. 나 같은 사람이 한둘밖에 없는 공간에 들어설 때면 외롭다는 느낌이 들 때도 있다. 하지만 사실 내 곁에는 든든한 자매들이 있기에 난 마치 애착 담요를 두른 것처럼 편안한 마음으로 나아갈 수 있다.

최상의 시나리오는 서로 딱 붙어서 함께 날아오를 수 있는 친구를 찾는 것이다. 그런 친구와 의견을 교환하면서 서로의 아이디어를 검증할 수 있다. 도움닫기가 필요할 때면 서로의 발판이 되어주고 그러다 발을 헛디뎌 넘어질 때는 서로의 완충제가 되어주자. 인간은 최악의 경우에는 우스꽝스러운 어릿광대에 불과하겠지만 최상의 경우에는 우리 자신을 내맡길 안전지대가 될 수도 있다.

우선 당신에게 잔소리를 해줄 사람, 당신을 책임져줄 사람,

위기의 순간에 당신을 구해줄 사람을 찾아 의식적으로 패거리를 만들어라.

당신 사람들을 찾아라

제대로 된 우정을 쌓으려면 자신의 취약한 면을 드러낼 줄도 알아야 한다. 주변 모두와 애매한 거리만 유지하다가는 우리가 어떤 사람인지, 우리에게 무엇이 필요한지, 우리가 어떤 잠재력을 가지고 있는지 아무도 알아보지 못할 것이다. 자신을 솔직하게 드러내지 않으면 우리가 원하는 사랑을 어떻게 주고받을 수 있겠는가? 혹시 배신감을 느낄까 봐 두려워서 진짜 자기 모습을 숨겨서는 안 된다. 자기 자신을 100퍼센트 보여준다면 설령 우정이 끝나더라도 그게 우리 잘못은 아님을 확신할 수 있을 것이다.

한편 나는 우정에서도 양보다 질이 중요하다고 믿는다. 좋은 친구가 둘만 있어도 운이 좋은 거라고들 하니 난 정말 행운아다. 소중한 친구가 둘 이상 있기 때문이다. 하지만 그게 단순히 운 때문만은 아니다. 나는 오랜 세월 동안 나 자신이 좋은 친구가 되기 위해 최선을 다했다. 우정이라는 건 결국 쌍방향으로 이루어진다. 따라서 나 자신이 좋은 친구가 아닌데 좋은 우정을 기대할 수는 없다.

건강한 분위기의 패거리를 만들려면 경쟁심을 버려야 한다. 친구의 성공을 보고 자극을 받는 것과 질투를 하는 것 사이에는 생각보다 뚜렷한 경계가 존재한다. 나는 친구가 성공을 거둔다고 해서 위협을 느끼는 사람인가? 아니면 친구의 성공을 진심으로 기뻐하기 때문에 큰 소리로 환호할 수 있는 사람인가? 전자에 해당된다면 어떻게 멋진 패거리를 만들 수 있을지 고민하기 전에 먼저 어떻게 멋진 사람이 될 수 있을지 고민할 필요가 있다. 노력을 기울여라.

꿈에 그리던 강력한 패거리를 만들고 싶다면 일단 본인의 수준을 끌어올려야 한다. 종종 사람들이 도대체 무슨 짓을 했기에 그렇게나 대단한 친구들 마음을 사로잡을 수 있었냐고 물어볼 때가 있다. 내가 한 일은 나 자신을 성장시키고 내 성과를 끌어올린 것이었다. 그러자 자연스럽게 멋진 자리에 초대받았고 멋진 기회를 제의받았다. 결과적으로 멋진 사람들을 만날 수 있었다. 핵심은 내가 성장했다는 점이다. 내가 더 나은 사람이 되었다. 내가 더 성숙한 사람이 되었다. 내가 더 멋진 사람이 되었다. 사람들은 비슷한 사람에게 끌리기 마련이다. 난 절대 억지로 우정을 맺지 않았다.

한편 보증수표 같은 사람이 되는 것도 중요하다. 무슨 말이냐고? 사람들이 어디서든 거리낌 없이 당신 이름을 외칠 수 있어야 한다는 뜻이다. 사람들이 당신을 추천할지 말지 고민하게 만들어서는 안 된다. 반대로 내가 누군가를 추천해야 하는 입장일 때 친구들 이름을 주저 없이 댈 수 있는 이유는 그들이 일을 끝내주게 잘 해낼 것임을 확신하기 때문이다. 물론 내 친구라고 해서 무작정 내 플랫폼에 이름을 올릴 수는 없겠지만 만약 그 친구가 이미 굉장한 일을 해내고 있는 사람이라면 당연히 친구 이야기를 꺼낼 수밖에 없다. 인증 도장을 꽝 찍어도 절대 민망할 일이 없을 것임을 확신하기 때문이다. 이렇듯 드림팀 같은 패거리를 만들고 싶다면 당신이 하는 일을 신뢰할 뿐만 아니라 본인도 멋진 일을 해내고 있는 사람을 찾아라.

친구는 우리의 인생을 구성하는 퍼즐조각과 같다. 우리에게 격려와 충고를 아끼지 않는 사람, 우리의 안부를 확인해 주는 사람, 우리랑 같이 찬란한 인생을 만들기를 염원하는 사람을 모아 패거리를 만들자. 우리의 기운을 갉아먹는 사람이 아니라 우리의 기운을 북돋는 사람을 찾자.

당신 사람들을 찾아라. 그들을 가까이에 둬라. 당신이 그들에게 속한다는 사실을 기억하면서 함께 날아올라라.

15장

당신에게도
나이지리아인
친구가 있다면
좋겠다

우리는 야만성을
두려워한다

나는 누구든 나이지리아 친구 하나 정도는 있어야 한다고 생각한다. 진심이다. 두려움이 지배하는 세상 속에서 겁쟁이처럼 내빼는 삶에 익숙한 우리로서는 자기 자리를 당당히 차지한 채 우렁찬 에너지를 내뿜는 사람들을 곁에 둘 필요가 있다. 여기에 나이지리아 사람만큼 제격인 인재가 없다. 다른 민족이라고 그런 에너지가 없겠느냐마는 분명 나이지리아 사람한테는 말로 표현하기 힘든 미묘한 매력이 있다. 우리는 당신의 삶을 다채롭게 만들어줄 것이다. 필요하다면 자신감도 빌려줄 것이다.

나이지리아 친구를 사귀는 게 인생에 어떤 도움이 된다는 말일까? 하나하나 자세히 살펴보자.

일단 우리는 말싸움 장인이다. 사실 우리는 몸싸움하는 법을 배울 필요도 없다. 어차피 혀만 몇 번 놀리면 누구든 때려눕힐 수 있기 때문이다. 말만으로도 상대를 완전히 박살 낼 수 있기 때문에 상대는 우리 몸에 손을 댈 엄두조차 내지 못한다. 다들 자기 패거리에 혀놀림이 기발한 말싸움 고수 하나쯤은 갖고 싶을 것이다. 무기나 주먹도 없이 아군을 든든히 지켜주기 때문이다.

사적인 자리에서 나이지리아 사람이랑 시간을 보낸 적이 있나? 그렇다면 우리에게 욕설은 애정 표현이자 취미 생활임을 잘 알고 있을 것이다. 대부분의 경우 악의는 없다. 단지 말로 서로를 후려치면서 상대를 겸허하게 만드는 과정을 즐길 뿐이다.

어릴 때부터 집안 어른들은 우리한테 욕설을 나오는 대로 퍼부었다. 우리 욕이 들리지 않는다면 그건 다른 사람을 욕하느라 바쁘다는 뜻이었다. 그러다 보니 우리는 말로 사람 숨통을 끊는 법을 일찍부터 깨달았다. 가까운 사람이든 모르는 사람이든 가리지 않고 헉 소리가 나오게 만들 수 있었다. 나이지리아 사람들은 남을 비꼬는 능력에 있어서는 타의 추종을 불허한다. 우리를 함부로 갖고 놀려다가는 큰코다친다.

나이지리아 사람들은 정신이 얼얼할 정도로 호되게 꾸지람을 들은 기억이 다들 하나쯤은 있을 것이다. 제대로 모욕당해서 뭐라 반응조차 못 할 만큼 당황한 적이 있나? 불과 몇 초 전만 해도 멀쩡했던 당신 정신에 명복을 빌면서 눈물만 뚝뚝 흘렸을 것이다.

나는 요루바 사람이고 우리 언어에는 고도의 비유가 담겨 있다. 다른 언어로는 설명하기 힘든 대상을 묘사하는 표현도 아주 많다. 그 덕분에 우리가 내뱉는 욕설은 느낌이 사뭇 다르다. 나이지리아 사람 혀는 자존심 절단기나 마찬가지라서 상대를 깔아뭉개는 데 도가 텄다.

욕설에는 두 가지 유형이 있다. 하나는 사랑하는 사람, 지키고 싶은 사람에게 던지는 욕설이다. 이따금 농담 반 진담 반으로라도 겸손을 가르칠 필요가 있기 때문이다. 반면 다른 하나는 적이나 원수를 표적으로 삼아 내뱉는 욕설이다. 우리가 욕하는 걸 들으면 깜짝 놀라 가슴을 부여잡을지도 모른다. 하지만 안심해라. 진짜 반가워서 그러는 거니까.

나랑 같이 지내면 해가 중천에 오르기도 전에 당신은 무능한 쓰레기에 아무것도 모르는 얼간이가 되어 있을지도 모른다. 입이 험한 탓에 내가 어릴 때 정말 많이 들었던 말은 "볼이 빵빵할 만큼 가득 욕을 물고 다니는 주둥이Eléèké èébú ni é"라는 표현이었다. 그런 나를 어찌 탓하겠나. 다 지금의 내가 되기 위한 준비 과정이었는걸.

우리는 영원히 서로를 구워삶고 상대의 머리나 입을 조롱할 것이다. 그중에는 논리에 맞지도 않는 욕설도 있지만 그런 욕설조차 정신을 얼얼하게 만들 수 있다. 아프리카 사람들은 오래도록 다즌스(일종의 욕설 배틀—옮긴이)를 즐겨왔으며 일단 게임이 시작되면 매너 따위는 없다. 상대 영혼에 상처를 입힐 때까지 혼신을 다해 게임에 임한다.

제정신을 지키는 데 도움이 되는 게 하나 있다면 매운맛 욕지거리를 듣고 사는 게 당신 혼자가 아니라는 점을 기억하는 것이다. 나이지리아 사람이라면 전부 그 정도 욕설은 듣고 산다. 그러니 굳이 욕설을 마음에 담아둘 필요가 없다. 그냥 아무한테나 지나가듯 하는 게 욕이니까. 좀 위로가 되지 않나? 아닌가?

우리를 친구로 둔 사람이라면 우리에게 말싸움하는 법을 배우고 싶은 마음이 들지도 모른다. 우리가 당신 편에 서서 상대를 조롱하고 농락했다 하면 상대가 한바탕 싸움이라도 걸 것처럼 분에 못 이겨 이를 바득바득 갈기 때문이다. "개자식의 표본"이라든가 "웃기지도 않은 광대 새끼" 같은 말을 듣는데 소매를 걷어붙이고 싶은 것도 당연하다.

우리가 하는 욕설을 듣다 보면 당신에게도 화끈한 매력이 더해질지 모른다. 남을 조목조목 까는 게 올림픽 종목이라면 우리 나이지리아 사람들은 명예의 전당에 올라도 이상할 게 없기 때문이다. 우리를 친구로 둔다면 당신이 이따금 사용할 만한 기발한 욕설도 늘어날 것이다. 예컨대 우리는 별것도 아닌 일로 호들갑을 떠는 사람을 "알라셰이주"라고 놀린다. '알라셰이주 alásejù'는 선을 모르고 설치는 사람을 지칭하는 요루바 말이다.

물론 이런 욕설을 입에 달고 살 필요는 없다. 하지만 제때 사용하기만 한다면 상대에게 강력한 반격을 가할 수도 있다. 나도 평소에는 내 타고난 야만성을 숨기려고 애쓰는 편이다. 그러니 혹시 내가 누군가를 몰아세우는 것처럼 보이더라도 사실은 엄청나게 참고 있는 것임을 알아줬으면 한다. 진짜로 고삐가 풀리면 장난 없거든.

이거 하나는 기억해라. 나이지리아 친구라면 본인은 장난삼아 당신에게 욕을 내뱉을지언정 다른 사람이 그러는 꼴은 가만두지 않을 것이다. 우리는 내 사람이 됐다고 생각하는 사람이라면 물불 가리지 않고 지켜주려 애쓴다. 그러니 우리 주둥이 말고는 우리를 두려워할 필요가 전혀 없다.

혼란하고
애정이 넘치는 사람들

나이지리아 사람들은 어떤 일도 마음에 담아두지 않는 쪽과 모든 일을 마음에 담아두는 쪽 사이에서 묘한 줄타기를 벌이는 족속이다. 우리는 우리에게 쏟아지는 이런저런 말들을 어깨 너머로 흘릴 줄 알지만 동시에 우리에게 가해지는 온갖 일들에 성을 내기도 한다.

당신이 나이지리아 친구에게 "넌 좆도 아냐."라고 말해도 그 친구는 그냥 웃어넘길 것이다. 자신이 왕족 출신이며(진실은 중요하지 않다) 당신의 말이 자존심에 흠집 하나 내지 못한다는 사실을 잘 알고 있기 때문이다. 하지만 당신이 그 친구 집에 갔는데 식사 제안을 거절한다면 친구는 크게 상처를 받을 것이다. 감히 허기지지도 않은 채로 우리 집에 와서는 졸로프라이스가 얼마나 맛있는지 맛볼 생각도 하지 않는다고? 어떻게 그럴 수 있어?

어떻게 보면 장점이기도 하다. 나이지리아 사람이라면 당신이 혼자 앙심을 삭히도록 내버려 두지 않을 것이기 때문이다. 어떻게든 도와주려고 할 것이다. 사실 우리는 앙심을 품는 데도가 터서 정작 당신은 화를 풀었는데도 우리가 당신 뒤를 계속 봐줄 것이다. 우리는 당신에게 누가 언제 무슨 짓을 했는지 똑똑히 기억한다. 그래서 그 사람 이름이 거론될 때마다 입맛을 다시며 이렇게 말한다. "그래서 제인이랑은 다시 화해한 거야? 너한테 사과는 하든? 아, 했어? 쓰읍." 그러고는 의심의 눈초리를 거두지 않는다. 쪼잔하다고? 우리가 좀 그렇다.

그렇기에 더더욱 나이지리아 친구를 사귀어야 한다. 우리는 수십 년 동안 말로 두들겨 맞으면서 티타늄 급 내성을 키웠다. 다른 사람이 뭐라고 말하든 눈 하나 깜짝하지 않는다. 아침부터 욕 듣고 사는 게 우린데 세상 사람들이 뭐라고 말하든 멘탈에 금이라도 갈까? 누가 나를 보고 "넌 아무것도 아니니까 앞으로 뭐 하나 제대로 이루는 게 없을 거야."라고 한다면 난 그저 어깨를 으쓱하면서 그 사람 말이 틀린 걸 증명하면 그만이다.

게다가 나이지리아 친구를 사귀면 자신감도 한껏 끌어올릴 수 있다. 욕을 기가 막히게 잘하는 만큼 응원이랑 칭찬도 끝장을 보는 성격이기 때문이다. 나이지리아 친구랑 있을 때만큼 뽕이 차오를 때가 없을 것이다. 우리가 당신을 한껏 띄워주면 당신 콧대가 다섯 배는 위로 솟아오를 것이다. 그러면 우리는 또 이렇게 말하겠지. "야, 아주 그냥 콧대가 하늘에 닿겠다?" 다 균형을 맞추려는 거다.

당신이 옷을 쫙 빼입고 나이지리아 친구들을 만나러 갔다고 해보자. 어떤 친구는 이렇게 환호할 것이다. "이거 실화야? 우리가 러비를 보고 있는 거니, 여신을 보고 있는 거니? 예쁜 애들만 모아놔도 제일 예쁘겠다! 누가 흉내는 낼 수 있겠지만 그래봐야 짝퉁이지 네 발끝이나 미칠 수 있겠니?" 이런 말을 하는 친구도 있다. "러비 여왕님께서 왕좌에서 내려올 생각이 없으시구먼! 오늘은 미모로 우릴 완전히 죽여 놓을 작정인가 봐?

시바의 여왕이 환생해서 왔으니 우리는 그냥 가루가 돼서 사라져도 티도 안 나겠네. 그렇게 타고난 게 어디 네 잘못이겠니?" 때로는 "우오오오오!" 하고 탄성을 길게 늘어뜨리기도 한다(그냥 "와!" 정도로는 충분하지 않으니까). 거기다가 도저히 못 믿겠다는 듯이 손으로 머리를 감싸기까지 하면 나는 껌뻑 넘어갈 수밖에 없다. 당신도 이런 환영 인사를 받으면 어깨에 힘이 들어가지 않을 수가 없을 걸?

우리 할머니는 사람들이 하늘을 나는 것 같은 기분을 느끼도록 만드는 데 도사셨다. 어떤 친구 분을 만나실 때면 매번 이런 환영 인사로 기분을 띄워주시고는 했다. "아! 내 소중한 벗, 마리암. 하느님의 자녀를 뵙습니다." 누군가 당신을 만날 때마다 인사말로 당신이 알파이자 오메가인 존재의 자손임을 말해준다면 기분이 어떨지 상상해봐라. 목에 빳빳하게 힘이 들어가지 않겠나?

나이지리아 친구는 당신이 겸손해할 틈을 주지 않을 것이다. 겸손이 웬 말인가!

이처럼 자존감을 채워주는 태도는 실제로도 도움이 된다. 서로에게 자신감과 용기를 불어넣는 법을 훈련할 수 있기 때문이다. 이 과정을 통해 우리는 우리가 안으로나 밖으로나 얼마나 멋진 사람인지, 우리의 존재감이 얼마나 압도적인지 서로의 마음속에 새겨줄 수 있다. 그러고 나면 나중에 정말로 두려운 상황에 직면했을 때, 성공을 거둘 수 있을지 의심이 들 때 당당하게 맞설 수 있다.

나이지리아 친구들은 당신이 당신의 압도적인 존재감을 실감하도록 도와줌으로써 당신이 느끼는 두려움을 말끔히 지워버린다. 그들은 큰 도전을 앞두고 있는 당신에게 성공은 이미 따 놓은 당상이라고 말해줌으로써 당신의 자신감을 북돋아준다. 나이지리아 사람을 두렵게 만드는 건 신과 가나식 졸로프라이스, 부모님의 한숨밖에 없다. 그 밖의 어려움이라면? 얼마든지 맞서 싸울 수 있다.

우리 나이지리아 사람들은 어릴 때부터 부모님의 과한 기대를 받으며 자랐기 때문에 압박감을 못 이기고 무너지든가 아니면 어떻게든 앞으로 나아갈 수밖에 없었다. 물론 대부분은 앞으로 나아가는 쪽을 택했다. 그렇기 때문에 우리 입장에서는 성공이 당연한 일이다. 큰일을 할 기회가 있다면 반드시 잡아야 한다. 다른 길은 생각조차 하지 않는다. 어릴 때 학교 과제에서 B를 받으면 부모님은 A를 받은 친구도 있냐고 물어보신다. 물론 있다고 답한다. 그러면 부모님은 걔는 뭐가 달랐던 건지 의아해하신다. 그 아이는 어디가 잘나서 더 좋은 점수를 받았을까? 그러면서 뼈가 있는 질문을 던진다. "걔는 머리가 두 개라도 달렸다니?" 그건 아니라고 대답하면 부모님은 가만히 앉아 세상에서 가장 한심한 사람을 바라보듯 당신을 쳐다본다. 그 친구가 정말 더 잘난 걸까? 그건 아니지. 그럼 너는 왜 A를 못 받은 걸까?

일곱 살짜리 어린애 입장에서는 "그렇지만…" 하고 토를 달고 싶을지도 모른다. 하지만 어른이 되고 보니 이런 사고의 흐름에도 나름 장점이 있는 것 같다. 실제로 우리 대부분은 어릴 때 배운 가르침을 고이 간직하고 있다가 성인이 된 후 방식만 바꿔서 친구들에게 그대로 물려준다.

내 패거리 중에는 서아프리카 출신 친구들로만 이루어진 패거리가 있다. 그 친구들이랑 만나서 대화를 나누는데 최근에 나한테 엄청난 기회가 들어왔다는 이야기를 꺼낸다고 해보자. 혹시 내가 "도저히 믿기지가 않네."라며 의심이 섞인 목소리로 말을 하거나 가면 증후군에 빠진 것 같은 인상을 주면 친구들은 곧바로 이렇게 지적한다. "네가 뭐 어때서? 이렇게나 훌륭한 사람인데! 아니, 너 아니면 누가 해? 오히려 이제야 그런 기회를 주는 게 너무한 거 아니니?"

대체 당신이 뭐 어때서? 당신이 꼭 오디션을 보고 싶었던 역할, 당신이 꼭 따고 싶었던 학위, 당신이 꼭 쓰고 싶었던 책, 당신이 꼭 서고 싶었던 무대 등등. 당신이라고 안 될 게 있나? 그런 일을 맡는 사람은 뭐 신이라도 되는 거야? 다 똑같은 인간이잖아.

누군가 먼저 기회를 잡았다면 그건 그 사람이 당신보다 선천적으로 더 뛰어난 사람이라 가능했던 일이 아니다. 당신은 그 사실을 꼭 기억해야 한다. 물론 당신보다 더 많은 특혜를 누리며 살아왔기 때문에 유리한 위치에 서 있는 사람도 있다. 하지만 당신에게도 기회가 주어지고 결국 당신이 그런 재벌 2세랑 똑같은 위치에서 경쟁하게 된다면 그건 당신이 두 배는 더 자랑스러워할 이유가 된다. 당신 힘으로 이룬 결과다. 아무도 당신을 막을 수 없다.

고맙게도 당신 곁에 있는 친구들이 그 사실을 잊지 않도록 도와줄 수 있다. 특히 우리 나이지리아 친구들 특유의 자긍심은 전염성까지 있어서 당신에게 큰 도움이 될 것이다. 물론 알맹이 없는 허세는 콤플렉스에 불과할지도 모른다. 하지만 우리 나이지리아 사람들이 그처럼 고개를 빳빳이 든 채 자부심을 몸에 두르고 다니는 것도 충분히 이해할 만하다. 생각해봐라. 우리는 2억 명이 넘는 사람들이 하나같이 이름을 날리기를 열망하는 나라에서 태어나고 자랐다. 그런 우리에게는 허세가 나름의 대응기제가 될 수 있지 않을까? "나이지리아 사람은 절대 경주에서 지는 법이 없지."라는 말이 우리의 신조이자 다짐이자 고집이다.

나이지리아인 친구를 사귀는 37가지 방법

지금 이 책을 읽고 여러분 중에는 이미 나이지리아 친구가 있는 사람도 없는 사람도 있을 것이다. 어떤 사람은 이렇게 생각할지도 모른다. "내가 다니던 학교에 나이지리아 학생이 몇몇 있기는 했는데. 이걸 친구라고 해야 하나?" 그 답을 알고 싶다면 먼저 이 질문에 답해보자. 그 친구 어머니가 당신을 불러다 밥을 먹인 적이 있나? 없다고? 그럼 아마 진짜 친구는 아닐 것이다. 그래도 괜찮다. 아직 기회는 있으니까.

나이지리아 친구를 사귀려면 어떻게 해야 할까? 신랄한 독설을 퍼부을 줄 아는 든든한 나이지리아 친구를 등에 업고 무시무시한 세상을 헤쳐 나가고 싶다면 어떻게 하면 될까? 이제 몇 가지 노하우를 알려주겠다.

대학교 도서관을 찾아가자

어느 대학이든 중앙도서관을 가보면 책에 코를 파묻고 공부하는 나이지리아 학생이 최소한 한 명은 보일 것이다. 다들 본인이 원하든 말든 간호사, 의사, 변호사, 기술자가 되기 위해 뼈빠지게 공부해야 하거든. 그들은 "가서 책이나 봐!"라는 말을 평생 귀에 달고 살았고 그 말을 따르지 않았을 때 겪게 될 맹공을 누구보다 잘 알기 때문에 대학에 와서도 열심히 책을 보고 있을 것이다. 나이지리아 친구를 찾는 법, 간단하지?

아프로비트가 나오는 곳을 찾아가자

길을 가다가 어디서 아프로비트가 뿜어져 나오면 발걸음을 멈추고 주위를 둘러보자. 서아프리카 사람, 특히 나이지리아 사람이 있을 테니까. 꿍꿍 울리는 드럼비트, 어떤 가사를 붙여도 착 달라붙는 리듬, 특유의 바이브까지. 우리가 그냥 지나칠 리 없다. 리듬에 맞춰 한껏 몸을 흔들고 있는 우리 곁으로 당신도 끼어들어라. 일단 같이 몸을 흔들면 우리가 당신을 띄워주면서 자연스럽게 대화가 시작될 것이다. 아예 아프로비트가 테마인 클럽을 찾아가도 된다. 그 정도는 당신도 알고 있었을라나?

하얀색 로퍼를 하나 장만하는 것도 나쁘지 않다. 전 세계에 존재하는 하얀 신발 중 83퍼센트는 아프리카 사람이 신고 다니는 것 같으니까. 어쨌든 하얀색 로퍼를 한 짝도 가지고 있지 않은 나이지리아 사람은 없을 것이다. 언제 무슨 이유로 그렇게 합의를 봤는지는 모르겠는데 그게 교복이 돼버렸다. 잘 된 일이지.

나이지리아식 졸로프라이스를 찬양하자

졸로프는 토마토 양념을 베이스로 한 쌀밥 요리이다. 사실상 서아프리카 사람들이 먹는 노란 쌀밥은 다 졸로프라이스라고 보면 된다. 우리는 무대 중심에 서는 걸 좋아하니까 이번 기회에 졸로프라이스를 기준으로 다른 나라 음식을 정의해 보자. 파에야는 스페인식 졸로프다. 볶음밥은 중국식 졸로프다. 잠발라야는 크리올식 졸로프다. 뭔 말인지 알겠지? 양념이랑 향신료가 딱 알맞게 들어간 졸로프라이스는 우리 식탁에서 절대 빠져서는 안 될 요리다.

사실 졸로프라이스는 나이지리아가 원조가 아니다. 세네갈에서 넘어온 음식이다. 하지만 우리는 나이지리아식 졸로프라이스가 최고 중의 최고라고 믿어 의심치 않는다. 그냥 그게 나이지리아 사람 종특이다.

아무튼, 평생 갈 나이지리아 친구를 5분 만에 사귀고 싶다면 가나식 졸로프라이스를 까면 된다. 가나식 졸로프라이스에는 양념이 애매하게 들어가서 간이 밋밋하다는 말도 빼놓지 마라. 진심이든 아니든 상관없다. 친구 사이의 통과의례라고나 할까. 내가 만든 규칙은 아니지만 대의를 위해 알려주는 거다. 이 논쟁에서 절대 중간은 없다. 반드시 한쪽을 골라야 한다.

당신도 주변에 나이지리아 사람이 있다는 걸 잘 알고 있을 것이다(우리는 없는 곳이 없다). 그 사람과 제대로 된 관계를 맺어라. 기도로 하느님이라도 이겨 먹을 나이지리아 이모를 사귀어라. 당신이랑 같이 춤을 추면서 당신을 한껏 띄워주기도 당신을 시원하게 깎아내리기도 할 나이지리아 친구를 사귀어라.

당신의 인생이 완전히 달라질 것이다.

16장

두려움 따위
엿이나 먹어라

우리는 두려움을
두려워한다

두려움만큼 까다로운 적수가 없다. 두려움은 당신이 당당히 일어서야 할 때 당신을 풀썩 주저앉힐 것이다. 두려움은 당신이 꼭 해야 할 말이 있을 때 입을 다물도록 만들 것이다. 두려움은 당신이 가야만 하는 길을 가지 못하도록 꼬드겨서 호된 운명을 맞이하게 만들 것이다.

두려움은 우리 마음속에 실재하는 원초적이고 본능적인 감정이다. 사실 가장 자연스러운 감정 중 하나이기도 하다. 사실 두려움을 아예 느끼지 못하는 건 뇌의 편도체에 손상을 입었을 때 나타나는 생리적 질환, 우르바흐-비테 증후군Urbach-Wiethe disease에 걸렸다는 증거이다. 지어낸 얘기가 아니다.

인간은 두려움 없이 밖을 누비고 다녀서는 안 된다. 두려움은 생물학적으로 필수적인 감정이다. 두려움 없이는 안전장치도 없이 멍청한 짓을 하다가 해를 입고 말 테니까 말이다.

그렇다. 인간은 두려워할 운명이다. 하지만 난 오히려 여기서 위안을 얻는다. 서로 정도는 다를지라도 다들 이따금 "아니, 이게 뭔 상황이야?"라는 생각을 품고 살아간다는 사실을 이해하면 마음이 놓인다. 어떤 사람은 두려움을 숨기거나 두려움을 대처하는 데 익숙해서 두려움에 잡아먹히지는 않을지도 모른다. 결과가 안 좋을 수도 있다는 사실을 알지만 의심이 더 커지기 전에 일단 저지르고 보는 사람이 있는가 하면 두려움이 건

잡을 수 없이 커지도록 내버려 둬서 중요한 결정을 내릴 때마다 두려움에 휘둘리는 사람도 있다. 어쨌든 요점은 모두가 두려움을 느끼기는 한다는 점이다.

내가 이 책을 쓴 이유는 일단 나 자신이 언제나 불안과 의심을 극복하는 사람이 되고 싶었기 때문이다. 하지만 실상은 나 역시 셀 수 없을 만큼 자주 두려움에 주도권을 내준 적이 있다. 두려움 때문에 내 목적과 열정과 능력을 오랜 시간 외면했기에 이 자리까지 오는 데 쓸데없이 더 많은 시간이 소모하기도 했다. 두려움을 뚫고 나아가기로 한 뒤에야 상상도 못 할 만큼 놀라운 방식으로 내 삶이 펼쳐지는 걸 지켜볼 수 있었다.

두려움에 맞서기로 선택하는 건 낙장불입 같은 개념이 아니다. 우리는 매 순간 선택을 내려야 한다. 세상에서 제일가는 겁쟁이도 어떤 순간만큼은 용감한 일을 저지르기로 결심할 수 있다. 사소하게는 한 번도 먹어본 적 없는 도넛을 주문할 수도 있고 거창하게는 사랑하는 사람에게 청혼을 할 수도 있으며 무모하게는 친구들이 시키는 대로 스카이다이빙에 도전할 수도 있다.

우리의 삶은 세상을 상대로, 시스템을 상대로, 우리 자신을 상대로 끊임없이 싸우는 과정이다. 차라리 지는 게 더 편한 싸움이다. 계속 살던 대로 사는 게 훨씬 편안하고 안전하게 느껴질 것이다. 하지만 어느 날 정신을 차리고 삶을 돌아보면 우리가 우리 자신을 새장 속에 가둔 채 살아왔음을 깨닫게 될 것이다. 새장 안에 머무르는 게 편안하고 안전할 수는 있다. 침묵을 지키는 게 더 편한 길이다. 상황을 그대로 내버려 두는 게 더 편한 길이다. 하지만 안락함의 결과는 현상 유지 이상도 이하도 아니다.

우리는 무슨 이유로 보람도 없이 편안한 삶에 안주하려는 것일까? 무슨 이유로 몸을 한껏 움츠린 채 살아가는 것일까? 그건 아마 우리 자신이 느끼는 두려움과 다른 사람이 드러내는 불안감이 서로 얽히고설킨 결과일 것이다.

혹시 우리가 느끼는 두려움을 주변 사람들에게 떠넘기는 경우가 얼마나 많은지 아는가? 우리가 두려워하는 것을 사랑하고 아끼는 사람에게까지 떠넘기는 날이 얼마나 많은지 아는가? 나는 사람들이 익숙하지 않은 길을 선택하기를 두려워하는 이유, 새로운 경험을 통해 해방감을 느끼기를 두려워하는 이유를 정확히 알고 있다. 우리가 서로에게 끊임없이 겁을 주고 있기 때문이다.

언젠가 멕시코로 장기간 여행을 가서 내가 제일 좋아하는 과일인 망고를 매일 먹을 수 있다는 게 얼마나 행복한 일인지 가볍게 글을 올린 적 있다. 그랬더니 정말 많은 사람들이 여행을 가서 망고를 먹었다가 물갈이 때문에 제대로 고생했다며 계속 그렇게 망고를 먹다가는 변기 위에 축 늘어지게 될 것이라고 경고했다. 근데 난 이미 멕시코에 도착한 지 엿새째였고 컨디션도 완전 괜찮았다. 이후로도 쭉 괜찮았다. 이때뿐만이 아니었다. 다른 나라로 여행을 갈 거라고 말하면 사람들은 납치범이 많으니 조심하라고 겁을 줬다. 야외에 앉아 바람을 쐬고 있으면 누군가는 모기한테 된통 물릴 거라고 경고했다. 재밌는 건 내가 조언해달라고 부탁한 적이 전혀 없다는 사실이다. 난 그저 일상을 공유했을 뿐인데 사람들은 내가 맞이할 불운을 쏟아냈다.

물론 이해는 한다. 세상은 무서운 곳이니까. 개 같은 일은 일어나기 마련이니까. 하지만 그걸 감안해도 우리는 지나치게 과한 두려움을 안고 삶을 살아간다. 끊임없이 만일을 대비하고 경계하느라 앞으로 나아가지 못하고 제자리에만 머무른다. 저 모퉁이를 돌았다가 괴물이 튀어나올지도 모르잖아!

때로는 우리가 느끼는 불안이 사랑하는 사람에게서 비롯되기도 한다. 우리를 사랑하는 가족이 우리를 습관처럼 옥죈 탓에 그들이 느끼는 두려움마저 대물림된 것이다. 물론 우리 가족이나 친구는 좋은 의도로 그랬겠지만 그들이 채운 두려움이라는 족쇄는 지금까지도 우리 발목을 붙잡고 있다. 그 족쇄를 끊어내려면 우리와 가장 가까운 사람들이 가르쳐 준 세계관을 완전히 무너뜨려야 할지도 모른다.

다른 사람의 걱정, 불안, 의심에 얽매이지 않는 삶은 얼마나 자유로울까? 땅바닥에 머물러 있는 사람들이 우리도 그곳을 벗어나지 못하도록 발목을 붙들고 있지 않는다면 우리는 얼마나 높이 날아오를 수 있을까?

당신에게는 다른 사람이 당신에게 짊어지운 묵직한 근심을 내려놓을 권리가 있다. 당신에게는 다른 사람이 당신 발목에 묶어둔 의심의 끈을 끊어낼 권리가 있다. 당신은 당신 자신의 짐을 짊어지는 것만으로도 충분하다. 우리 모두에게는 가벼운 마음으로 인생 여정을 떠날 자격이 있다.

누군가가 본인이 짊어져야 할 두려움을 우리 발치에 내려놓는다면 보란 듯이 뻥 차서 돌려주자. 대체 내가 왜? 나는 당신이 느끼는 불안까지 짊어지고 다닐 생각이 없다. 내 삶에 당신 걱정을 보관해둘 자리 따위는 없다. 내가 왜 당신이 느끼는 두려움을 이불 삼아 덮고 자야 하는가? 그건 내 몫이 아니다. 절대 사양하겠다.

두려움 없이는
재미도 없지

아무 위험도 감수하지 않는다면 두려움을 최소한으로 느끼면서 살 수 있을지도 모른다. 근데 그런 삶이 무슨 재미람? 그건 사실 인생 낭비다. 살색 화장품을 바르는 거나 마찬가지다. 당신 묘비명에는 이런 글귀가 새겨져 있을 것이다. "이 세상에 왔다 갔노라." 그게 전부다. 끝이다. 그러고 천국에 가면 하느님이 "얘는 뭐지?" 하는 눈빛으로 쳐다볼 것이다.

나는 인생 여정을 마치기 전에 확실한 족적을 남기고 싶다. 영화 〈코코coco〉에도 똑같은 메시지가 나온다. 우리의 이름이 더 이상 누군가의 입에 오르내리지 않게 될 때 우리는 진짜 죽음을 맞이한다. 난 사람들이 나를 그리워하기를 바란다. 내 부재를 느끼기를 바란다. 내가 세상에 기여한 바가 내 아담한 체구보다 훨씬 거대하기를 바란다. 내가 다녀갔기에 세상이 더 나은 곳으로 바뀌었기를 바란다. 하지만 만약 내가 두려움과 의심과 불안에 끌려다닌다면 내 발자취, 내 말과 글은 흔적도 없이 사라질 것이다.

나에게도 두려움이 있다. 하지만 나는 두려움을 밀치고 나아가는 법을 배웠다. 사실 많은 경우 진짜 무서운 것은 내가 맞이할 결과가 아니라 두려움 그 자체이기 때문이다. 마치 깜깜한 복도를 지나가기가 두려운 상황과 같다. 그냥 눈을 딱 감고 복도를 가로질러버리면 아무렇지도 않을 것이다. 건너편에서 뒤를 돌아보면서 "생각보다 안 무섭네."라고 말할 수 있을 것이다.

나는 두려움에 맞서는 과정이 곧 자유를 맞이하는 과정이라고 믿는다. 우리는 모두 스스로에게 "두려움 따위? 꺼지라고 해!"라고 말할 책임이 있다. 우리에게 의지하는 사람들, 우리 곁에 머무르는 사람들, 우리를 사랑하는 사람들에게도 그렇게 말해줄 책임이 있다.

우리에게는 우리를 짓누르는 무거운 짐을 반드시 내려놓을 의무가 있다. 친구라고 생각하지만 사실 우리 편이 아닌 친구, 우리가 가치 없는 존재라고 느끼게 만드는 배우자, 아침에 눈을 뜨기가 싫게 만드는 직장, 스스로를 혐오하게 만드는 트라우마, 스스로가 늘 부족하다고 느끼게 만드는 의심을 전부 땅바닥에 내던져야 한다.

시간이 지난다고 세상이 두렵지 않은 곳으로 바뀌지는 않을 것이다. 우리에게 없던 용기가 생기지는 않을 것이다. 그런 기대는 깨는 게 좋다. 그렇기 때문에 우리는 두려움을 있는 그대로 인정한 뒤 그럼에도 앞으로 나아가겠다고 다짐해야 한다. 옳은 길이 쉬운 길인 경우는 거의 없다는 사실을 인정하면서 두려운 일을 계속 저질러야만 한다.

무작정 나아가라. 일단 과거에 용기를 내지 못한 자신을 용서하는 것부터 시작이다. 목소리를 내야 했을 때 그러지 못한 자신을 용서해라. 충분히 피할 수 있었던 실수를 저지른 자신을 용서해라. 당신은 그때 당신에게 주어진 정보를 바탕으로 최선을 다했을 뿐이다.

아무리 큰일을 해내는 사람일지라도 결국은 한 걸음을 떼는 것으로부터 시작한다. 어느 날 고개를 들고 앞을 봤더니 모든 일이 뚝딱 해결돼 있던 게 아니란 말이다. 큰일을 해내거나 세상을 바꾸는 사람들은 이 사실을 잘 이해하고 있기 때문에 일단 한 발짝 내딛는 것으로 시작해 한 걸음 한 걸음 꾸준히 나아간다. 로마는 하루아침에 만들어지지 않았다. 하지만 어느 날 어느 순간에는 분명 벽돌 하나가 땅 위에 놓였을 것이다.

어려운 줄은 알지만, 감히 호기롭게 품어본 꿈이 있나? 그런 꿈을 영원히 위시리스트에만 남겨둘 수는 없다. 아니, 안 될 건 없지만 그럼 무슨 소용인가? 결국에는 그 꿈에 도전해야만 한다.

그러니 혹시라도 격려가 필요한 사람이 있다면 내가 이렇게 말한다. 자신이 되어라! 진실을 말하라! 그대로 행하라! 두려움 너머 저편에는 끝내주게 멋진 일들이 당신을 기다리고 있으니까. 거대한 장벽처럼 앞을 가로막고 있어서 도저히 해낼 엄두가 나지 않는 일일지라도 꼭 도전해야만 한다. 서툴러도 괜찮다. 두렵더라도 묻고 싶은 질문을 물어봐라. 두렵더라도 쓰고 싶은 책을 써라. 두렵더라도 배우고 싶은 언어를 배워라. 두렵더라도 버킷리스트에 있는 항목에 도전해라. 두렵더라도 150개국을 여행해라. 두렵더라도 사업을 시작해라. 두렵더라도 신발장 자리만 차지하는 신발을 숙청해라(그래, 나한테 하는 말이다). 어떤 식으로든 행동을 취해라.

앞에서 나열한 일들을 다 해봐라. 물론 당신 마음이 원치 않는다면 하나도 안 해도 좋다. 하지만 계속 해야겠다 생각하면서도 두려움 때문에 망설이고 있는 일이 있다면? 당장 저질러라.

두려움이란 녀석은 미움을 가득 품은 거짓말쟁이 같은 존재다. 그런 두려움 때문에 인생을 덜 살지 않겠다고 다짐함으로써 두려움을 모르는 사람이 되자. 우리는 우리 자신을 위해 두려움을 넘어서야 할 의무가 있다. 그리고 그 의무는 바로 지금부터 시작할 수 있다.

두려움 가득한 세상에서 빛을 발하는 용기

겁을 내자면 끝이 없다. 장수말벌도 무섭고 사람 크기만 하다는 박쥐도 무섭다. 호주 토종 동물들은 또 어떻고. 우리가 대처해야 하는 무시무시한 일들이 참 많기도 많다.

이런 혼란 속에서 두려움에 맞서 싸우는 법에 관한 책을 쓴다는 건 내가 아무리 상황이 어려워도 내가 말하는 내 모습대로 살아갈 수 있는지 시험하는 과정이기도 했다. 코로나 바이러스가 수십만 명의 목숨을 앗아갔는데도 세상에는 여전히 "그런다고 내가 일상을 포기할 거 같아?"라고 생각하는 사람들이 존재한다. 그들은 수많은 과학적 지식과 데이터가 바로 코앞 화면에서 경고를 발하고 있음에도 어떻게 해서인지 전혀 두려워할 필요가 없다고 착각한다.

물론 이 경우에는 내가 보기에도 용감한 게 아니라 무식한 거다. 이럴 때야말로 두려움이 본래의 기능을 수행해야 할 때이기 때문이다. 두려움 덕분에 우리는 우리 자신의 생명은 물론 세계 곳곳에 있는 사람들의 생명을 극도로 위협하는 위험으로부터 우리를 보호할 수 있다. 이런 불안은 사실에 기반을 두고 있다. 그럼에도 그 불안감을 외면한다면 우리가 속한 공동체는 물론 우리가 모르는 사람들마저 위험에 빠뜨릴 수 있다. 우리 자신 역시 해를 입을 것이다.

자, 이제 그런 두려움을 당신이 회의실에서 비판의 목소리를 내야 할 때 느껴지는 불편함과 비교해 보자. 부모님에게 사실 변호사가 아니라 사진가가 되고 싶다고 말해야 할 때 느껴지는 불안함과 비교해 보자. 혹시라도 결과가 실망스러울까 봐 큰 꿈을 꾸기를 포기할 때 느껴지는 망설임과 비교해 보자. 바이러스가 가져다주는 공포에 비하면 너무나도 평범한 두려움처럼 느껴지지 않는가? 사탄의 하수인 같은 인간이 핵 발사 코드를 손에 쥐게 될지도 모르며, 경찰이 차를 세웠는데 하필 내가 흑인이라 과잉 진압을 당할 염려를 해야 할지도 모른다. 그런 위협에 비하면 우리가 일상에서 느끼는 과한 두려움은 쓸데없는 걱정처럼 보일 수 있다.

삶을 살면서 확실히 배울 수 있는 교훈이 하나 있다면 그건 삶이 불확실성으로 가득 차 있다는 사실이다. 그 사실만큼 무서운 게 없다. 지금 당장 확실한 건 아무것도 확실하지 않다는 사실이다. 불확실성은 불안을 불러일으키며 우리는 언제든 그 불안에 잠식당할 수 있다.

지도에도 나오지 않는 망망대해를 표류할 때 우리가 해야 할 일은 우리가 적어도 각자 맡은 역할을 하고 있음을 기억하는 것이다. 나 역시 주로 집에만 있지만 그게 세상으로부터 도피하기 위해서는 아니다. 오히려 나는 내 두려움을 거울삼아 글을 써 내려가기로 마음먹었다. 불안이 세상을 집어삼킨 시기에 "두려움에 맞서는 사람을 위한 지침서"를 쓴다는 건 거의 시적으로까지 느껴지기 때문이다.

이런 상황 속에서 휴식기를 가져야 하는 사람들도 있었다. 하지만 나는 그럴 수 없었다. 이미 정해진 마감 기한은 내가 어떻게 할 수 있는 게 아니니까. 게다가 우리 편집자랑 에이전트는 어찌나 당당한 여성들인지 시도 때도 없이 연락해서 원고를 독촉해댔다. 하지만 내가 펜을 집어 든 가장 중요한 이유는 세계가 위기를 맞이한 상황에 내가 해야 할 일을 열심히 하지 않으면 무력감을 느낄 것만 같았기 때문이다.

간혹 위기와 혼란이 닥친 시기에 최상의 역작을 낼 기회가 열리기도 한다. 작가는 정신 깊은 곳에서 단어를 끄집어내 글을 쓰고 화가는 영혼 깊은 곳에서 우러나온 심상을 화폭에 옮기며 가수는 우주의 기운을 받아 음을 내뱉는다. 혁신이 이루어지는 것이다. 상황이 어려울수록 우리는 더욱더 맡은 역할에 매진해야 한다.

어떤 사람들은 자기 자신이 아니라 사랑하는 사람이 걱정돼서 혹은 우리 사회가 걱정돼서 불안해할지도 모른다. 그런 사람은 잘 들어라. 나도 하루 중 절반은 두려움에 떤다. 여기 내 속에 두려움이 실재한다. 나는 내가 두려움을 느낀다는 사실을,

그때마다 무섭고 불편하다는 사실을 인정한다. 그럼에도 나는 계속 앞으로 나아간다.

바로 이것이 내가 이 책을 통해 전하고 싶은 주제이다. 우리의 목표는 부정적인 감정을 느끼지 않는 것이 아니라 부정적인 감정이 우리를 잡아먹도록 내버려 두지 않는 것이다. 신을 믿는 사람이든 그렇지 않은 사람이든 인생의 매 순간에 '#감사' 해시태그를 달지 못한다고 해서 실패한 인생이라고 생각하지 마라. 의심과 불안을 느낀다고 해서 믿음이 부족하다는 뜻은 아니다. 의심과 불안을 느낀다고 해서 나약한 사람이라는 뜻은 아니다. 오히려 그건 당신이 인간이라는 증거이다.

두려움은 모두가 느끼는 자연스러운 감정이다. 두려움은 언제나 우리 마음속에 존재할 것이다. 그럼에도 우리는 계속 앞으로 나아가야 한다. 두려움의 크기가 크든 작든, 두려워할 만한 이유가 있든 없든, 우리는 결코 두려움 앞에 얼어붙어서는 안 된다. 그리고 결국 우리는 어떻게든 두려움을 이겨낼 것이다.

감사의 말

이 책이 완성되기까지 온 공동체의 지원이 필요했다. 우선 내 에이전트 크리스틴 킨 벤튼Kristyn Keene Benton에게 감사를 전한다. 그녀는 내가 책을 쓰기 시작할 무렵 도미노를 한 박스 보내주었다. 그러고는 "도미노가 돼라"는 내 말을 인용해 이 세상에서 내가 맡은 사명이 무엇인지 되새기게 해주었다. 그녀가 내 능력을 진심으로 믿어주었기에 나는 계속 앞으로 나아갈 수 있었다. 갑자기 아이디어가 떠올라 시도 때도 없이 연락해도 그녀는 싫은 티 한 번 내지 않았다.

내가 쓴 글, 내가 전하는 메시지, 내가 발하는 목소리를 믿어준 펭귄랜덤하우스Penguin Random House 팀에게도 진심으로 감사를 드린다. 특히 편집자 메그 레더Meg Leder에게 찬사를 보낸다. 그녀가 아낌없이 시간과 노력을 쏟았기에 이 책이 존재할 수 있었고 그녀가 세심하게 다듬었기에 내 글이 날개를 달고 날아오를 수 있었다.

반항의 기술

다음은 우리 신랑 카넬. 때로는 친구로서 때로는 남편으로서 때로는 정신적 지주로서 내 곁에 있어줘서 너무 고마워. 당신은 감히 나조차도 알아보지 못한 내 모습을 찾아주었지. 재능과 능력을 마음껏 펼칠 수 있도록 내게 자유도 허락해줬어. 카넬, 당신은 겁나게 멋진 사람이야.

한편 내 주변에는 내게 안식처를 제공해줌으로써 세상에 인간애가 존재한다는 사실을 보여준 사람이 정말 많다. 일단 엄마. 내가 우리 엄마 딸로 태어나서 정말 다행이다. 우리 엄마, 그러니까 셀레나의 딸 푼밀라요의 딸 올루예미시 덕분에 나는 관대하게 베푸는 법과 사람들의 이목을 끄는 법을 배웠다. 엄마는 걸어 다니는 사랑 그 자체셨다.

다음으로는 큰언니 코포를 불러본다. 언니는 내 인생의 치어리더이자 말동무였고 댄스 파트너이자 신부 들러리였지. 때로는 쌍둥이 자매가 되어주기도 했어. 언니는 따뜻한 마음씨를 가졌으니까 세상도 인생의 좋은 건 언니에게 다 내주기를 바라. 잊어버린 할머니 이야기를 들려준 것도 정말 고마워. 할머니 덕에 참 재밌었어. 그치?

번미 비Bunmi B 이모한테도 깊은 감사를 전한다. 이모는 내가 전화하고 또 전화할 때마다 할머니 이야기를 들려주셨고 사실 관계를 확인해 주셨으며 오리키도 알려주셨죠. 이모는 소리 없는 폭풍이자 솔직한 여성이자 기쁨을 가져다주는 사람이에요. 매번 전화를 받아주셔서, 가족 역사를 알려주셔서, 웃음으로 방을 환하게 밝혀주셔서 감사합니다.

우리 가족을 보면 진짜 가족의 의미를 알 수 있다. 그럴 기회를 준 델레, 모라요, 롤레이크, 워누올라, 폴라린에게 진심으로 고맙다. 이미 잘 알겠지만 난 너희들을 위해 싸움도 불사할 것이다.

내 주변에는 내가 초라해지도록 내버려 두지 않는 고마운 사람들이 있다. 심지어 날 조금이라도 덜 쓰레기로 만들어달라고 내가 돈을 주고 부탁한 분도 있다. 그러니 일단 내 상담 선생님 패터슨 박사에게 감사를 전한다. 상담 중에 그녀가 가감없이 나를 해체하고 분석할 때마다 그 통찰력에 얼마나 감탄하는지 모른다. 돈이 한 푼도 아깝지 않다. 그녀 덕분에 나는 몇년 전의 나에 비하면 그래도 절반은 인간이 됐다. 다음으로는 내 친구이자 멘토인 알리야 S. 킹에게 정말 고맙다. 그녀는 완성된 원고를 처음으로 읽어준 사람이었으며 그러는 동시에 교정까지 봐줬다. 뛰어난 통찰력으로 내게 깨달음을 줘서, 뛰어난 편집 실력으로 글의 수준을 올려줘서 진심으로 고맙다.

가족이나 다름없는 친구들에게도 사랑을 듬뿍 담아 보낸다. 보즈부터 시작해서 저스티나, 이본느, 신시아, 티퍼니, 유니크, 펠리시아, 제시카, 타이라, 밀레이크, 마아덴까지. 내가 원대한 꿈을 품도록, 계속해서 꿈을 이루도록 자극하고 격려해줘서 정말 고맙다. 엄두가 안 날 만큼 큰 도전을 앞둘 때면 나는 바로 이 친구들에게 연락한다. 그러면 그들은 늘 "네가 아니면 누가 할 수 있겠어?"라고 격려해준다. 앞으로 나아갈 힘, 위로 날아오를 힘이 부족할 때마다 늘 자신들이 가진 힘을 나눠주는 친구들에게 다시 한번 감사 인사를 건넨다. 얘들아, 사랑해!

세상에서 가장 사려 깊고 재밌고 열정 넘치는 사람들인 우리 럽네이션 식구들한테도 애정을 한껏 담아 보낸다. 극도로 혼란스러운 세상 속에 우리만의 안식처를 세운 건 내가 한 일 중 최고의 일이 아니었을까 싶다.

소중한 시간을 내 이 글을 읽고 있는 친애하는 독자 여러분에게도 깊은 감사를 드린다. 이제 여러분은 나랑 공식적으로 한배를 탄 거다. 여러분이 내 책에서 얻어 가는 게 있다면 그만한 영광이 없다.

고마운 사람을 다 담자면 따로 책을 한 권 내도 모자랄 것이다. 그러다 보니 어쩔 수 없이 이름을 언급하지 못한 소중한 사람이 얼마나 많은지 모른다. 당신도 그중 하나일 수도 있다. 부디 이름을 불러주지 않았다고 속상해하지 않기를 바란다. 내 글을 보고 읽고 사고 나누고 구독하는 모두에게 진심으로, 진짜 진심으로 감사드린다.

나를 봐줘서 정말 고맙다.

러비

옮긴이 김재경

서울대학교 영어영문학과를 졸업하고 아이들에게 영어를 가르치다 텍스트에 대한 미련을 버리지 못하고 번역가의 길로 들어섰다. 글밥 아카데미 수료 후 바른번역 소속 번역가로 활동하고 있다. 옮긴 책으로 『딱 1년만, 나만 생각할게요』, 『포스트트루스』, 『2050 거주불능 지구』, 『하드코어 히스토리』, 『왜 살아야 하는가』, 『슬픔 이후의 슬픔』 등이 있다.

반항의 기술

초판 1쇄 발행 2022년 12월 1일

지은이 러비 아자이 존스
옮긴이 김재경

발행인 이정훈 **본부장** 황종운
콘텐츠개발총괄 김남연 **편집** 김남혁
마케팅 최준혁 **디자인** this-cover

브랜드 온워드
주소 서울 마포구 월드컵로13길 19-14, 101호

발행처 (주)웅진북센
출판신고 2019년 9월 4일 제406-2019-000097호
문의전화 02-332-3391
팩스 02-332-3392
이메일 rights@wjbooxen.com

한국어판 출판권 ⓒ웅진북센, 2022
ISBN 979-11-6937-788-1 (03190)

*온워드는 (주)웅진북센의 단행본 브랜드입니다.
*책값은 뒤표지에 있습니다.
*잘못된 책은 구입하신 곳에서 바꾸어 드립니다.